图解 **精益制造** 088

PLM
上游成本管理

儲かるモノづくりのためのPLMと原価企画

[日] 北山一真　尾关将　伊与田克宏 著

潘郁灵 译

人民东方出版传媒
People's Oriental Publishing & Media
東方出版社
The Oriental Press

前　言

一本告诉你"如何实现制造盈利"的书

想要实现盈利型制造，就必须具备制造"有竞争力的产品"和"盈利产品"的能力，这是所有企业的永恒主题。本书中谈到了一个关键的内容——"80%的成本是在设计、开发阶段确定的"，即上游阶段的成本管理非常重要。这是解决品质和成本这个二律背反命题的关键所在，对企业而言也是最重要的课题。

如果将"技术"和"会计"（即设计和成本）分开对待，就永远也无法解决这个问题。但是就现况而言，设计部门和成本部门之间并没有针对成本竞争力提升展开过积极的讨论，设计系统和会计系统也是各自为政，甚至没有在设计、采购、制造部门之间形成可以共享的成本信息。所有的流程、系统和数据都是单独存在的，自然就不可能在设计、开发阶段对成本进行管控。基于这个问题，本书以设计和成本的融合为切入点，以"PLM"和"成本计划"这两个关键词为中心进行了详细解说。

融合带来的流程改革

如今,外部环境日新月异,利润结构也与以往大不相同。为了在这种变化中立于不败之地,相较于业务流程改进而言,数据能发挥的作用更大,其坚强的后盾——技术,自然也就变得更有价值了。只有技术才能带来流程改革。相信 20 年后,经营的舞台一定会发生巨大的变化。流程改革无法依靠任何魔杖,要从多个角度梳理问题并找出解决方案。

本书也从多个角度强调了"乘法"的重要性。

技术×会计

设计×成本

PLM×ERP

经营×技术

理想论×现实论

融合各种观点后再进行思考,就能找到解决问题的新方法了。乍看之下,本书似乎是对设计进行了详细的解说,但事实上其中也包含了对成本的思考。在解释完会计之后,再说说 BOM 的疯狂。在损益管理的部分,除了经营层关心的问题,也涉及一些关于技术的琐碎问题。因此,本书也很适合除了设计部门、成本部门之外的其他读者阅读。在日益复杂的经营环境下,我们必须学会从多个角度出发,以融合的方式来解决公司内部的诸多问题。在此，衷心希望本书能成为打破部门壁垒、基于各种乘法展开讨论的一个契机。

本书的结构

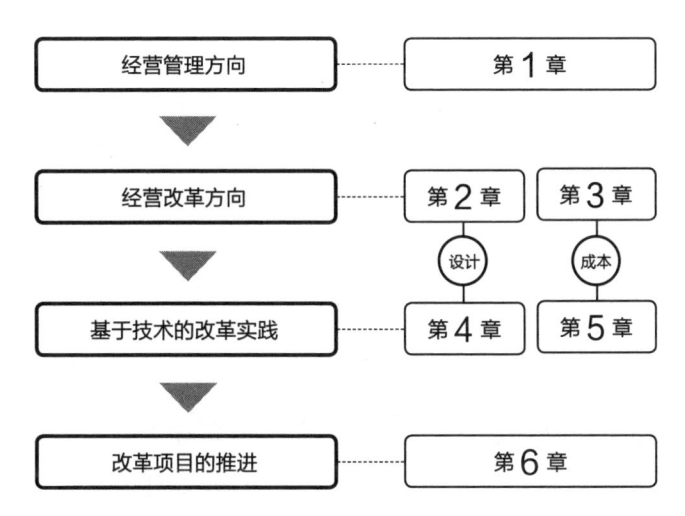

```
经营管理方向 ────── 第 1 章
     ▼
经营改革方向 ────── 第 2 章   第 3 章
                    (设计)   (成本)
     ▼
基于技术的改革实践 ── 第 4 章   第 5 章
     ▼
改革项目的推进 ───── 第 6 章
```

本书内容共分为 6 章。第 1 章主要介绍经营管理和损益管理，虽然也有一些比较极端的例子，但主要是以经营者为主要受众的内容。第 2 章和第 3 章主要说明了经营改革的方向性问题。第 4 章和第 5 章主要是结合事例解释了技术带来的改革。第 6 章，也就是最后一章，主要说明了推动改革的要点。无论是想解决经营问题，还是想导入系统或是推动改革项目的人，都可以从本书中找到各种问题的解决方案。

本书由多位作者共同编著。第 1 章—第 3 章由我（北山一真）基于经营的角度进行说明，第 4 章由株式会社图研 PreSight

3

的尾关将先生从技术角度进行说明，第 5 章由东洋商务工程株式会社的伊与田克宏先生从另一个角度进行说明，以拓宽读者视野。

每章概要如下。

第 1 章：

写给身处经营层的读者。本章指出了经营管理的方向，主要讲述了在这个日益趋向服务化和 IoT 化，且利润结构不断发生变化的时代，如何做好经营管理和损益管理。希望在导入 PLM 过程中遇到困难，或者难以说服经营层的读者，在看完本章的内容后能得到一些启发。

第 2 章：

写给想要解决设计问题的读者。本章阐述了决定产品品质和成本的设计和开发应如何进行改革，以及设计改革失败的原因。同时，也提出了未来 20 年的前进方向。

第 3 章：

写给想要解决成本和会计问题的读者。本章阐述了制造业盈利的本质所在，以及在设计阶段进行成本管理和利润规划的要点。

第 4 章：

写给想要导入设计系统，或利用技术手段解决设计问题的读者。本章全面讲解 PLM、BOM、CAD 技术的有效导入，介绍了可以推动零件标准化和成本估算的技术，结合用于推动设计、制造协作的 BOP 及具体事例等进行说明。

第 5 章：

写给想要导入成本、会计系统，或利用技术手段解决制造、会计问题的读者。本章围绕成本信息的问题，对设计、制造、成本之间的协作方式进行介绍。通过各种事例，说明如何通过技术来促进成本规划和成本降低。希望读者能借此重新思考 PLM 和 ERP 协作、成本和设计协作等数据协作的方式。

第 6 章：

写给想要推动改革的读者。如果有经营改革或导入系统的计划，除非全员都能积极参与，否则就无法顺利完成改革。本章主要阐述了在实施改革时的要点，以及在当前这个快速变化的时代背景下应该如何导入系统。

对"无须负责的立场"负责

我从事咨询工作已有 20 年，其间见证了许多公司的改革，也让我思考了很多。"无须负责的立场"这句话从顾问嘴里说出来着实有些奇怪，因为顾问本来就是站在无须负责的立场。我在后文中也会提到，顾问在提出工作方式的建议时往往会有些任性，因为无论做什么，做的人都不是自己。无论后果如何，都不会影响自己的生活和未来。而且几年后，自己就会从那家公司离开。更有甚者，一些顾问在拿到漂亮的改革项目最终报告，成功通过验收后就开开心心地离开公司了，也不管后续是否真的有效。

仔细想想，这就是一个很不负责任的做法。这些人收取重金，用 PowerPoint 画了一张美丽的蓝图，而后续所有的麻烦问题都只能由现场或 IT 供应商解决。相反，IT 供应商对企业而言，其实是更重要的合作伙伴，因为他们是日常运营和维护工作中最重要的一个环节。写到这里，我越发觉得顾问是不负责任的存在。

但也正是因为顾问处于这种立场上，才能以"无须负责"的角度来看待改革这件事。这也意味着他们能提出比其他人更纯粹、更直接的问题。一个与公司有着千丝万缕联系的人，会在改革的时候畏首畏尾，担心自己如果否定了从前的工作方式，是不是会让 A 为难、让 B 部长下不来台，会不会影响自己的前途，会不会影响稼动率，会不会因此而与 C 交恶，等等。而如果是与公司毫无利益瓜葛的外人，就不用顾虑他人的感受，只要直面问题即可。

那些各部门间出于面子顾虑而不敢说的问题，顾问也可以毫无顾虑地代为指出。反正项目结束后他们就走了。所以顾问会比任何人都更直截了当地指出问题所在，考虑得更远，担忧得更多，在解决问题的过程中，也会用一些更犀利的语言来进行说明。这么看来，顾问在几年后离开公司就是非常合理的事情了，公司也不必在顾问身上花太多的费用。

前言 一本告诉你"如何实现制造盈利"的书

　　我在下笔的过程中也考虑到了这一点，所以本书不会单纯地粉饰太平，为了引发各位读者的头脑风暴，我甚至用到了一些肮脏和带有冒犯性的表达，希望可以激起读者的愤怒。也希望读完本书后，各位亲爱的读者能真正行动起来，立刻投身于改革之中。

　　值此成书之际，谨对推动此书面世的东洋商务工程株式会社八田朝子先生致以衷心的感谢。此外，也要对东洋经济新报社清末真司先生的支持致以衷心的感谢，感谢先生对我这个拖延症患者的宽容。株式会社图研PreSight的尾关将先生，以及东洋商务工程株式会社的伊与田克宏先生，为本书提供了许多技术观点及案例，很好地充实和完善了本书的内容。借此机会，向曾经帮助、支持过我的各位先生真诚地道一声感谢。希望本书能为新时代日本制造业的改革提供一些参考。

株式会社Prebecte 北山一真

目录

第1章
对经营进行正确评价：什么是"真实"利润？

1-1 产品损益能够反映经营的真实状况 ················ 004
  "维护与服务化"成了一个空口号 ················ 005
  摒弃"会计=精细管理"的刻板印象 ················ 008
  找回"遗失了50年的会计" ················ 010
  ERP与PLM并驾齐驱，才是经营管理的最佳状态 ······ 015

1-2 技术与会计的融合将带来经营的飞跃 ················ 017
  设计和成本冷漠相待，各自为政 ················ 017
  不了解成本实力就着手开发的异常行为 ················ 019
  什么是设计与制造协作的本质？ ················ 020
  经营者对设计和开发工作毫不关心，毫无责任感！ ······ 024
  经营者对总把自己关在黑匣子里的技术部门
    知之甚少 ················ 025
  经营者没有将投资PLM视为自己的分内职责 ········ 027
  在意IT的投资回报率时，就"失败"了 ············ 028
  技术推动流程改革 ················ 032

第 2 章
建立一个能够创造竞争性产品的机制
人机协作引发的设计改革

2-1 **走出图片文字，用技术推动改革** ·············· 038
　　沿用昭和时期的设计方式，导致数字化速度严重受阻······ 038
　　CAD 不是绘图工具，而是信息化工具　·············· 040
　　改变形式化的品质确认··························· 042
　　设计×AI（人工智能）···························· 043

2-2 **走出管理改善，以设计知识推动改革** ·············· 046
　　正论阻碍了设计的发展··························· 047
　　不负责任的第三者，往往更重视依赖数量的
　　　品质管理································· 048
　　设计的本质既非图纸也非BOM，而是设计参数 ····· 050
　　物料清单（BOM）是用于改善沟通的　············· 052
　　"输入发生源"是信息管理的一般原则·············· 053

2-3 **走出私人店铺般的个性化设计模式，依靠全员的**
　　力量推动改革································ 058
　　有失败的横向展开，却没有成功的横向展开·············· 058
　　文档形式的设计手册，再怎么努力编制也难以使用 ····· 060
　　设计知识是思考的逻辑表述························ 061
　　用知识除去两种过剩······························ 063
　　设计知识中，最重要的是"背景和依据"·············· 065

II

目 录

埋藏在电子邮件中的"背景和依据"毁了设计 ……… 068
应实现设计参数和BOM与高度化产品信息
管理的协作 ………………………………………… 072

第3章

建立一个能够创造盈利性产品的机制
技术与会计结合后带来的成本改革

3-1 模糊的成本衡量标准，是成本竞争力的源泉 ………… 080
　　"模糊成本"与"适当成本"的想法 ……………… 081
　　需要在"设计的自由度"和"成本的精度"中做权衡 … 083
　　用"成本衡量标准"实现成本的PDCA ……………… 085
　　在把握成本实力的时候，应该摒弃"一物一价"
　　　的思想 …………………………………………… 088
　　"报价单的数据管理"不要忘了采购改革！ ………… 088
　　统计成本表 vs 结构成本表 ………………………… 090
　　设计参数主导成本 ………………………………… 094
　　"每重量单位的价格"阻碍了成本意识 ……………… 097
　　工学×数学 …………………………………………… 100

3-2 通过固定费用的管理来设计利润，从成本计划
　　进入利润计划的世界 ……………………………… 111
　　制造业利润的本质在于"固定费用管理" …………… 112
　　建立制造与采购的资产清单绝对不容忽视 ………… 115

Ⅲ

现在的设计评审，基本都是事后诸葛亮！ ················· 117

成本计划、成本管理的三要素 ······················· 120

预算是一种对成本的"预防" ························· 125

通过 C-BOM 完善成本管理 ························· 129

从成本计划到利润计划（设计利润） ················ 134

固定费用从根本上改变了利润结构 ·················· 138

第 4 章

通过 PLM 获得成本竞争力

PLM 真的是必需品吗？ ···························· 142

PLM 有什么作用？ ································· 144

如何增加利润 ······································ 145

降低材料成本对经营的影响 ························ 147

产品成本的确定阶段 ······························· 149

使用 PLM 削减成本，有哪些要求？ ················ 151

从设计阶段削减成本的两个要点 ···················· 156

零件标准化的推进 ································· 158

基于零件类型的标准化支援 IT：电气零件 ··········· 161

基于零件类型的标准化支援 IT：机械零件 ··········· 163

不增加新零件就万事大吉了吗？ ···················· 167

零件使用分布的可视化 ···························· 170

没有 IT 就无法推进零件标准化 ····················· 172

目 录

使用 PLM 进行成本模拟示例：劳雷尔银行设备
  有限公司 ································ 173
对固定费用管理的贡献 ························ 179
零件标准化的另一个意义 ······················ 180
用于支援固定费用管理的 PLM ················· 181
在 PLM 产品上安装 BOP 的利与弊 ············· 185
BOP 指导下的真正的协作工程 ················· 190
从成本计划开始的 PLM ······················· 192
经营管理系统的升华 ·························· 193
AI 在 PLM 领域的应用 ······················· 195

第 5 章
基于设计、制造、会计协作的产品经营能力强化

从"年产 1 颗"变成"周产 15 颗"的改革 ········· 206
阻碍变革的沟通障碍 ·························· 207
基于数字化和可视化的改革 ···················· 209
超越时空的虚拟"大房间"活动 ················· 210
可以改变行为的可视化 ························ 212
成本信息是一种战略沟通工具 ·················· 220
在现场工作中反映经营方针的成本信息 ··········· 221
成本发生在制造阶段，但确立于设计阶段 ········· 223
成本计划中的可视化要点 ······················ 225

V

一颗螺丝导致成本大幅改变——从制造角度看成本
　　因素的事例 ································· 229
成本计划中的成本"可视化"及成本削减思路事例 ······ 234
通过成本信息"可视化"来拓宽思路 ················ 235
速度会产生更多创意 ····························· 238
改变设计的制造信息的"可视化" ·················· 240
培养和巩固设计者的成本意识，实施成本
　　预算 PDCA 的事例 ···························· 241
出图前的成本"可视化" ·························· 243
设计成果的共享和使用 ··························· 243
改善预估成本，实现 PDCA 循环 ···················· 245
停产计划及损益模拟的事例 ······················· 245
强化制造业利润的本质 ··························· 250
通过产品损益管理，强化产品经营力 ················ 255
为维持并持续加强盈利能力而进行的产品经营力
　　可视化 ··································· 259
设计制造信息协作的各种事例 ····················· 263
从设计审查阶段开始的设计与制造间信息协作 ········ 264
对 VE 成本削减的思考和对设计的生产警示 ··········· 267
在销售中结合设计制造信息以提高订单量 ············ 269
3D 设计信息在制造上的使用 ······················ 270
可用于所有部门的设计制造信息 ··················· 271

目 录

第6章
实现流程创新的改革方法
技术铺就业务变革之路

改革事例应该如何参考？ ………………………… 279

改革中不存在"上帝之眼" ……………………… 282

"明确的需求定义"已经落后了。建议建立起
自我成长型系统 ………………………………… 286

40多岁、30多岁和20多岁的人应该挑战一下自己
无法想象的东西 ………………………………… 293

第 1 章

对经营进行正确评价：什么是"真实"利润？

第1章 对经营进行正确评价：什么是"真实"利润？

在经营转型前，首先要问自己"真的看到了能正确评价经营的'利润'了吗？"换言之，"经营层真的看到经营了吗？"应基于这一点对经营管理和经营评价进行重新考量。

经营的基础在于创造"有吸引力的产品"，并持续生产"能带来利润的产品"。当然，奉献社会和为员工创造良好的劳动环境也是企业的责任，但产品和服务才是业务的核心。此外，"利润"是推动持续经营的第一驱动力。这并非利润至上主义，如果一家企业不赚钱，又能靠什么来养活自己的员工呢？

本章将对什么是"盈利产品"，以及如何评价经营利润进行说明。

```
┌─────────────────────────────────────────────────────┐
│   一个能够保证持续生产具有竞争力的产品并不断创造利润的机制，   │
│        对提升经营能力而言，是十分重要的管理要素。           │
└─────────────────────────────────────────────────────┘
                ▼                           ▼
         【利润力】                    【产品力】
      让产品利润最大化              让产品的附加价值最大化
    ┌──────────────────┐         ┌──────────────────┐
    │ 一个能在整个产品生命  │         │ 一个能利用组织力量  │
    │   周期中追求利润的    │         │  追求有竞争力的    │
    │       机制         │         │    产品的机制      │
    └──────────────────┘         └──────────────────┘
                        为此要做到
                ▼                           ▼
    ┌──────────────────┐         ┌──────────────────┐
    │  以产品为单位进行    │         │ 推动用于评价技术    │
    │   PDCA的利润管理   │         │ 能力的品质管理      │
    │                   │         │  PDCA的实现       │
    └──────────────────┘         └──────────────────┘

    ┌──────────────────┐         ┌──────────────────┐
    │ 在确定品质和潜在利润  │         │ 能够涵盖整个生命    │
    │  的计划、开发阶段    │         │ 周期的产品信息管理   │
    │（源流阶段）中的信息管理│         │                   │
    └──────────────────┘         └──────────────────┘
```

图 1-1 提升经营能力的两股力量

1-1
产品损益能够反映经营的真实状况

许多企业都能实现的"可视化"损益指的是什么？答案是阶段损益（图1-2中纵向汇总的损益）。就如同财务会计部门一样，它能对某个阶段是否获利做出评价。阶段损益评价的是组织管理是否适当的"组织力"，是最基本的损益。

但是，更重要的损益在于产品损益（图1-2中横向汇总的损益）。产品损益是一种跨年度的评价方式，对产品、服务产生的利润进行可视化评价。

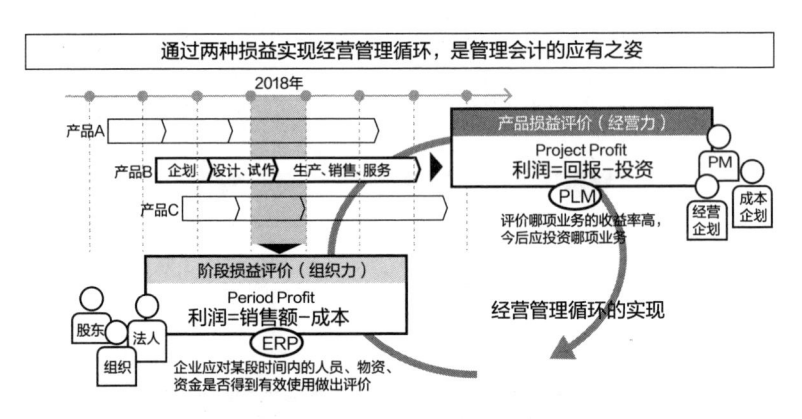

图 1-2 支撑经营的两种损益评价

第1章 对经营进行正确评价：什么是"真实"利润？

经营层也十分重视阶段损益，其系统化发展也在不断推进之中。但是，产品损益没有明确的规则，也没有系统化，因此只能是临时性、主观性的损益评价。而且，想查看产品的损益，也只能采取通过人海战术来收集数据，然后汇总到 Excel 里的方式。

"维护与服务化"成了一个空口号

近年来，越来越多的公司开始改变利润结构，转为"在维护和服务中赚钱"的模式。许多公司表示，80%的利润来自维护和服务。因此，哪怕产品本身利润不高，甚至是亏本买卖，也有乐于接受的公司。

那么，需要多少维护和服务来弥补缺失的利润甚至是亏损呢？是否可以使"产品利润+维护与服务利润"可视化，并进行管理呢？无论我们再怎么高喊"从维护和服务中获得利润"，只要无法通过数字来进行决策，就都不足以被称为经营管理，而只是一个单纯的口号罢了。

如果能将"服务化"设定为一个经营方向，那自然是很好的，但这只是一种主观判断，无法作为讨论项目。我们应将其纳入公司内部正式的规章制度、经营系统以及数据内进行管理，并在涵盖了维护及服务的整个生命周期中，对损益进行管控。

以产品为轴线，在整个生命周期中对其进行损益管理，这对所有的公司而言都是十分重要的。因为在当今的这个时代，已经很难通过单纯销售产品来获利了。许多公司在计算成本和收集实绩的时候，都是以"单一产品"为中心展开的。因此，未来应当通过涵盖产品变更的"产品组"来进行利润管理，如果是量产型公司，则应在"销售生命周期"中对利润总额进行管理，并对产品中附带的"维护、服务、配件"利润进行管理。此外，还应当通过明确的数字进行管理，而非口号或主观感受。

或者我们也可以做一个思维简化。"产品和服务"是经营的主要组成部分。客户的需求或不满，与"结算时间"没有任何关系。如果是这样，企业应将以产品和服务为中心的"产品损益"作为内部评价的重中之重。

作为经营者，首先要认识到自己尚未做到基于明确的"数

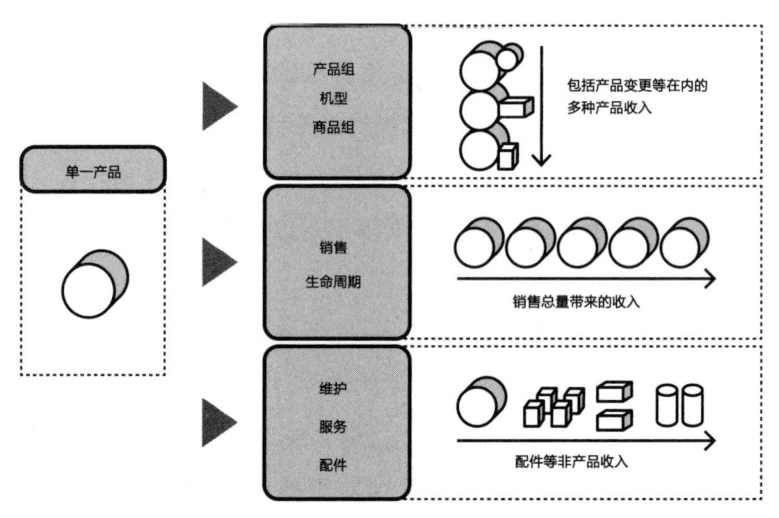

图1-3 利润的多元化（单一产品利润的极限）

第1章 对经营进行正确评价：什么是"真实"利润？

字"来进行损益管理。相信只要从经验和逻辑方面来进行说明，多数的经营者都能迅速认识到这一问题的重要性。所以，我希望经营者们都能先意识到这个问题的存在。

专栏①

我们在盈利！

下面介绍一个因为仅重视阶段损益而导致组织失去合理性的案例。这是一个非常极端的例子，但的确是真实存在的。

在某家公司中，负责产品设计和制造的设备事业部与提供售后服务的服务事业部，是两个独立的部门，且该公司80%的利润来自维护和服务。在这一背景下，如果按照部门来评价阶段损益，可以说设备事业部几乎是没有利润的，甚至还会出现赤字的情况。

与此相对，服务事业部的利润率却一直很高。

但设备事业部的员工不仅没有怨言，反而觉得很自责，他们认为"我们是亏损部门""我们给公司拖后腿了""我们得更努力才行"。服务事业部的员工则得意地认为"这个公司可是靠我们撑着的""我们才是为公司赚钱的人"。

我听得一脸愕然。服务事业部之所以能够盈利，不正是因为设备事业部生产出的产品足够优秀，能获得大量订单吗？用这种毫无意义的低级意识来评判自己的员工，试图采用阶段损益的方式来进行内部评价，这对管理者而言，是不可饶恕的大罪。

作为管理者来说，首先应该对产品损益进行正确的可视化评价，如果机型 A 获利，就应该对为机型 A 做出过贡献的设备事业部员工和服务事业部员工进行表扬。反之，如果机型 B 无法盈利，也应该同时批评两个部门的员工。所以，首先要建立起一个能够进行合理评价的机制。

这一点也同样适用于制造公司和销售公司分开的量产型企业。有些企业甚至会故意调整工厂的结算金额，从而达到提升销售公司（通常是未上市公司）账面利润的目的。同样，在这种情况下，一些销售公司的员工就会生出"多亏了我们，公司才能卖出这么多产品、得到这么多利润"的错觉。何等低级的想法！一个完全没有产品损益概念的管理者，真是罪无可恕。

摒弃"会计=精细管理"的刻板印象

看到产品损益的重要性，这就引申出了一个问题：为什么产品损益对制造业而言如此重要呢？这个问题我将在第 3 章中详细说明。就结论而言，是因为获得"固定费用回报"很困难。

能否通过产品和服务的销售，将预先投资的固定费用回收，

第 1 章 对经营进行正确评价：什么是"真实"利润？

是评判经营管理的一个重要指标。但是，固定成本回报并不是通过单个产品的销售来获得的，因为一般而言，固定费用会涉及多个产品，例如新开发的机型或系列产品等。作为经营者来说，评估产品损益的第一步就在于：确定应由哪个部门负责固定费用回报。但是，迄今为止，从未出现过任何一个关于产品损益的明确标准。归根结底，这反映的是经营者的思维，也就是其会如何对经营做出决策和评价。

接下来，让我们从其他的角度进行补充说明。阶段损益是基于产品、零件和工序等更具体的单位来掌控实际成本，对损益进行具体管理的方法。阶段损益的成本计算，大致体现在"库存评价"方面。因此，为了准确计算每一个零件、半成品以及产品的成本，需要建立一个用于采集数据的机制。

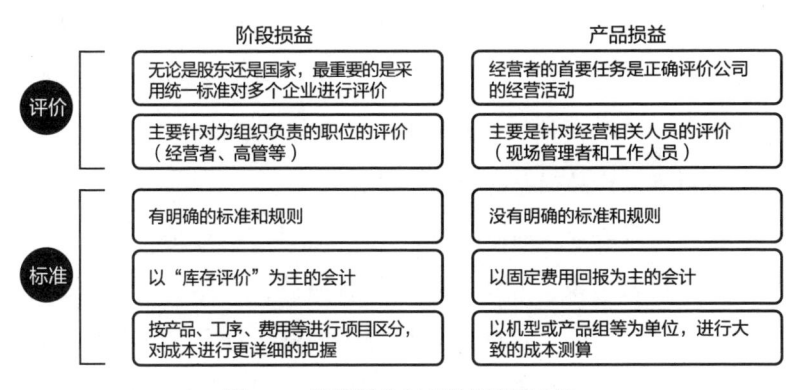

	阶段损益	产品损益
评价	无论是股东还是国家，最重要的是采用统一标准对多个企业进行评价	经营者的首要任务是正确评价公司的经营活动
	主要针对为组织负责的职位的评价（经营者、高管等）	主要是针对经营相关人员的评价（现场管理者和工作人员）
标准	有明确的标准和规则	没有明确的标准和规则
	以"库存评价"为主的会计	以固定费用回报为主的会计
	按产品、工序、费用等进行项目区分，对成本进行更详细的把握	以机型或产品组等为单位，进行大致的成本测算

图 1-4　阶段损益与产品损益的比较

但是，如果从经营的角度来看待产品开发，就会发现阶段损益反映的是管理者的意图，其无法对员工进行合理的评价。

阶段损益注重的无非是"详细的计算"。在进行经营评价时,首先要摒弃"会计=精细管理"的刻板印象。

找回"遗失了50年的会计"

上文中,我们明确了产品损益的必要性和重要性。到此为止,即便不了解具体的操作方法也不要紧。只要明白"我们销售的是产品和服务,所以应该注意的并非某个阶段,而是要以产品和服务为单位进行损益评价,这是毫无疑义的",便足够了。

可能你会说:"既然那么重要,那就马上导入执行吧。"但事实上,这也并非那么容易的事。如果能够简单地导入执行,想必所有人都已经导入了。在这个时代,很多事情之所以还未实现,就是因为太难了。因此,我希望读者朋友们能够在理解无法导入"产品损益"的基础上,推进各项活动的开展。

难以导入产品损益的原因主要有三个。

第一个难以导入的原因在于"缺乏认识"。这是一个很单纯的理由。也就是说,人在了解到产品损益这个体制之前,是完全没有这个概念的。这就好比是魔术揭秘,每个人都会在看到答案的一瞬间恍然大悟:"原来是这么回事啊!"但揭秘之前却怎么也想不到答案。魔术也是如此。魔术师揭秘之前,观众绞尽脑汁也想不出到底是怎么办到的。而看完揭秘的一瞬间,所有人都会惊呼:"居然这么简单吗?其实我也大致猜到是这么回

第1章 对经营进行正确评价：什么是"真实"利润？

事了，看完揭秘后就更明确了。"

商场上也时常出现类似的情况。听到产品损益这个理念后，大家都会觉得"这很重要"，而在此之前，也许所有人内心都有一个模糊的想法，只不过没有一个明确的思路。我们也可以从认知科学的角度进行说明。任何一个没有固定名称的事物，都会难以被识别。而一旦被赋予了正式的名称，它就会被更多的人认知。比如当一种疾病被命名为"新型抑郁症"后，人们对症状的认知程度就会变得更高。很少有公司会将损益划分为"阶段损益"和"产品损益"，并且给出明确的定义。通过命名，可以提升其在公司内部的认知度。

第二个难以导入的原因在于"一定要遵守规则的思维"。迄今为止的成本或会计方式都是遵守国家规定的规则，也可以说是"应有的成本"或"应有的会计"。

阶段损益的存在目的在于：为外部人员（股东或国家）提供一个可以对多个公司进行统一评价的标准。阶段损益对财务报表等资料而言是必不可少的要素，但无法体现出经营的独特性或产品开发中的严苛性。从这个意义上说，阶段损益并不能对经营相关人员进行合理的评价，也无法转变为能够激励员工的直观数字。当然，这并不表示可以不必遵循任何规则。但现实情况是，绝大多数公司在进行成本和会计的计算时，将国家制定的规则视为了"唯一"的标准。

而且，作为成本和会计方面最专业的部门，例如成本管理部、会计部、财务部等，都对产品损益不感兴趣。不仅如此，他们还成了导入产品损益理念的最大阻力。这些都是绝对遵守规则的部门，所以完全不觉得产品损益这个超出规则范围的事物能有多重要，仅一个阶段损益就够令他们头疼的了，谁也不想再多导入一个产品损益。事实上，负责成本和会计的专业人士本该从专业的角度意识到产品损益的重要性，并极力主张导入这种机制，但实际情况却完全相反。因此，在推动这个体制时，最好是由经营企划部或事业企划部来主导。

第三个难以导入的原因在于"整个生命周期中的产品信息划分"。既然是以产品为单位计算损益，那么毫无疑问，产品信息必须与产品的生命周期进行关联。具体来说，就是关联 CAD[①]和 BOM[②]。但是，很多时候，我们会将产品信息分为设计、制造和服务这三大部分。无论再怎么强调损益管理的重要性，只要现行的 CAD 和 BOM 数据被拆分开来，就不可能会有进展。关于产品信息的管理，我将在第 2 章中进行详细描述。只要成本与会计部门认为必须遵守既有的规定，那就一定会陷入思考停滞。成本部门认为遵守 50 多年未被修改的国家规则是第一要事，至于为了自己的经营而制定出一个能够合理评价的规则，则是可有可无的。为了找回"遗失了 50 年的会计"，首先应对最适合自己公司的规则和机制进行一个彻底讨论。

品质管理是一项持续了 50 年的艰苦工作。为此，人们发明

---

① CAD＝Computer Aided Design，计算机辅助设计。
② BOM＝Bill of Materials，物料清单。

第 1 章　对经营进行正确评价：什么是"真实"利润？

了 QFD①、六西格玛②、FMEA③ 和 DRBFM④ 等多个品质管理方法。当然，并非所有的方法都卓有成效，也有一些最终失败的方法。但是，最重要的是努力尝试：通过尝试各种方法，提取出其中最适合本公司经营的要素，从而不断提升公司管理水平。正因为有 50 年的不断努力、苦恼、反复尝试，如今的日本品质管理才能变得如此出色。但是，会计并没有经历过这种反复尝试，所以我希望他们能制定出一条挽回过去 50 年损失的准则。当然，仅靠一条准则肯定无法挽回长达 50 年的疏忽，会计准则的制定一定也会经历多次失败。但是，如果没有经历这个过程，又能依靠什么机制或者数据来对企业和员工进行合理的评价呢？

> **专栏②**
>
> **50 年前的昭和规则是不合时宜的！**
>
> 　　由国家（日本）制定的成本规则，是用于计算成本的标准。该规则制定于 1962 年，出台至今已有 50 多年，一次都没有被修改过。所以，我们一直都是用 50 年前的成本计算标准来进行今天的成本计算。1962 年，是一个还未开通新干线，大学毕业生的起薪约为 2 万日元的年代。

---

① QFD = Quality Function Deployment，品质机能展开。
② 六西格玛：使用统计学和定量分析的品质管理方法。
③ FMEA = Failure Mode and Effects Analysis，失效模式和效果分析。
④ DRBFM = Design Review Based on Failure Mode，关注设计变化点的 FMEA 手法。

用那个时代创建的规则来计算这个年代的成本，显然是不合时宜的。

当然，这并不代表一切规则都该被摒弃。在外部会计（财务会计）中，遵守规则是第一要素。用于外部会计的准则，只需要导入所需的最低程度即可。这么说虽然不太好，但事实就是，这种情况下要遵守的规则，就是只要能得到盖章批准的最低程度即可。除此之外，无须任何操作。而用于企业内部的评价，则应该投入时间与人力，创建出一个最佳规则。

品质管理也是如此。品质管理方面，有一个由外部机构进行评审的ISO体制。理论上，只要按照ISO评价的内容对内部质量和制造过程进行评价就足够了，但没有一家公司会真的这么做。ISO只是一个外部认证，其本身并不能对品质起到提升的作用。

因此，基本上所有的品质外部认证，都只是为了获得认证而已。甚至有些公司会先编写一个就连它们自己也不知道能遵守多少的程序文件，然后在ISO审核时再进行文件的后补。ISO的审查员也知道这一点。但是，通过这种外部审查的方式，至少可以保证在一定程度上搭建起品质管理的体系架构。

在品质管理中，外部评审和内部评审是完全不同的两套体系。会计也应如此。我希望大家能够了解一点：外部

第 1 章 对经营进行正确评价：什么是"真实"利润？

> 会计认证是以取得认证为目的，而用于内部评价的会计应该制定出另一个准则，这是成本竞争力的根源所在。

ERP 与 PLM 并驾齐驱，才是经营管理的最佳状态

在上文中，我们已经谈到了阶段损益与产品损益的重要性。最后，我想从系统的角度进行一个总结。管理阶段损益的机制是 ERP（Enterprise Resources Planning，企业资源计划），这是会计软件包的代名词。这个软件包可以对销售、生产、采购管理等进行联动，从而实现统合化的阶段损益（财务会计和管理会计）管理。

管理产品损益的机制是 PLM（Product Life cycle Management，产品生命周期管理）。一般来说，PLM 软件包通常都是被用于合理管控物料清单（BOM）和图纸/模型数据（CAD），以及实现部门协作的一种工具，但我却认为不止于此。如果把 PLM 定位为经营管理机制，那我们就要认为"PLM 是一种产品损益机制"。归根结底，它是一种经营管理的机制，是为了经营者的管理而生的一种工具。

将 ERP 和 PLM 放在这样的位置后，推动经营管理前进的两个轮子就浮现出来了（图 1-5）。图中央的位置，则是企业的实绩（实力）。在这里，还存在着一个收集实绩的机制。希望通过这种实绩来评价组织力的情况下，可以利用 ERP 对阶段损益进

015

行确认，对一定时期内的组织运营进行评价，例如现有的组织运营是否足够高效，预算执行是否合理，以及组织管理是否足够充分等。

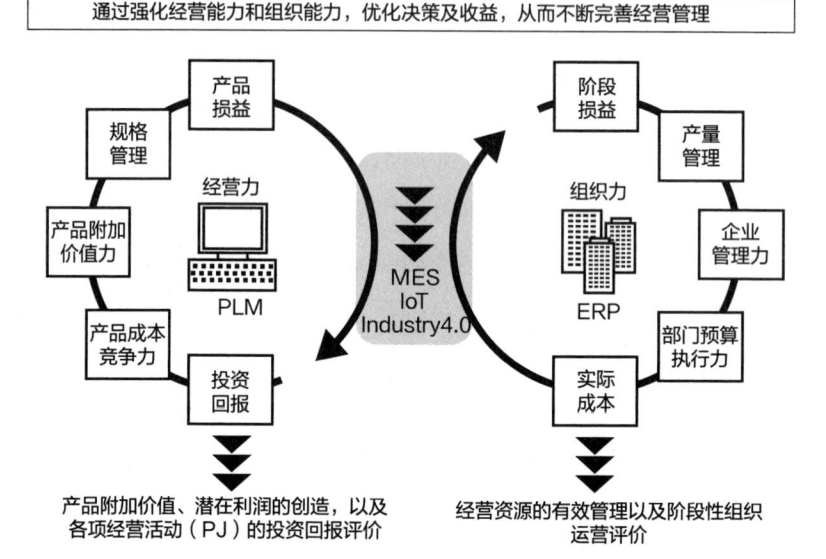

通过强化经营能力和组织能力，优化决策及收益，从而不断完善经营管理

产品损益 — 规格管理 — 产品附加价值力 — 产品成本竞争力 — 投资回报
经营力 PLM

MES IoT Industry4.0

阶段损益 — 产量管理 — 企业管理力 — 部门预算执行力 — 实际成本
组织力 ERP

产品附加价值、潜在利润的创造，以及各项经营活动（PJ）的投资回报评价

经营资源的有效管理以及阶段性组织运营评价

图 1-5　借助 PLM 和 ERP 完善经营管理能力

在评价经营能力时，使用的是 PLM。这是以产品为中心进行经营管理的评价，例如产品是否产生了合理的利润，固定费用是否得到回报，以及是否执行了能提升产品竞争力或成本竞争力的管理方法。在经营的过程中从两个角度来看待当下的实绩（实力），同步展开 ERP 与 PLM，这才是经营管理最理想的状态。

1-2
技术与会计的融合将带来经营的飞跃

技术与会计的融合,是实现产品损益的必要环节。具体来说,就是在以产品为中心的损益管理过程中对单个产品成本及利润进行管理。那么,产品的成本究竟应该如何确定呢?想必大家都听过一句话:80%的成本会在设计和开发阶段确定。

设计和开发阶段会确定零件及形状等要素。选定的零件决定了采购的成本价格,选定的形状则决定了制造的难易程度和加工工时。确定80%的成本,就相当于确定了未来的获利潜力。

不仅是成本如此,品质也是一样。选定零件和形状后,基本就可以确定产品品质是否可以满足顾客要求了。所以,设计和开发阶段不仅决定了今后的客户评价与市场评价,也决定了未来的潜在利润。在设计和开发阶段,对成本及品质的管控是一项十分重要的工作。但是,这种设计和开发的管理工作都尚未实现系统化,且包含了强烈的主观意愿,使用的工具也多是Excel之类,自然也就不可能达到强化经营的目的。

设计和成本冷漠相待,各自为政

"设计和开发阶段的成本管控是非常重要的。"这句话说了三四十年了吧，但事实上从未得到实现。这很好理解。一方面，处于产品开发最关键位置的设计者是"非常讨厌成本"的，因为他们接收到的要求只有一句简单的"降低成本"。技术人员一听到这句话，就会忍不住反驳："那我还能设计出好产品吗？""那这产品还有竞争力吗？"这当然是对的，毋庸置疑。另一方面，成本计算专业人士组成的财务和成本管理部并不会参与设计。工厂方面则努力地计算实际成本，不遗余力地加班加点赶制出漂亮的图表来向管理层报告。但是，我从未见过一家企业会在设计阶段就开始整理零件成本走向、明确成本因素，并在设计过程中不断讨论推进。

设计者极其讨厌成本，而成本核算人员又从不参与设计。在两者各自为政的情况下，自然不可能实现"80%的成本会在设计和开发阶段确定"。

很多时候，设计和制造根本无法相互配合，甚至还会生出嫌隙。在我看来，设计和成本就是处于一种冷漠相待，争吵都懒得争吵的状态。其实背后说坏话，或者当面抱怨，都还算得上是一种健康的状态。冷漠和互不关心才是最可怕的。这种情况下，成本还能得到控制吗？

设计系统和生产系统各自为政，会计和设计系统中的成本数据也毫无关联。员工意识、业务、系统、数据——无论哪一个都无法在设计和成本方面实现统一。日本的企业在部门协作方面历来表现不俗，当然，它们也为此做出了很多努力。即便如此，它们对于设计和成本之间的关系也是束手无策。但换个

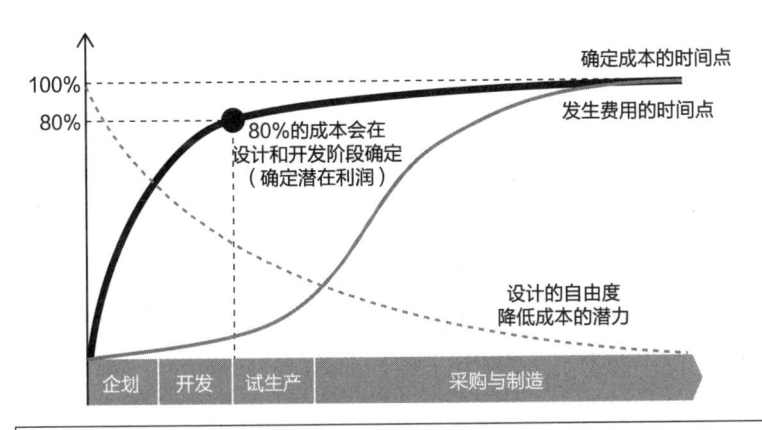

第1章 对经营进行正确评价：什么是"真实"利润？

图中标注：
- 100%、80%
- 确定成本的时间点
- 发生费用的时间点
- 80%的成本会在设计和开发阶段确定（确定潜在利润）
- 设计的自由度 降低成本的潜力
- 企划　开发　试生产　采购与制造

> 80%的成本会在设计和开发阶段确定（确定潜在的利润）。因此，在开发的上游阶段进行信息管理和决策是很有必要的。

图 1-6　确定潜在利润的时间点

角度看，只要着重改善无法协作的部分，理论上是会有很大效果的。昭和与平成年间无法实现的协作，应在令和年间得到突破。

不了解成本实力就着手开发的异常行为

想在设计阶段进行成本控制，了解自己的成本实力是最基本的要求。但是，很少有企业会向设计者公布零件和加工等的成本实力（实际成本及标准成本等）。在不知道成本实力的情况下进行开发，这是非常异常的。

大多数公司认为，设计、制造和采购部门不对成本信息进行共享，是很正常的一件事。这也是无法在设计阶段进行成本管控的原因所在。我希望经营者能够看到这些理应共享的数据尚未被共享的现状。

一旦这么说了，采购部门大概会忍不住反驳："供应商提交的报价单 PDF 文件，我们都反馈给设计了啊。"或是"我们每隔半年都会召开一次信息交流会，会上就会报告发包实绩啊"。可笑！这都什么年代了？认为这种反馈等同于部门协作的思维，本身就很有问题。昭和年代早已经过去，现在的我们需要一种实时的协作方式，且必须涵盖到各个方面的属性信息。

什么是设计与制造协作的本质？

关于设计与制造的协作，大家经常会举的一个典型例子是：设计物料清单（E-BOM）与制造物料清单（M-BOM）的关联，也就是实现上下游部门之间的数据关联。

但是，这不是设计与制造协作的本质所在。如何将制造的实力（成本和品质）反馈给设计呢？实力是由制造（或采购）决定的，因此下游单位向上游单位的反馈就成了重中之重，必须让设计了解本公司的真正实力。因此，产品信息（BOM）必须由设计和制造共同编制。

成功建立成本的反馈流程后，产品的成本与利润的 PDCA 循环才真正得到运行。PDCA 是一切工作的核心。最近也出现了很多如 OODA[①] 等备受喜爱的管理方式，但归根结底就是一个思

[①] OODA＝Observe Orient Decide Act，以行为为主体的管理方法。

第1章 对经营进行正确评价：什么是"真实"利润？

考、实施、反思、改进的反思流程，我想这一点是无人反对的。

遗憾的是，在以产品为中心的损益管理中，一般采用的都是下面这个步骤：制订成本计划和预算管理等计划→执行并产生实际成本→结束。也就是说，不进行任何反思。那是因为其中缺乏反馈的步骤。那么，我们如何在缺乏核心步骤的状态下做好经营管理呢？

这里说的实力反馈，其实不仅限于成本，还需要反馈品质数据（包括测试数据）。此外，工程流程信息、设备清单（设备规格差异和设备特征清单）、夹具与工具清单（对应范围的Min-Max清单）等体现实力的数据也应该得到反馈。

在实力数据的可视化及反馈方面，不仅限于厂内的生产过程，还应涵盖委托加工等外包商的部分。合理管理此类实力数据，构建一个能在设计、制造和采购部门实现这些信息共享的平台，就可以实现经营的不断完善。由此也衍生出了另一个问题：这些数据是应该保留在ERP系统中，还是应该借助其他的机制进行管理呢？

有一个比较实际的解决方案。考虑到许多ERP软件包都比较注重指示类的业务（流程信息），例如库存管控、MRP[①]、生产指示、采购指示、实绩收集以及实际成本计算等，品质信息和成本信息只能通过ERP进行反馈。但是大多数情况下，工程流程及设备清单等库存信息又难以通过ERP管理。因此，最好的办法是将这些信息同步到PLM，或者创建一个可以连接PLM

[①] MRP = Material Requirements Planning，物资需求计划。

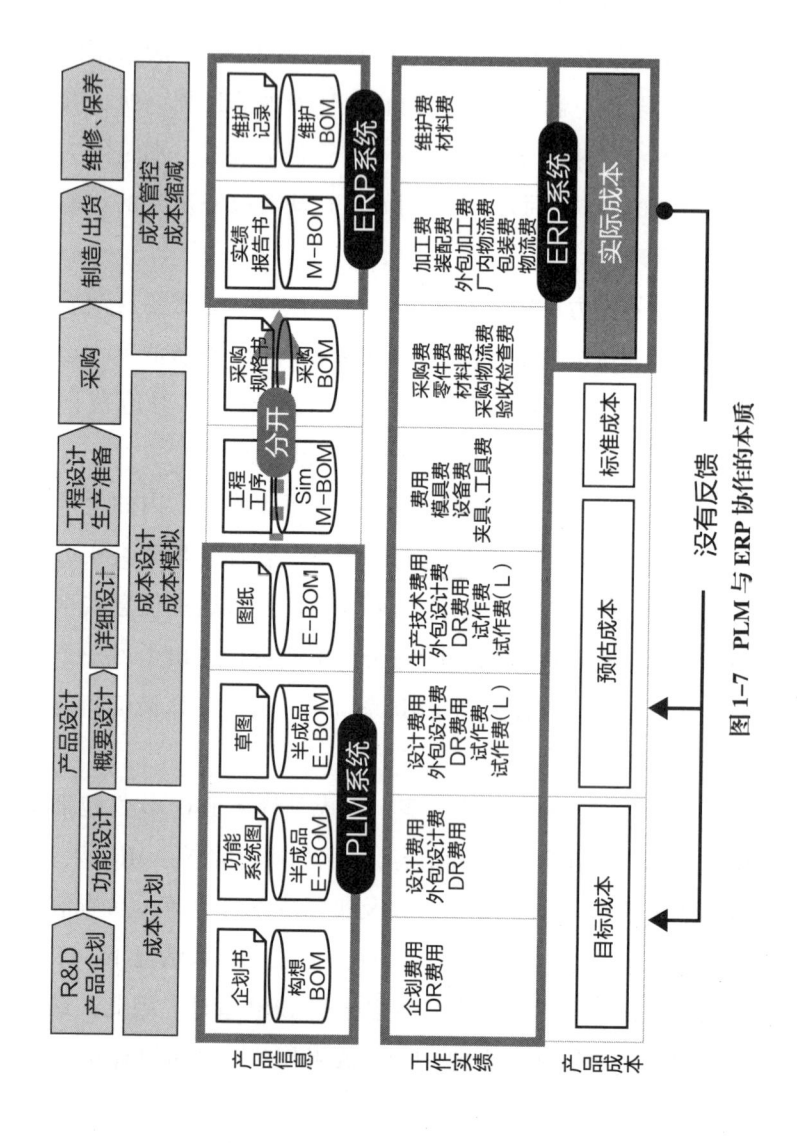

图1-7 PLM与ERP协作的本质

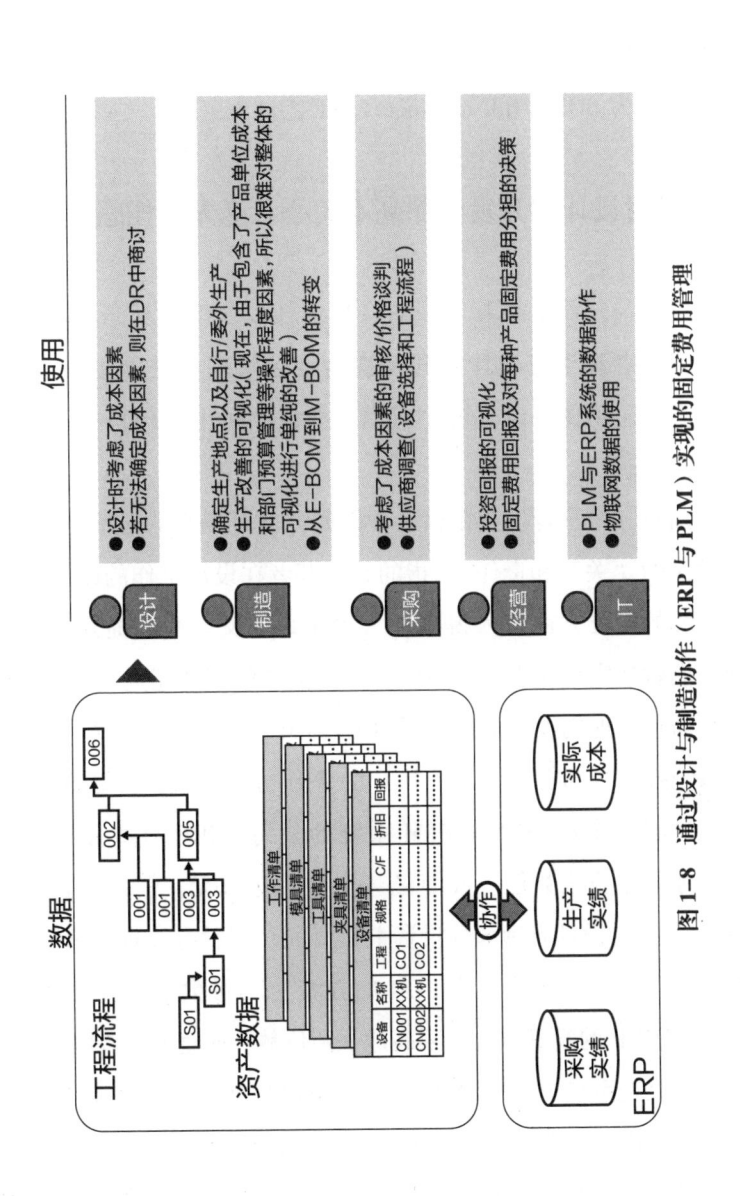

第1章 对经营进行正确评价：什么是"真实"利润？

图1-8 通过设计与制造协作（ERP与PLM）实现的固定费用管理

和ERP的中间机制来对其进行管理。近年来，这种中间机制被一些人称为BOP（Bill of Process，工艺过程定义）。

经营者对设计和开发工作毫不关心，毫无责任感！

设计与开发承载着未来的客户信任以及潜在利润。既然如此，经营者理当将设计和开发视为经营管理中最重要的环节。但我真是忍不住要说一句："经营者对设计和开发工作毫不关心，毫无责任感！"

当然，经营者也会在意这个方面，而且操心的事情也很多。但我说的"关心和责任"，指的是经营者在设计工作的改革和信息系统的投资方面投入得实在太少了。上文中我们提到过，设计者们就连实绩成本都看不到，许多工作使用的还是Excel等工具。而且，他们没有对设计系统和PLM进行以经营改革为目的的系统投资，却在会计系统和ERP系统方面投入了大量的资金。我见过同时导入ERP和PLM系统的公司，甚至有些公司会在ERP系统上投入数亿、数十亿甚至数百亿日元。但是，如果为除去CAD的设计管理部分投资上亿日元，那就有些难以承受了，所以在大部分情况下，给PLM的投资也不过数千万日元而已。PLM与ERP的投资位数差额高达一两位数，简直是天差地别。

不仅是系统方面，就连经营方面也是如此。设计工作可谓是千人千样，企业从未想过制定一个规范或者标准来进行统一。留给设计部门的人力和系统投资都十分有限，即便他们努力地想要改革，也是巧妇难为无米之炊，何况他们的改革能力本来就十分薄弱。正因如此，大多数企业的经营方式和系统都还停留在"昭和"水平。

造成这种局面的无疑是经营者。作为经营者，表达关心与责任的方法其实就是"钱"。经营者应该为设计系统和PLM负责，并在战略阶段给予更多的投资。接下来，我想谈谈这些经营者不愿意在这方面进行投资的原因。

经营者对总把自己关在黑匣子里的技术部门知之甚少

对足以决定未来利润的设计和开发阶段进行的改革，是整个经营改革的基石。为此，经营者需要与技术部门相互理解、携手共同承担责任，为了美好的未来而改革。如果经营者没有在制定战略的时候留出这部分投资额，就是很大的过失了。这一点在上文中也有提及。

当然，技术部门也并非完全没有责任。一直以来，技术部门就不曾有过改革的欲望。他们犹如在把自己关在黑匣子里一般，不愿与外界做过多的交流，也丝毫不觉得带有个人色彩的设计有任何问题。

带有个人色彩的设计=根据多年经验做出的个性化设计。为了方便说明，我为这句话换了一个说法。从这里可以看出，这些设计师非常独立，他们希望所有的工作都由自己一力承当，很排斥他人（尤其是其他部门的人）的介入。

我们说一个具体的细节吧。设计过程中,设计师会使用技术计算工具对性能进行检验,比如强度计算、屈曲计算、温度计算、振动计算等。而这些工具大多都是一些 Excel 类的工具,并未形成信息系统。这些设计者都有一套属于自己的定制化 Excel 工具,以提高设计效率。这就相当于是"个人定制专属的技术计算工具"。

认真思考一下就会发现问题了。无论是作为一家公司,还是作为一个组织,保证品质都是不容忽视的。这么重要的技术计算工具居然是设计人员独有,且可以随意自行定制的,这难道不是一个大问题吗?但是技术人员认为,一个专属于自己且能熟练掌握的技术计算工具,是工作经验的有力证明,使用这种工具设计出来的东西,才是具有个人色彩的有效设计。一般的工作已经完全激不起他们的热情了。于是技术部门就在不知不觉间,在许多方面形成了一种黑匣子般的封闭式文化。也正因如此,非技术出身的经营者或高管们,对设计的业务内容也是知之甚少。

从充满个人色彩的设计方法中走出来,从以图片和文字为主的设计,转变为信息化的设计,推进每个设计参数[①]的设计思想的标准化,这是非常重要的(详细信息请参阅第 2 章)。如此一来,就可以实现设计整体的可视化,并使之变成一个知识分享平台,设计师们可以在上面分享一些自己的努力和成果。同时,也可以向第三方开放这个平台,让更多人了解技术人员的

---

① 参数:尺寸、重量等诸要素。(译注)

工作，这样就能避免不了解的人觉得"技术部门都是一群不知道每天在做什么的疯子"。

经营者没有将投资 PLM 视为自己的分内职责

在上文中我曾说过，很多经营者在制定战略时没有将大额的投资预算分配给设计系统或 PLM。反观 ERP，为什么能得到大额投资呢？答案或许是：ERP 是一个会计系统。而会计又是经营者最为看重的部分，因为这关系到结算的速度、各业务部门的 B/S、P/L 的编写以及合并结账等问题。如果 ERP 能够解决经营者关心的问题，就能得到巨额投资，因为每个人都会对自己负责的事特别上心。

但是，设计系统和 PLM 不属于会计系统，也与经营者的工作没有直接的关联性，自然也就不会得到大笔的投资。设计系统和 PLM 的工作是很极端的。对经营者来说，CAD 是一种"用于绘制产品图纸的工具"和"一种更高效的绘图工具替代品"，这很好理解。但是，涉及用于管理物料清单的 BOM 和用于管理设计文档的 PDM（Product Data Management，产品数据管理）时，他们就不甚了解了。另外，近年来，许多公司已经开始着手解决诸如 E-BOM 和 M-BOM 之间的协作问题，也因此催生出一些新的流行词，例如 BOP。

PLM、PDM、E-BOM、M-BOM、BOP 等这些缩写成三个字母的英语单词如雨后春笋般涌现。说实话，一般人看了很难理解，而且从经营者的角度来看，除了"设计人员在疯狂地工作"外，基本上也看不懂什么了。而且，即使是制造企业，担任高层职务的人员中，工科出身的比例也在慢慢减少。对于不太了解的东西，经营者又怎么会进行大额投资呢？即便设计部门的人兴奋地报告："BOP（波普）是一种……"，或者"E-BOM 与 M-BOM 的协作对变更管理而言非常重要……"，经营者也会一脸茫然地问："波普是什么？""哈？好吧，你告诉我这样能减少多少人手？"在经营者听来，这些努力终归都是为了减少员工数。

因此，只有把设计改革与会计和经营管理进行联动，让经营者意识到这也是自己的职责，才能保证得到足够的投资金额，继而彻底地进行改革。改革的内容固然重要，但如果不能保证其源头——"金钱"的获得，再理想的改革计划也不过是纸上画的大饼罢了。

在意 IT 的投资回报率时，就"失败"了

那么，负责人要怎么说服经营者呢？在这里，"产品损失"是一个十分重要的关键词。首先，要让经营者意识到对产品损益的忽视，是自己的过错。图 1-1 中提到过产品损益的重要性，这里我就不再重复了。对这一重要性充分理解了的经营者肯定会说："我们必须让产品损益变得可视化！"所以，我会不断重申这一重要性，直到大家都形成这种意识。根据我的经验，很

第1章　对经营进行正确评价：什么是"真实"利润？

多经营者只要听过一次就能充分理解了。即便不能发现明显的问题，至少也能觉察到自己有问题。

其次，实现产品损益的方法很重要。如图1-9所示，我们需要分为三个层面来推进。既然是产品损益，我们就要以产品为轴线，然后添加上成本、品质、销量等各种因素。因此，图表最下层的产品信息（图纸和BOM）必须以设计、制造、服务和生命周期连接成一个整体。

产品信息一旦被分割成多个碎片，产品损益自然就看不见了。这听起来似乎是一件理所当然的事，但事实上大部分公司都没有做到这一点。E-BOM与M-BOM的协作，以及BOP，都是解决这一问题的方法。在构筑好这个由现有信息组成的基台后，就到了第二层：让成本估算和成本管理成为可能。最上面的那一层，则是实现准确决策和产品损益的可视化。

从逻辑上来说，为了实现经营者所追求的产品损益，首先要实现BOM的连接以及PDM等。事实上，在向经营者说明设计系统或PLM的时候，他们是很难理解的，因为最底下的那一层实在是太极端了。所以最好从顶层切入，进行说明。

如上所述，ERP虽然可以得到大额的系统投资预算，但决定导入它的原因并不是对"投资效果"的判断。为了解决快速结算、各业务部门B/S、P/L及合并结账等，这是经营者必须解决却又无法解决的问题。这无疑会是一笔巨大的投资，也需要提交经营会议审核，所以大家会先选择一个与投资效果相匹配的工具再正式开始。在这里我想重复一句，之所以会导入这个工

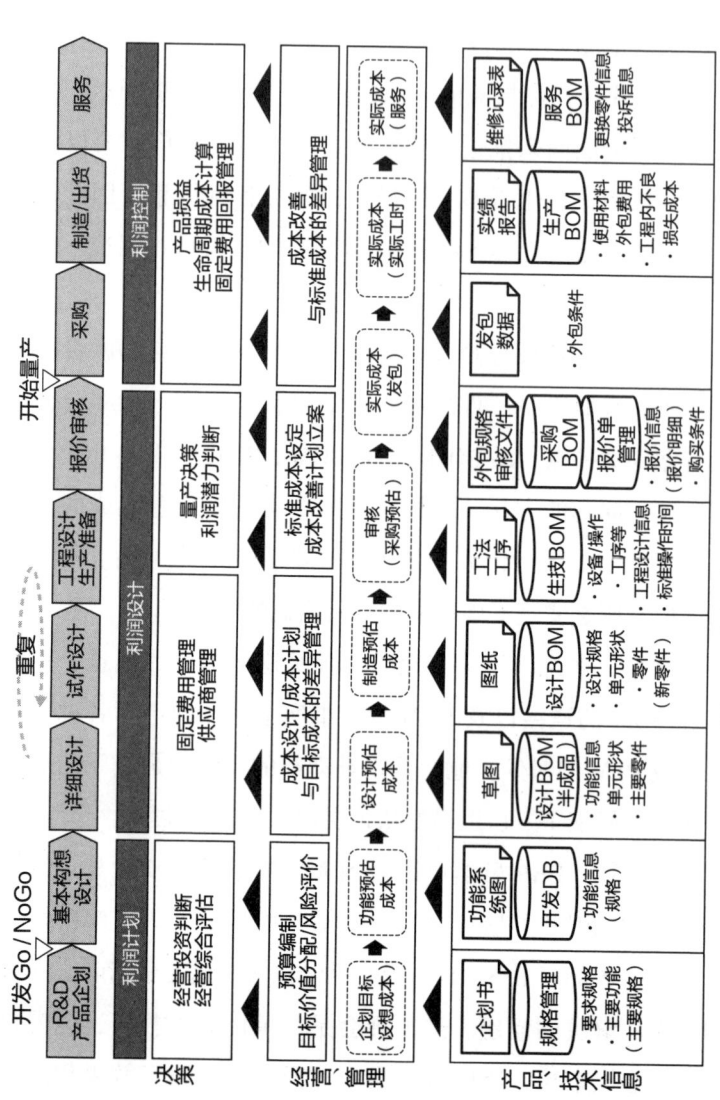

图 1-9 分为三层的数据协作

第1章 对经营进行正确评价：什么是"真实"利润？

具，为的是解决经营者自身的问题，而不是因为它的投资效果。

但是，现有的设计系统或 PLM 并没有被关联到会计系统，自然也就不能帮助经营者解决问题。因此，投资效果就变得极为重要了。若想计算效果，就必须使用一个"什么工作能提升百分之几的效果"这种假定的数字来计算，因为设计并非例行工作，工作效率与工作难度有着直接的关系。用百分比来显示优化的效果，会让人觉得成效显著。这当然不算是一个假数据，但的确是一个没什么直接关联性的数字。

因为，对设计工作的评判标准一定不是"减少了几个员工"或是"降低了多少工时"，而是是否改进了既有的设计、图纸和成本。如有必要，增加工时也要改进。这更像是锻炼身体，而不是简单地依靠节食来减肥。为了达到这个目的，甚至不得不使用一个毫无关联的数字来说明，并请经营者认可这一投资效果，从而成功获得"批准"。

事实上，如果一个经营者还在追求 IT 的投资效果，就足以说明他没有把这件事当作自己的责任来看待。看不到产品损益是一个很大的问题，所以只有当一个经营者提出要导入可以计算产品损益的会计系统这种"要求"时，才能证明他真正把这件事当成了自己的责任。需要的是"要求"，而不是"批准"。我希望各位经营者都能将设计系统和 PLM 视为一种产品损益的会计机制，并且不再追求它的投资效果。

技术推动流程改革

接下来，让我们先对上文中提到的诸多要点进行一个总结。

产品是经营的核心部分，因此以产品为中心的损益管理是非常重要的。我希望经营者在认识到现有的产品损益还未实现可视化、标准化、系统化的基础上，不断努力改善，进而认识到同步推动作为组织力的阶段损益（ERP）和作为经营力的产品损益（PLM）的管理的重要性。这才是企业应落实的经营方法。

接下来的问题是：我们该如何改善产品损益呢？首先，产品的损益是由设计和开发决定的。如此一来，就要先自省一个

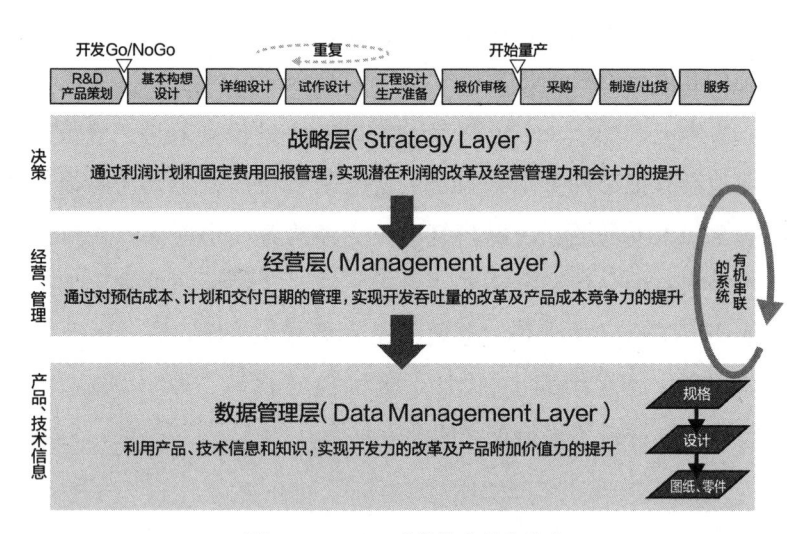

图1-10 PLM系统带来的集约化

第1章 对经营进行正确评价：什么是"真实"利润？

问题：我们公司在设计和开发阶段是否具备管控成本和利润的能力？事实上，很多公司都没有关注成本的实力（实际成本或标准成本），也没有在合理、系统地确认成本的前提下推动设计和开发的工作。更可怕的是，他们对自身存在的问题还一无所知。

在大部分企业中，设计者甚至对自己设计成果的实绩（实力）成本、品质性能一无所知。原因有二：一是设计系统的延迟；二是设计与成本间信息共享的延迟。因此，我们必须在整个生命周期过程中对产品信息进行管理，并且应保证成本和品质的实绩会被反馈到设计部门。

仅仅通过加派人手收集信息，再使用 Excel 进行管理，是达不到这个目的的，还需要运用技术。只有技术才能推动流程的改革。运用技术后，可以实现三个层级之间的有机协作，合理地管理既有的产品信息和品质，实现"产品附加值的提升"，实现对产品信息的管理，并借助合理的成本管理方法来"提升产品成本的竞争力"。实现对品质和成本的合理管理后，就能达到"经营管理力与会计力的提高"。

到现在为止，这些数据和经营都是各自为政的，而使用了技术后，就可以将它们串联在一起了。请允许我再说一次，这样的系统其实不难实现。在这个时代，只要有坚决的改革信念，对经营者而言，给予足够的重视和关心，坚决不受 IT 供应商和软件包的约束，那就无所不能。

关键词 →　　　← 阻碍因素

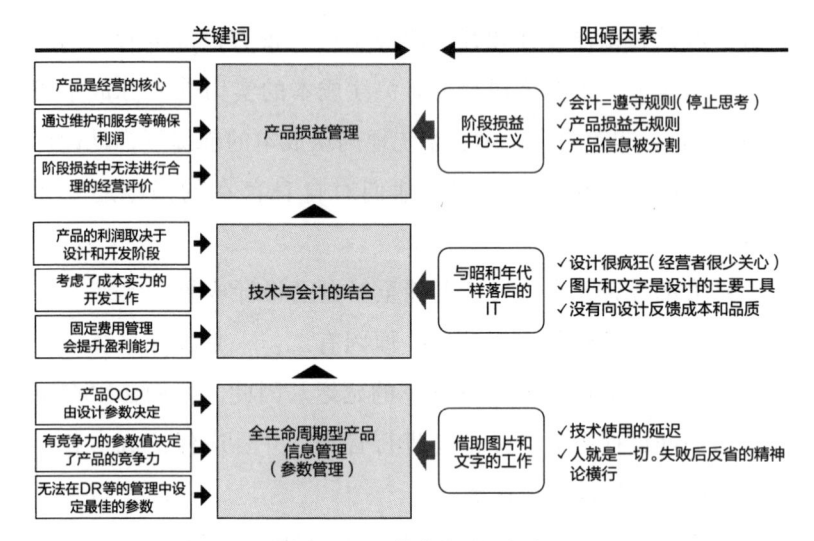

产品损益管理
- 产品是经营的核心
- 通过维护和服务等确保利润
- 阶段损益中无法进行合理的经营评价

阶段损益中心主义
- ✓ 会计=遵守规则（停止思考）
- ✓ 产品损益无规则
- ✓ 产品信息被分割

技术与会计的结合
- 产品的利润取决于设计和开发阶段
- 考虑了成本实力的开发工作
- 固定费用管理会提升盈利能力

与昭和年代一样落后的IT
- ✓ 设计很疯狂（经营者很少关心）
- ✓ 图片和文字是设计的主要工具
- ✓ 没有向设计反馈成本和品质

全生命周期型产品信息管理（参数管理）
- 产品QCD由设计参数决定
- 有竞争力的参数值决定了产品的竞争力
- 无法在DR等的管理中设定最佳的参数

借助图片和文字的工作
- ✓ 技术使用的延迟
- ✓ 人就是一切。失败后反省的精神论横行

图 1-11　经营力的强化方法

第 2 章

建立一个能够创造竞争性产品的机制

人机协作引发的设计改革

第 2 章 建立一个能够创造竞争性产品的机制

在第 1 章中，我们说明了围绕产品损益将能够正确评估经营的机制与技术和会计相结合的必要性。在第 2 章中，我想着重谈谈"技术"部分。换言之，我想谈谈"能够创造出竞争性产品的设计改革"（图 1-9 的最底层）。对于创造竞争性产品而言，设计绝对是必不可少的。在上文中我们也曾提到过，大部分成本和质量都是在设计阶段确立的，而设计改革是业务转型的必然过程。这就是为什么说公司的腐烂源于管理，而经营的腐烂源于设计。

但是，设计部门总喜欢把自己"关在黑匣子里"，改革的速度也比其他部门慢许多。而且，设计是一项以思考为主的工作，其他人无法对这个过程进行分析。这一点与制造部门有着很大的不同。还有一个问题，许多设计师无法用语言完整地诠释自己的想法，因为"思考内容的语言化"是一项很特殊的能力。这些都是阻碍设计改革的重要原因。但是，即使困难重重，设计改革也是势在必行的。因此，在本章中，我想围绕以下三个关键词来展开说明。

1. 走出图片文字，用技术推动改革
2. 走出管理改善，以设计知识推动改革
3. 走出私人店铺般的个性化设计模式，依靠全员的力量推动改革

2-1
走出图片文字，用技术推动改革

设计工作无法从根本上进行改善的根源在于，设计在很大程度上都是依靠"图片和文字"进行的。图纸、报表和规格书被称为设计的三大成果。虽然设计部门制作了各种图表（清单、委托书、检查表等），但真正被视为记录了设计要素的成果物，还是上述的三大资料。图纸一般使用 CAD 制作，报表会使用 Excel 制作，规格书则通常使用 Word 工具。CAD、Excel、Word 全都是数字型的数据，但里面记载的却是"图片和文字"。CAD 是线条信息，Word 是文字信息。Excel 也可以作为数字型数据使用，但如果没有输入规则，就和文字没有什么两样了。使用这些"图片和文字"会阻碍设计作品本身的数字化，阻挡设计工作的彻底改革。

沿用昭和时期的设计方式，导致数字化速度严重受阻

那么，"图片和文字"到底有什么问题呢？人如果不亲眼见到这些图片和文字，就无法开展工作。机器的处理能力有限，人类是必不可少的。但人类不仅生产力低下，还经常犯错。如果无法实现"人机协作"，人类的发展必将受限。图片和文字具

第 2 章　建立一个能够创造竞争性产品的机制

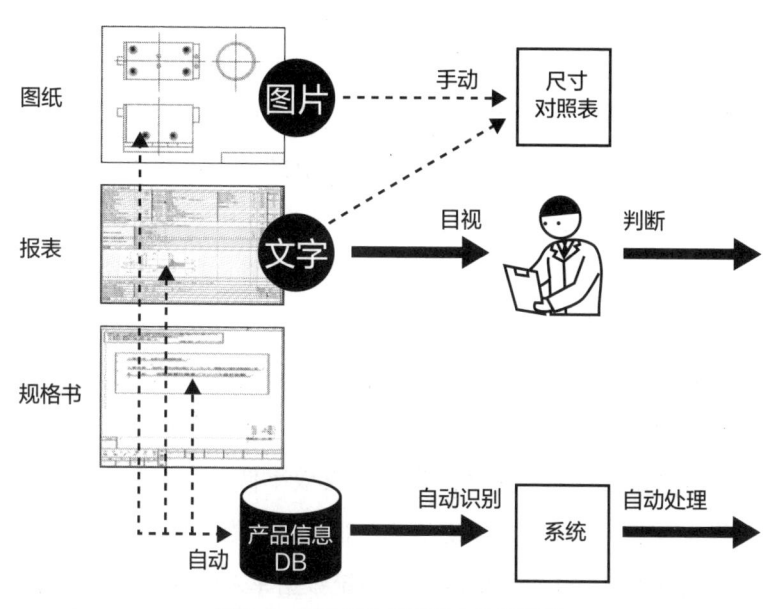

图 2-1　图片和文字是数字化的障碍

有很高的自由度，可以被轻松随意地书写，也正因如此，产生了许多带有浓重个人色彩的设计，阻碍了生产力的提升。

极大程度依靠图片和文字，在整个公司内部，想必也只有设计部门会这么做，因为其他部门已经导入了业务系统，让各个流程成功实现了数据化。3D CAD、CAE 这些工具，乍一看都是设计数字化的进步标志，但其实图片和文字都是纸文化的一种延伸。这是昭和时代工作方式的延续。平成时代都结束了，怎么还在沿用昭和时代的工作方式？

设计者本人自然十分理解设计信息化的重要性。为了对自己的设计质量做出正确评判，设计者们会在 Excel 中创建一个与历史设计值（性能值、尺寸值等）进行比对的对照表。因为设计者们想了解历史实绩值的范围（Min-Max）。如果是曾经有过实绩的性能值或尺寸值，至少可以判断为可以购入，或者具有生产性。反之，如果超出了历史实绩值的范围，就会增加很多需要调整的项目，设计难度一下子就提高了。

设计者很明白，从质量保证的角度来看，单凭图片和文字是无法进行判断的，必须通过设计的量化，以及与对照表的比对来判断。但这里存在一个问题，那就是这些表是由每个设计者分别创建的，且每次设计时都会创建一个新表。建表是为了方便自己做出判断，这样的做法不仅效率低，对整个组织的经验累积也毫无裨益，可以说是一个很大的问题。作为一个组织，必须做到能够使用通用管理表和系统数据库来进行管理。

CAD不是绘图工具，而是信息化工具

设计的信息化十分重要。为了后工程能轻松一些，设计者在使用CAD画完图纸后，会努力对着对照表手动输入数据并将其记录到数据库（DB）中，这种是"0分"的做法。用CAD画完图纸后，设计者还要特意再花时间写入数据库，这种操作的可持续性太低了。总有一天会有人找借口停止这一工作。就精密性和可靠性而言，人类根本不值得信任。

那么，我们应该怎么做呢？在这个时代，只需使用技术方法，就可以轻而易举地从CAD绘制图中自动提取出尺寸等数

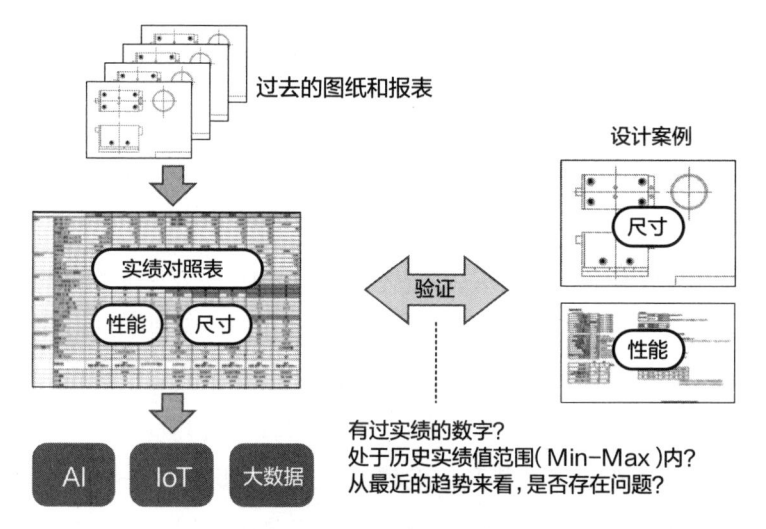

第 2 章　建立一个能够创造竞争性产品的机制

图 2-2　设计参数的数据库

值。CAD 数据被写入 PDM 等数据管理系统后，系统可以很快地自动提取尺寸并将其写入数据库中。

说点关于系统的趣事吧（对系统不感兴趣的话，可以跳过）。使用 3D CAD 时，尺寸值会被存储在模型特征中，因此可以轻松提取。2D CAD 也可执行相同操作。许多 2D CAD 都有参数化功能。这是一种通过外部输入的尺寸值来伸缩形状的功能。如果反向使用该功能，则可以从生成的形状中自动提取尺寸值。

虽然参数化功能是很基础的一个功能，但大部分公司却不会使用。事实上，高昂的 CAD 授权费中就包括了这个参数化费用，但大家都没能好好利用，真是太可惜、太暴殄天物、太浪费了。但是，这些 CAD 功能也不是魔杖，设计者必须在生成的

CAD形状中加入自己的设计意图。

例如，在制作支架顶板的模型时，有一个拉伸功能，但系统无法确定要拉伸的对象是顶板的宽度、深度还是厚度。因为系统不明白设计者的设计意图。因此，需要在拉伸特征中输入顶板宽度（W）这一设计意图（属性设定）。使用2D参数化功能时也是如此。设定意图是一项额外的工作，但就我的经验而言，设计者们都不排斥CAD相关的额外工作。更何况，如果通过这个做法自动创建出尺寸对照表，或是通过设定尺寸和平面来实现3D图检验的目的，就会大大推动这一技术的发展。

技术还有很多有待我们发现的优点。意识到这一点后，就应该将CAD视为一种信息化工具，而不是单纯用于呈现形状的绘图工具。即使是尚未引入3D CAD的定制型公司，也可以在认识到这是一种信息化工具之后，尽快导入使用。

改变形式化的品质确认

实现设计的信息化（DB化），我们就可以实现人机协作了。设计内容被DB化后，很多工作就可以交由机器处理了。如此一来，设计的品质确认和图纸检查的方式都将发生变化。

例如，可以使用机器来处理设计过程中的确认清单。在确认清单中存在许多基于设计标准和历史不良问题而规定的数值，例如"若冷却方式为风冷，则××尺寸应为15mm"。现在都是依靠人眼逐行确认，在符合的行后打钩标记。由于检查项目过多，所以上级的领导也无法对内容进行逐一确认，只会看看下属是否做过确认清单，仅此而已。

品质管理已经从对每个内容进行确认的实态论转变成了仅确认是否做过清单等的形式论。这真是个很大的问题。但是，如果让设计实现 DB 化，那么上述的标准化（明确的量化）检查项目就可以通过机器进行处理了。换言之，机器能做到的事情，人类就无须再费心了。人非圣贤，孰能无过。人一旦宿醉便会无精打采，不仅生产效率低，稳定性也不高。机器则不然，即便是成百上千个检查项目，它们也能在一秒钟内处理完毕。

那么，这就不需要再进行人工检查了吗？答案是"NO"。拿到完成的图纸后，检查人员可能会觉得"嗯……总感觉差点儿东西"。或者"报表本身倒是没有问题，但总感觉哪里不对劲儿"。这种用语言无法形容的感觉，只有人类才能感受到。可以说，这是人类的先天优势。

一些资深的技术人员甚至会感到"图纸不对的地方一下子浮出水面了""有问题的地方似乎已经闪闪发光了"。这些都是人类才能感觉到的东西。因此，标准化的检查项目应该全部委托给机器执行，而人类只要专注于对那些模模糊糊和难以描述的地方进行确认即可。人机协作不是一朝一夕能够实现的，但我们应该有意识地慢慢扩大机械化范围。

设计×AI（人工智能）

随着设计逐步实现 DB 化，以及人机协作领域的不断扩大，接下来要讨论的就是设计工作的 AI 化了。这在目前被称为"IoT[①]化"或"AI 化"。即便是被视为生产现场中最为精密的检查工程，也已经在深度学习后实现了自动检测。在维修保养方面，我们可以通过安装在设备上的传感器进行数据分析，对可能发生的故障进行预测。同时，也可以利用机器算出最合理库存量。可见，AI 及数据分析已经被广泛使用于各个领域中了。

那么设计呢？几乎没有争议。设计被所有人排除在了 AI 范围之外。其中一个原因在于设计工作是以图片和文字为主，所以几乎所有人都认为它和数据毫无关联。就算想实现设计的 AI 化，大部分人也想不出最近 3—5 年需要利用 AI 做什么。但如果我们考虑的是未来 20 年呢？人的发展终有瓶颈，如果不导入 AI，企业的发展也终将停滞。因此，迈出第一步很重要。

在考虑实现设计的 DB 化或 AI 化时，建议参考图 2-3 所示的四个象限，重新思考一下设计思考的平台。第一个轴是设计信息。也就是先区分这是图片和文字信息（这被称为非结构化数据），还是 DB 化的信息（这被称为结构化数据）。第二个轴是处理功能。区分这是由人类处理的，还是由机器处理的。

迄今为止，设计者们都在左上象限，依靠直觉和经验，使用图片和文字进行设计，但这远远不够，需要开发一个多方位的设计思维平台，例如可以用机器处理图片和文字，用机器或人工处理 DB 信息等。这个目标的实现，必须借助日新月异的技术。正如第 1 章所说，只有技术才能实现流程改革。

---

① IOT＝Internet of Things，物联网。

第 2 章 建立一个能够创造竞争性产品的机制

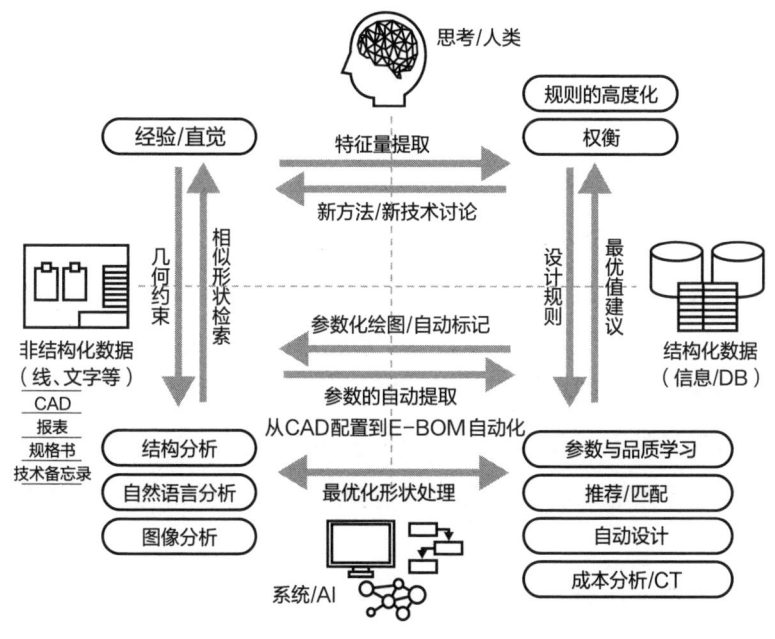

图 2-3 设计思维平台

2-2
走出管理改善，以设计知识推动改革

为了创造出有竞争力的产品，最主要的是提升设计者的思维高度，或是积累足够多的失败和成功经验，或是努力提高组织整体的知识储存量，从而进行设计改革。但是，思想和知识是犹如黑匣子一般的存在，看不见，摸不着，导致改革也时常面临重重阻碍。所以，很多公司都希望通过强化管理来改进设计。

修改 ISO 规定、细化进度管理、增加确认清单和管理报表……设计者为此想尽了办法。因此，每年提交给 DR[①] 和审查会的资料数量都在增加。设计者的本职工作原本只在于思考有竞争力的零件规格，以及过滤图纸中的每一根线条和计算书中的每一个数字。但因为企业的管理优化，他们又不得不再分出一些精力和时间来应对那些额外的工作。管理的强化直接导致了报表数量的增加，也就要有更多的时间去制作它们。设计者们不得不缩短设计时间，以便匀出时间来应对那些多出来的报表——这根本就是本末倒置的行为。

设计时间被缩短后，难免会出现考虑不周等问题。此外，

---

① DR=Design Review，设计评审。

第 2 章 建立一个能够创造竞争性产品的机制

随着确认清单和业务委托书等管理报表的增加，设计部门用于设计讨论的时间也被相应地压缩了。处于这种恶性循环状态中的公司着实不在少数。请允许我再重申一遍：想要做好设计，就要给设计部门留出足够多的时间，让他们能够认真地对 CAD 中的每根线条、计算书中的每个数字进行思考。这绝不是一件简单的事情，只有着眼于思考过程和图纸检查方式等知识层面，才能真正推进设计改革。

正论阻碍了设计的发展

对组织而言，强化管理是不可停下的脚步。因为组织对正论基本没有抵抗力，正论代表了正义，所以很多组织都喜欢用正论说话。他们积极地讨论包含流程改善、降低返工率等在内的改革内容，希望能够整理出现有流程中的问题点。随即，"没有标准，业务不要求统一""口头的指示没有留下记录，会出现认知偏差"等问题一个接着一个出现。于是，他们创建了业务委托的标准模板，也规定其他各种工作的标准格式，希望借此实现"精密、准确"的管理。

如果被要求"口说无凭，请提交委托书""报表请按照标准格式填写"和"应该使用确认清单"，谁也无法反驳什么。然而，这样的正论真的对工作有帮助吗？管理逐步强化，管理报表也在持续增加。发生问题＝确认清单增加和报表增加。快停下吧！

口头表达究竟哪里不对了？口头表达是最强，也是最快的沟通工具。当然，口头表达的情况下的确会出现"我没说过这话"和"你曲解了我的意思"等问题，但是报表化后问题就解决了吗？要加强的难道不是倾听和表达的方式吗？日本的企业文化是（从好的方面来说）基于等级关系和师徒关系的一种组织文化。也可以说，这是一种非常有利于信息共享的模式。如果将一切内容都变成文字或报表，那就白白浪费了日本企业的这种优势了。

　　当然，这并不代表记录和报表都是无用的，请大家不要误会。对一个组织来说，记录和报表是强化可追溯性和品质保证的重要手段。我只是希望大家不要一出现问题，马上就在管理表、业务委托书或确认清单上找毛病。相对于这种方面的管理强化，我们更应该做的是强化问题意识。

不负责任的第三者，往往更重视依赖数量的品质管理

　　不了解设计的第三者，往往会在流程改革时大力提倡强化管理。不妨直说了吧，积极推动改革的设计管理部、坚守品质大门的品质保证部，以及像我这样的顾问，可以算是"三大恶人"了。一旦这三大恶人参与进来，事情可就麻烦了。

　　不了解设计的人，难免会从形式论而非实态论的角度来看待品质。换言之，他们希望通过数量而非质量来评价品质。上文中提到的各种管理表和确认清单，都给人一种在进行品质管

第 2 章 建立一个能够创造竞争性产品的机制

理的"感觉"。似乎能拿出 20 张 A4 纸大小的不良品再发防止①确认清单的人,一定比只能拿出 1 张 A4 纸的人,在品质确认方面做得更严格、更认真。事实上,更重要的应该是每一行字的内容,以及负责人是否能够充分理解这些内容。但即便如此,他们还是倾向于通过报表和确认清单的数量来评判品质。

因为这三大恶人都非常喜欢"严格、精密、积极"。尤其是像我这样的顾问,简直可以称为第一恶人。很多人觉得"严格、精密、积极"很重要,但真正能做到的其实没有几个人。要是人人都能做到,就不会出现"三天打鱼,两天晒网"的说法了。脑子知道了,身体做不到——这是人类的通病。所以,我在前文也曾说过,"严格、精密"的重任,就交给机器吧。检查的自动化和列表的自动创建是非常重要的。

即便三大恶人高喊着要流程改善、要增加管理报表,对他们本身也没有丝毫影响。因为那些报表本来就不是他们的工作。正因为他们是站在一个无须负责的位置上做指示,所以才会无视"质"的重要性,而一味地追求"量"。每到流程改善或 DR 修订的时候,就一定会增加报表的数量,降低现场的重要性。所以,这些改善其实是"改恶"。"要不你自己做做看?一次就行!"——请不要忽视设计者内心的声音。

最后,我想再补充一点。虽然我非常不赞同管理报表等方式,但这并不意味着要把品质确认的自由裁量权交到设计现场的人员手中。像 20 世纪 80 年代那样,设计现场人员拥有绝对的

---

① 再发防止:已经发生的问题不允许再次发生。(译注)

权力，设计部长手握自由裁量大权的做法也非常不可取。一个公司想要做好品质保证，就必须依靠第三者的检验。而那些无须负责的第三者，应该从靠"量"检测品质的思想，转向对提高品质的载体的重视。第三者应比当事人更积极地思考"自由与控制之间的平衡"这个千古难题。

设计的本质既非图纸也非BOM，而是设计参数

那么，提升设计质量所需的信息管理都有哪些呢？如图2-4所示，我们可以将设计思考分为五个要素。

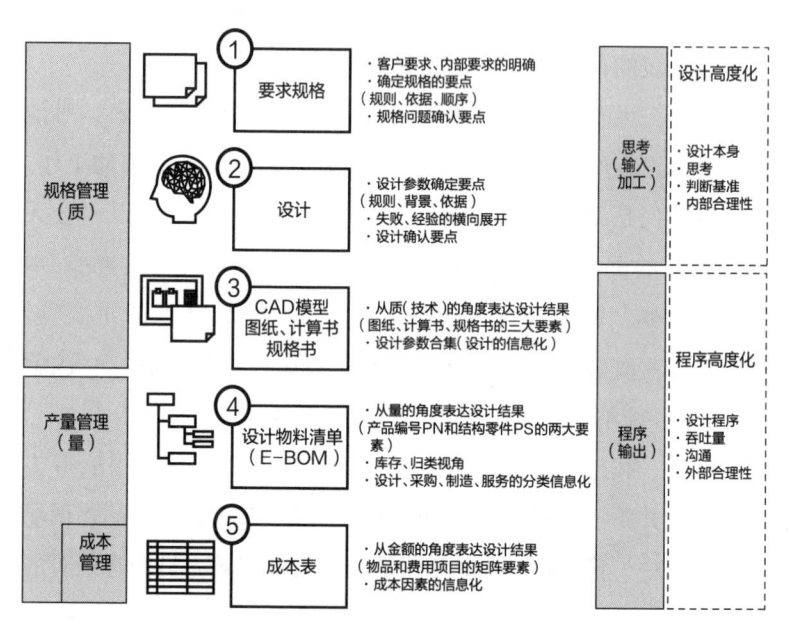

图2-4 设计结构（设计思考的五个要素）

第2章 建立一个能够创造竞争性产品的机制

首先是"①要求规格"。要求规格不明确的前提下，设计工作是无法展开的，因为这是一切设计的目标。完整地识别和定义客户需求是非常重要的。

接下来才是"②设计"。此处的设计是指确定设计参数。虽然设计理论多种多样，但我认为设计的本质就是确定设计参数。能否找到满足要求的最佳设计参数，直接决定了产品的市场竞争力。确定设计参数的方法，就是设计能力的体现。"图纸"对设计而言非常重要，但产品的 QCD[①] 却完全是由设计参数决定的。树脂部分的壁厚即使只差了 0.5mm，也可能引起客户抱怨；框架的板厚增加 2mm，就能大大提升安全系数，可成本也会相应增加。这看似毫不起眼的 0.5mm、2mm，可能会直接导致市场索赔、售价过高、产品滞销等问题。在这个竞争激烈的市场中，是否具有竞争力，完全取决于是否具备选择最佳性能值和尺寸值的能力。

接下来是"③图纸"。所谓图纸，其实就是将"②设计"中选定的设计参数值反映到纸面上（绘图）。因此，图纸相当于设计参数的大合集，仅仅是设计结果的体现罢了。虽然这是出图前的一个半成品阶段，但对于思考过程而言，这就是结果。

①要求规格—③图纸的阶段，是确定技术要素的过程，因此我们称之为"规格管理的世界"。正常来说，设计只需要在规格管理的世界中展开工作就足够了。因此，下文中要说明的

[①] QCD = 品质（Quality）、成本（Cost）和交货期（Delivery）的首字母缩写组合。

"④设计物料清单（E-BOM）"和"⑤成本表"，对设计来说都是毫无用处的，甚至可以说是障碍。因为在30—40年前，设计者只要做好图纸，采购部门就会采购适合的材料，生产部门就能做出优秀的产品，即使没有E-BOM也不会影响生产。那么，E-BOM的存在究竟有什么意义呢？既然所有人都在说BOM，那我们自然也不能无视BOM的存在。

物料清单（BOM）是用于改善沟通的

那么"④设计物料清单"究竟有何用处呢？答案就是：可以对设计和后工程之间的沟通起到润滑的作用（程序改进）。设计的后工程，也就是采购和制造部门，采取的都是"量"型的工作方式。什么零件买多少个？什么零件生产多少个？他们的工作原则上是由产品编号和数量组成的。但图纸采用的是"质"（规格）的表达方式，如果直接递给后工程，就会让他们感到束手无策。因此，将设计结果以数量进行重新表达，是为了让设计与后工程之间的沟通变得更加顺畅。换句话说，这也可以提高设计的吞吐量。

相反，如果采购和制造部门的工作中"量"的要素不多，那么E-BOM的效果也会大打折扣。因此，E-BOM适用于量产型公司，对于定制型公司，就要在充分分析可能带来的效应后再决定是否导入。对于设计参数与制造工程之间有着紧密联系的定制型的公司来说，E-BOM能够带来的效益会相对更大一些。例如,"这个零件的宽度超过 300mm,所以不能通过机器来加工。"或者"这次的轴段差达到了 50mm 了,看样子厂内加工是不可行的。只能外包了……"等状况下,对图纸中设计参数的解读就可以用来进行工程判断了。图纸配合当然是非常重要的,所以设计参数的配合也非常重要。

"⑤成本表"也是如此。原则上来说,确定了设计参数和物料清单后,成本表也就自然确定了。让影响成本(成本因素)的设计参数可视化,就能自动计算出产品的成本了。在第 3 章中,我想谈谈如何从统计学角度诠释设计参数与成本之间的关系。物料清单与成本适用于"量"型工作模式,那么我们就要为"质"型的工作模式找到一种可以连接设计参数与图纸的机制。

"输入发生源"是信息管理的一般原则

采购和制造与"量"之间有着直接的关系,所以 BOM 是必不可少的,这一点很容易理解。那么,接下来还有一个问题:为什么必须在设计中输入 BOM 呢?如果 BOM 主要作用于采购或制造流程,那不是应该由采购或制造人员来输入吗?设计并非"量"型的工作模式,保证产品规格能满足客户需求,才是设计者最重要的工作。所以,理论上图纸完成后,设计者的工作也就结束了。但事实并非如此。设计阶段的 BOM 输入是必不可少的工作。

为什么呢？因为"输入发生源"是信息管理的一般原则。零件由设计决定。由决定者输入相关信息，既可以降低操作成本，也不容易出错。决定者在决定后就要立即输入。这就是发生源输入的基本概念。因此，"即使 BOM 对设计者而言毫无意义，为了后工程的顺利，他们也要耐着性子输入"，因为这直接关系到与后工程之间能否顺利沟通。

考虑到设计者的工作效率问题，应考虑让 BOM 自动生成的

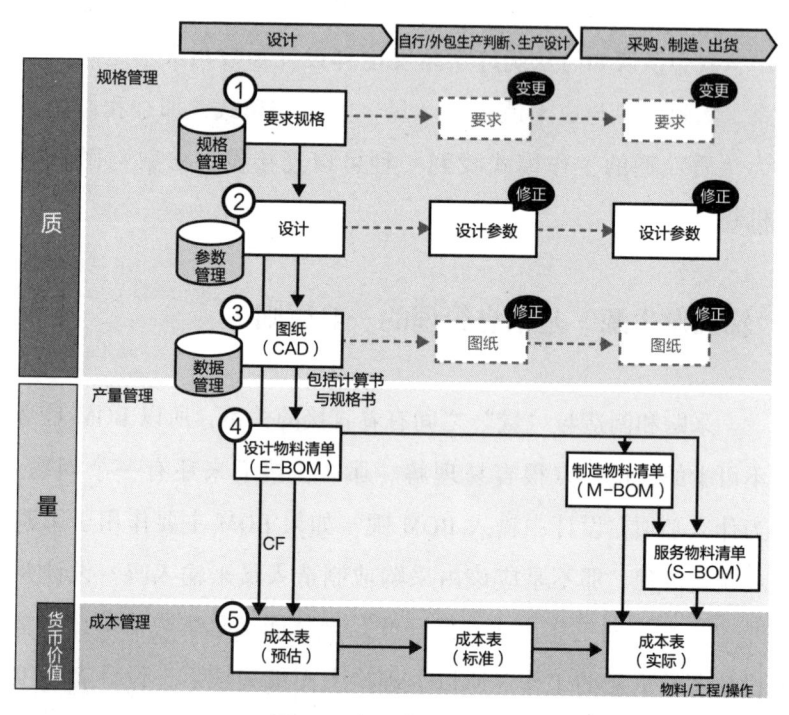

图 2-5　设计信息的协作

方法。可以利用各种技术，从 CAD 数据中提取数值，自动生成 BOM。上文中说过，CAD 不是绘图工具，而是信息化工具，而自动生成 BOM 应该可以算是它被信息化后最大的作用了吧。

3D CAD 具有 CAD-BOM 的功能，可以自动生成 BOM。而针对 2D CAD，也可以考虑从图纸的标题栏和零件栏自动生成 BOM 等方法。借助最新技术，可以轻松地由 CAD 直接生成 BOM。如此一来，只要完成规格管理世界中的①要求规格、②设计、③图纸，就可以实现产量管理世界中的④设计物料清单和⑤成本表的自动化了。说得更直白一点：设计的本质是①要求规格、②设计，所以只要做完了①和②，③就会被自动创建，④和⑤也就会跟着被自动化。实现所有产品和零件的自动化，在现阶段看来是不太现实的。但在开发适应新时代的设计系统时，也要同时将这一点考虑进去。

专栏③

从无意义的地狱，到有意义的地狱

设计开发部每天都忙得脚不沾地，就像活在地狱中一样。定制型企业的设计部门更是如此，他们要做的工作远非单纯的设计这么简单，还需要应对新客户的询价，参与交付、安装、试运行等工作，甚至需要跟进售后服务部门的工作。在这种情况下，迫切需要对业务管理和系统进行改革，以提高效率、减少加班、降低离职率。这些当然都很重要，但设计部门是否可以先将提升效率、减轻员工压力作为一个工作目标呢？

不过，在改革的时候，我肯定不会对设计部门说："我希望这次的改革能减少我们的加班时间，提升我们的工作效率，让我们从地狱里逃出来。"而会说："现在我们正处于'毫无意义的地狱中'，所以我们要改革，要让自己站在'有意义的地狱'里。"因为设计部门是承担着未来客户信任和未来企业利润的部门。

这样一来，压力也就更大了。但是，这种压力对他们而言又是必需的。因为技术部门本就聚集了一群求知欲很高的人。他们会本能地寻找新的经验和知识，在思想方面也有很强的抗压能力。所以面对一些与设计无关且毫无意义的工作，他们感受到的并非思想上的压力，而是身体方面的压力。经营者应尽快把他们从无意义的工作中释放出来，让他们专心应对未来客户信任和未来企业利润的巨大压力和思考的压力。听到这里，大家可能会指责说："这不是黑心企业的做法吗？这不还是昭和时代的陈旧观念吗？这不是在鼓励我们压榨员工吗？"但即便如此，我也敢这么说。

现在，大量的报表、BOM输入、交货日期管理、日报等工作已经让设计者筋疲力尽。由于很多人都觉得这些资料的数量会直接影响品质管理水平，因此提交给DR或审查会的成果物也在逐年增加。一旦出现问题，各种确认

第2章 建立一个能够创造竞争性产品的机制

清单或委托书的提交资料的数量就会继续增加。即使我们做出再多的BOM、日报和管理报表，也不代表我们就能造出好的产品。好的产品取决于每根CAD线条的走向，取决于计算书中每个数值的准确性。

品质，就隐藏于这些线条和数字之中。此外，为了提升品质的"图纸检查"也还不够充分。毫无意义的大量资料和报表需要更多的时间进行确认，因此用于确认技术三要素——图纸、计算书和规格书的时间就相对减少了。当然，设计者们会因自己能在有限的时间内输出这么多成果而感到自豪，但事实上他们原本能做得更好。近年来，越来越多的公司转向从服务和维护中赚钱。在这种背景下，设计部门必须增加更多的可选设计时间，或与服务部门共享、协商数据，以便提升产品的可维护性。设计者应该在一个更有意义的地狱中战斗，在其中精进自己的设计能力和开发能力，并努力提升效率、减少加班。

2-3
走出私人店铺般的个性化设计模式，依靠全员的力量推动改革

最后，我们再说说设计部门的故事。长期以来，所有人都觉得设计的知识化和技术传承是非常重要的。那么，我想先就知识化的部分谈谈自己的看法。在上一节中，我曾说过能否做出优秀的设计，取决于对设计参数的选择。选择最适合的参数值，这就是设计知识的体现。但是现在的设计犹如一个个私人店铺，充满了设计者的个人色彩，无法形成系统性的经验。此时，我们应该加强设计者之间的协作，找回"全员力"。

有失败的横向展开，却没有成功的横向展开

在思考知识的时候，别忘了"分工"的弊端。目前，许多公司为了提升设计效率而积极推进工作分工。框架设计者与细节设计者，报价设计者与订单设计者，电子、机械、软件……工作被细分成了很多类别。在组织管理中，分工是一种可以提高效率的方法。重复进行类似的工作可以提升员工的熟练度，并能有效防止多次发生同类问题。分工可以提升工作效率，但

第 2 章　建立一个能够创造竞争性产品的机制

从知识的角度来看，它也具有去中心化的弊端，即"我只了解关于××的设计"。以往那些资深的技术人员总给人一种"无所不知的超人"形象，而如今的分工模式下培养出来的技术人员，想必是没有成长为超人的可能性了。

如图 2-6 所示，资深技术人员的工作经验十分丰富，所以就形成了金字塔式的经验结构。但是，在这个以分工方式为主的时代，我们需要形成一种网络式的经验分享模式。经验的分享不能依靠晨会或是学习会等虚拟组织来推进，而应该依靠技术的力量，尤其要重视"成功"的共享和横向展开。

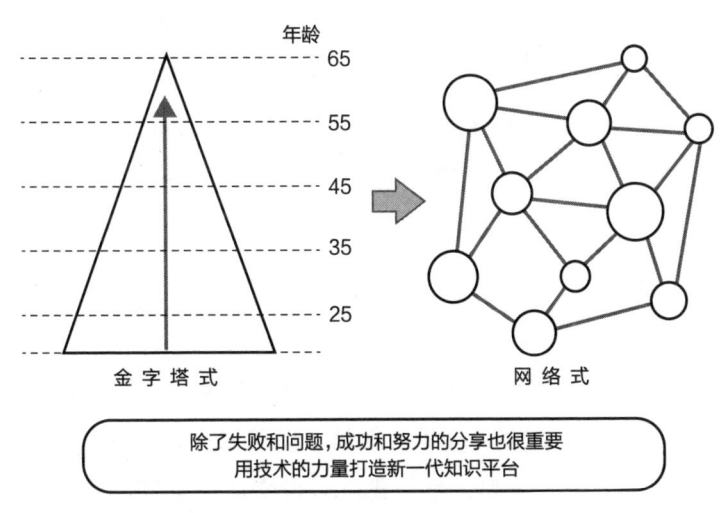

除了失败和问题，成功和努力的分享也很重要
用技术的力量打造新一代知识平台

图 2-6　知识的形态变化

不良品信息等失败经验，现在依旧会通过不良品再发生防止确认清单等进行横向展开。但是，却没有任何一种机制可以

用于分享努力、思考的过程。当然，失败的横向展开很重要，但如果只有"那样不好、那样不行"的失败分享，我们的思维就会变得越来越狭隘。如果听到"这么做就会顺利、制造部门可以做到这个程度"之类的超出自己工作范围的经验分享，我们的思维也会随之拓宽。为此，需要将项目中参数的选择方法、努力的过程等知识进行可视化，以便可以进行横向展开。

文档形式的设计手册，再怎么努力编制也难以使用

那么，接下来我们就谈谈设计知识的可视化和分享吧。听到设计知识或技术传承的时候，大家脑海中会浮现出怎样的情景呢？邀请资深的技术人员来讲课，将其记录成带有插图的 Word 文档并形成设计手册；将这个手册分发到每一位设计者的手里；今后也要继续安排这一类的课程——大家想到的估计都是这个场景吧。如果满分是 100 分，这个活动的效果充其量只能得到 10 分。

想象一下，手里拿着一本设计手册去听资深技术人员的授课。你一定会为前辈的知识之渊博、经验之丰富而惊叹，觉得"哇，他也太厉害了吧，要是我以后也变成他那样的大神就好了"。但是听完课，回到座位上以后，你恐怕会立即把那本设计手册丢到柜子里。那么，你什么时候会再打开柜子呢？画设计图的时候，你会边看设计手册边画吗？当然不会，因为"读物只是读物"。

我们不用依靠那本读物也能完成设计。同时，我们也不可能在设计的过程中时时对照设计手册，因为没有那么多时间。对照设计手册进行设计和减少加班量，是一对矛盾体。仅仅把知识提炼出来，并不会产生多大的效果。只有真正反映到下一张图纸中，才能算得上初有成效。当然，即使没人看，设计手册的制作也终归是一件有益之事。既然做好了，就要积极使用。为此，应该利用技术的力量继续推动设计的自动化进程。

设计知识是思考的逻辑表述

如何凭借技术让设计知识得到活用呢？首先，设计信息是一种分层式的信息，分为逻辑结构、E-BOM、图纸和设计参数。其中，设计参数的选择是知识的体现，这部分思考如果能实现逻辑表述、量化和信息管理，就可以实现技术的活用了。

但是，我们一般很难用逻辑性的语言对思考内容进行表述。系统地描述大脑中思考的过程，这是一项特殊能力。因此，即使我们拜托一位资深的技术人员把自己的经验写下来，可能最终的效果也和我们预期的相去甚远。这是不可避免的事情。周围的人可能会觉得：“只是把至今为止经历过的事情写下来而已，资深技术人员肯定能做到。”这种想法不可取。不是那些不擅长写作的前辈推诿不合作，而是他们的语言表达能力着实不足。

尤其是将思考分为“条件”和“判断标准”两个方面进行逻辑表述，是非常困难的。就好比我们需要在 Excel 中使用 if 函

	文档形式	数据库形式
特征	Word	数据库（或Excel）
	· 按照工作顺序 · 适合新人的读物 · 带图解，易懂	· 逻辑性架构 · 为了得出更好的设计方案，适合中级技术人员 · 要素被分类
创建	○易于制作 ○基于个人想法和意愿来制作	×制造要花费很多时间 ×格式是固定的，需要适应时间
使用	×属于读物，在实际项目中一般不会随时翻阅 ×使用时需要人工协助，所以要考虑写工工协助时的权衡	○要素被分类，便于提出设计参数 ○设计工具化，便于提出设计参数
改订	×格式较为完整，很难修改 ×除了制作者以外，其他人很难进行修改	○要素被分类，易于修改 ○无须委托技术人员进行更新，设计管理部门即可操作
运用	以辅助零部件等为对象进行制作 不必"让新人也能听懂"，以"做好设计"为宗旨 · 以5～10年为目标，无须担心格式 · 要习惯用语言表达想法 · 不要按设计的"程序"写（要先难易顺序写）	以技能零件等为对象进行制作 以工具、自动化的形式进行制作，增加讨论项目数、力求同时实现效率和高度化 · 通过整理实绩，实现设计参数的DB化 · 重视背景和依据的可视化

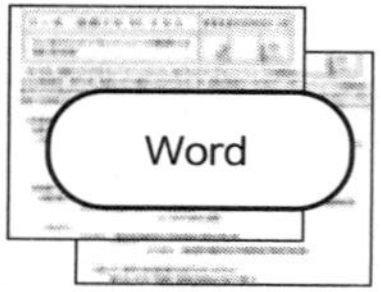

图2-7 知识的形式

数或 VLOOKUP 函数表达自己的想法一般。技术者的大部分思考内容都可以用 Excel 函数表述，这是因为设计者为了保证产品性能符合需求，需要做出逻辑型判断。有逻辑，就一定可以用 Excel 函数来表述。但是 Excel 中的操作是有限制的，随着需求范围的逐步扩大，我们就必须依靠技术并采用规则引擎了。如此一来，就可以实现人机协作了。

用知识除去两种过剩

在设计知识中，如果能够将设计参数选择方法中的"条件"和"判断标准"可视化，那么就可以除去设计中普遍存在的两种过剩。一种是"积极型过剩"。前不久有人讽刺一家日本公司"技术主导的结果就是增加了无用的功能""过于讲究技术，加入了许多客户不需要的东西"。这是一种出于善意而发生的过剩。

这种过剩比较容易矫正，因为在每一名技术人员的自豪和个性中，都包含了实现过程中付出的努力。当然，这种积极型过剩也必须除去。因为从经济方面考虑，如果没有精准满足客户所需的功能和性能，企业就很难继续生存下去。

另一种过剩是"消极型过剩"，也可以称为"自我保护型过剩"。近年来，这种自我保护型过剩越来越常见，大大削减了企业的竞争力。自我保护型过剩主要包括如下方面：

最近的设计者对产品质量的理解越来越弱。如此一来，他

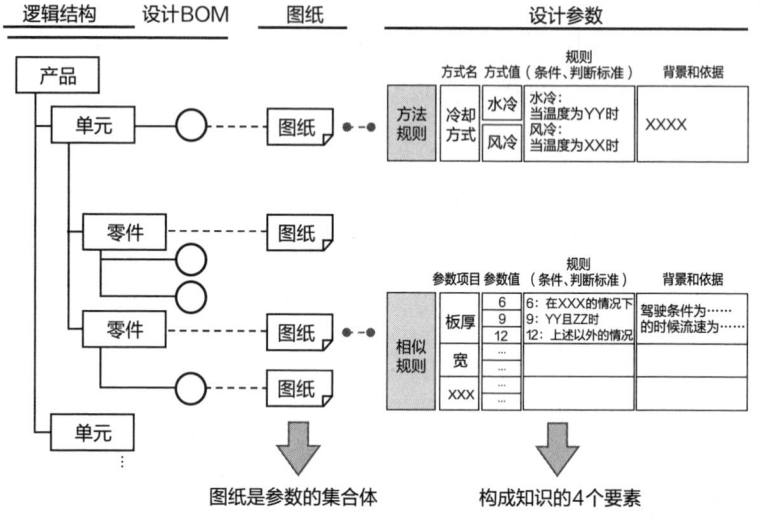

图 2-8 逻辑结构和设计参数

们在设计产品的时候就不敢轻易将尺寸缩小到边界值,也不敢轻易删除部分零件,那么产品就很难实现轻量化和小型化。他们会觉得:删除零件可能会有风险,还是不动为好;板厚一旦降低,可能会导致强度不足,还是保留为好。在这种过度惧怕麻烦的心态中,他们选择自我保护、维持现状。

所以一旦有新增需求,他们就会通过加大尺寸值、增加零件等做法,将图纸改成更昂贵的图纸,而需求减少时,生怕出错的他们就会选择维持图纸规格。当然,他们也不是没有成功缩小产品、降低产品成本的时候,只是那种情况非常少。在长期的增加、维持、增加、维持下,图纸变得越来越复杂、越来越昂贵。这是一种结构性缺陷,自我保护型过剩剥夺了企业的

第 2 章 建立一个能够创造竞争性产品的机制

竞争力。

两个过剩

积极型过剩	为了生产更好的产品、提升技术能力、增强竞争力,采用了高于市场需求的规格(过于讲究技术、由技术主导的弊端)
消极型过剩 (自我保护型过剩)	对产品品质了解甚少,不了解设计影响点。由于不太了解,所以在设计时出于自我保护的目的,选择更加安心、安全的做法(主要采用加码型操作)

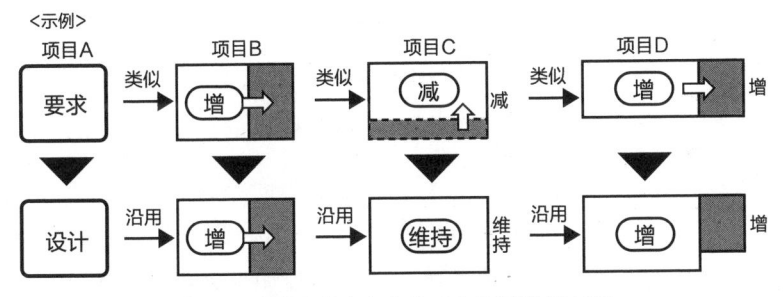

<示例>

图 2-9 剥夺企业竞争力的"自我保护型过剩"

设计知识中,最重要的是"背景和依据"

在设计知识的可视化方面,我想再深入地探讨一下思考的语言表述问题。设计知识由图 2-10 所示的 4 个要素构成。想要学会识别和整理这 4 个要素,恐怕需要很长的篇幅。如果你有兴趣,可以参阅拙著《盈利设计 iPhone 赚钱的真正原因》(日经 BP 社,2015 年)。在这里,我只想对重要的几个方面进行一些补充。

第一点,我们需要明白设计中应该确定的"参数项目"。例如，在设计支架的顶板时，要确定板厚、宽度、角度 R 等必需项的数值。如果是沿用既有设计，一般不会去注意不做改变的形状。边缘部的段差为何需要？这是否是设计要求的一部分呢？还是作为制造要求的一部分呢？如果是沿用设计，不了解这些原因也不会影响到设计的输出。然而，这并不意味着我们了解设计。无论有多少因为沿用而无须更改的项目，图纸的设计者都需要为图纸上所有需要确定的项目负责。因此，设计者在开始设计之前，应该充分理解图纸上所有参数项目的意义，为它们命名，并了解所有形状背后的意义和目的。这才是知识的起源。

第二点，我们需要了解"参数值"。了解参数值的既有实绩（尤其是 Min-Max）非常重要。这是因为如果采用了超出 Min-Max 的尺寸，就必须加倍小心，防止出现问题。了解实绩值，这本身就是一个很有价值的知识。我们再用前面的例子进行说明。在考虑顶板的厚度时，了解到"过去实绩为 6mm、9mm、12mm，但××的情况需要特别对待，曾用过 15mm"等。

第三点，我们需要了解"规则"。这被分解为上述的"条件"和"判断标准"。设计顶板厚度时，应该用什么样的标准来选择 6—15mm 中的具体数值呢？何时选择 6mm？何时选择 9mm？如何利用强度计算书等工具，根据每个操作条件的安全系数来确定参数值呢？一般来说，这种情况下的条件和判断标准会被置换为 Excel 函数，然后自动选择参数值，提升设计效率。

第四点，也是最后的一点，我们需要了解"背景和依据"。

第 2 章 建立一个能够创造竞争性产品的机制

这个"背景和依据"是最重要的要素。图纸中只记录了最后确定的尺寸值。这个尺寸值固然重要,但形成这个数值的背景和依据更为重要。沿用图中的间隙是 350mm,但现在改成了 300mm,这是为什么呢?是设计要求有变化吗?是制造要求有变化吗?是出于什么样的考虑决定选择 300mm 的?最理想的数值其实应该是 280mm,但出于交货日期的考虑,可能妥协到了 300mm。充分了解这些背景,才算是完全理解了设计知识。

将知识分解为 4 个要素后,就可以将一直提倡的知识化和技术传承融入具体的项目中了。

设计知识	在确定参数的最佳数值时,具备合理的条件和依据 · 了解在选择最佳数值(能保证品质且不造成浪费的数值)中的努力、成功和失败等经验 · 了解资深技术人员选择更小、更轻、更薄参数的技术背景和依据		
① 参数项目	· 了解要决定的项目 · 了解项目的目的和意义(设计要求、制造要求等) · 可以叫出一个合适的名字(消除无名的参数)	参数名称 目的	
② 参数值	· 了解过去的实绩值 · 了解数值的Min-Max(历史各数值) · 了解标准值、行业趋势值和特殊值 · 了解不可使用值	选择项 Min-Max 限制	
③ 规则	· 了解选择参数值的条件和判断标准 (前提条件、评价、优先顺序、权衡) · 了解与要求规格、其他参数之间的关联、选择表 · 了解限制、成本增加区域、正常区域	成功 + 失败	条件 判断标准 逻辑	效率化 自动化
④ 背景依据	· 了解设计思想 · 了解规则合理性的判定依据 · 了解技术背景(历史)和依据 (原因、变更理由、变更背景、技术计算公式的系数依据)	最重要	背景 依据	高度化 限制化

思考顺序(Output起点)

图 2-10 设计知识的 4 个要素

埋藏在电子邮件中的"背景和依据"毁了设计

上文中提到的"背景和依据"也是非常重要的设计知识,但很多公司都没有留下背景和依据。例如,在 DR 或审查会中,如果与制造部门讨论后确定最终的间隙值,那么这种调整通常会以电子邮件和公告等方式公布,而不会通过图纸管理系统。这个"电子邮件"可以说是最可恶的东西。

即使参考了别人的图纸,只要不留下背景和依据,就永远无法理解隐藏在这一图纸背后的设计思想,除非询问负责人。即使询问负责人,对方也是回头看了看邮件,然后努力回忆。接着再把电子邮件转发给下一位负责人。这种交流方式存在已久。但是电子邮件都是属于个人的资料,如果不将其与图纸数据相关联,那么重要的背景和依据就会被永远掩埋。从理论上来说,那些协商事项都应该留在技术讨论备忘录中,但现实问题是,大家既没有时间整理,在改革的时候也不会想到这一点。既然如此,就应该停止电子邮件的做法,通过改变日常的沟通方式,实现背景和依据的自动积累。

由此可见,在设计知识和图纸管理方面,需要从"内容与交流的融合"这个角度重新构建设计结构。对近年来的 PDM 或图纸管理系统包中自带的通信功能进行改良,便可以实现这个目的。从技术角度来说,这已经称不上是什么新技术了。但这可以实现"脱离邮件"和"关联到图纸上的通信",这一点十分重要。它不是公司内部 SNS 那样单纯的交流工具，相关人员必须面对每一张图纸（或技术资料）进行交流。

现在我们使用的电子邮件，都是对多份资料进行概括性的沟通，因为一张一张说明要花费过多的时间和精力。但事实上，图纸一定是一张一张修改的，所以在沟通的过程中就应该明确每一个需要更改的内容。与外部的交流也是如此。例如，针对采购物料，要与供应商一起协商调整规格，获取供应商图和参考资料等。外包设计中，会涉及作图要求和后续的 QA（Quality Assurance，质量保证）对应。外包生产中，会涉及交叉指令和检查尺寸的 QA 等。工厂也需要针对图纸内容，多次与客户进行沟通。这些都可以通过云环境轻松实现。

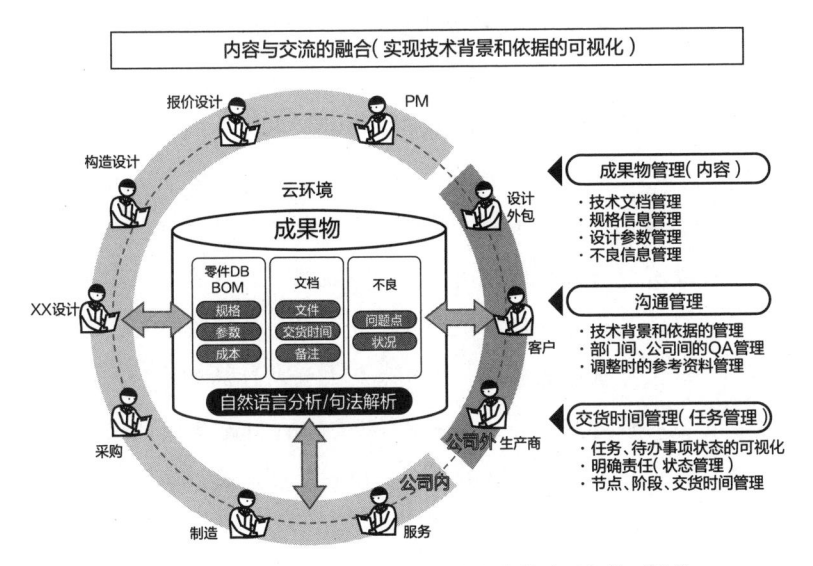

图 2-11　图纸管理的本质是背景、依据和设计思想的可视化

近几年，云环境的安全级别已经得到了显著提升。云环境是众多优秀工程师奋战多年的智慧结晶，安全性远比内部环境更高。另外，云服务器一般都设置在国内，也可以避免该非判定[①]问题。为了保留背景和依据，是时候重新考虑一下交流方式了。

专栏④

"技术源于失败后的反省！"这句话是对的吗？

知识可视化和技术传承的口号已经被高喊了 10 年，但一直没有任何进展。"技术源于失败后的反省""设计手册的制作，只会催生出更多不用脑子思考的愚蠢设计者"——如果一个资深技术人员这么想，知识就无法被识别出来了。那么，"技术源于失败后的反省！"这句话是对的吗？

我认为，是对的。许多积极推动技术传承的人会说老师傅们的"失败后的反省"是无用的理论，但事实并非如此。我们可以从失败中学到很多东西。但是现在，我们已经没有经历失败的时间了。一个组织，只有在从未尝试过的领域，才可能经历挑战→失败→成长的过程。

从未尝试过的领域，还包括从未创新过的领域。例如在支架的板厚领域，选用一个超出 Min-Max 实绩的尺寸值，就是一个优秀的新领域。再比如从海运改用空运，就

---

① 该非判定：确认制造商制造的商品是否属于"出口限制对象"。(译注)

第2章 建立一个能够创造竞争性产品的机制

是一个新的尝试，也是一个非常优秀的新领域。大到未创新领域，小到板厚变更，所有的改变都可以称为新领域。只要在未知领域尝试过几次失败，新人技术者就能很快成长为资深技术者了。因此，我们要创建一种"鼓励失败并能进行正确评估"的机制。这种情况下，我们无法从图纸中判断什么是新尺寸，但是如果能在数据库中对各种尺寸值和性能值等设计信息进行管理，就可以对新领域进行合理判断了。

那么，"设计手册会催生出愚蠢的设计者"的说法是否正确呢？我认为，这也是对的。制作出手册后，很多难题就会迎刃而解，对于人的成长自然是不利的。所以设计者们就会变得越来越笨。但是，这可以通过手册的正确运用来挽救。"遵守设计手册！"这种遵守型运用是不可取的。一成不变的手册，绝对无益于提升产品竞争力。每个项目至少带来一处手册修订点，这是最理想的状态。设计手册从来不会达到100分，总会有一些不全面的地方，而且每个项目也都会出现一些令人头疼的问题，所以至少应该做一处修订。

如此一来，设计者们就不会一味无意识地遵照手册操作了。他们必须思考某些东西，从而逐渐成长。努力、辛苦和失败，都是成长的必需品。人们一直在呼吁工作方式改革，可以说这是一个很难阐述个人思想的时代，但努力和思考的压力必将为更美好的未来添砖加瓦，钻研精神是不可抛弃的。当然，我们必须摒弃不科学的昭和式努力理论，例如兔子跳的时候不能喝水①，不然这些努力就白费了。总之，设计者应该在合理和科学的思考、行动中，时刻不忘钻研精神。

此外，除了依靠加班等时间压力来促进成长外，也不能忽视头脑风暴型的思考压力。因此，我们需要将设计进行数据库化，将无意义的表单创建和检查留给机器，而人类只需要负责探索在新领域中的问题和失败等设计方式即可。

应实现设计参数和 BOM 与高度化产品信息管理的协作

在第 2 章的上述内容中，我们已经大致了解了能够创造出高竞争力产品的机制，也了解了在规格管理中，设计参数及其背景和依据都是必不可少的要素。正因如此，设计要从图片和文字中脱离出来，利用技术实现从 CAD 中自动提取尺寸值并创建数据库的效果。

只要能实现信息化，我们就可以创建出人机协作的世界，让设计者有更多的时间来应对设计研究和图纸检查。设计者们可以尽可能地从管理报表和图表制作等工作中解放出来，将更

---

① 日本昭和时代的学校会让孩子进行兔子跳，认为这是培养吃苦耐劳的好办法。(译注)

第 2 章　建立一个能够创造竞争性产品的机制

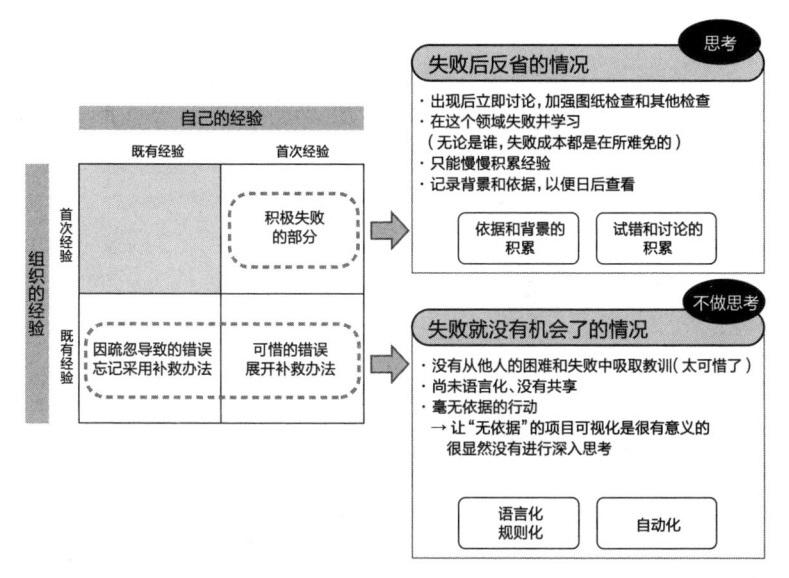

图 2-12　经由失败让自己更强大的领域

多的时间用于确认每一根线条。对设计参数的重视，也有助于实现知识化和技术传承。在上文中我也曾提到过，如果对知识 4 个要素的识别感兴趣，可以参阅拙著《盈利设计》（北山一真著，日经 BP）一书。通过技术方法实现人机协作，将成为未来 AI 化的必经之路。

此外，设计参数可以提升设计能力。为了与后工程直接的交流更加顺畅，E-BOM 是不可或缺的。后工程是数据化的工作，因此对产量管理的依赖度很高。设计参数协作作为一种规格管理，在经营判断和经营决策方面能够发挥出更好的作用。而在提高开发能力方面，作为产量管理的 BOM 则更加出色。通

图 2-13 设计中的人机协作

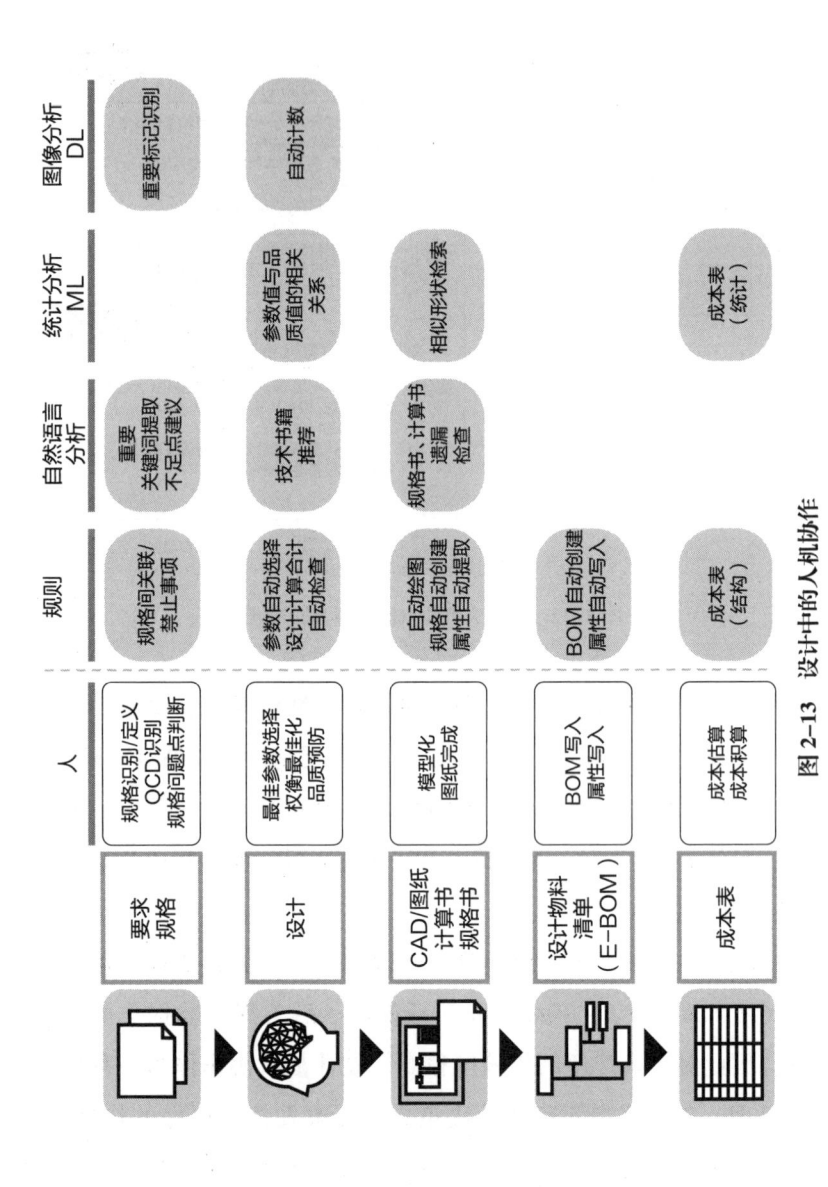

第 2 章 建立一个能够创造竞争性产品的机制

过灵活运用设计参数管理和物料清单，可以为产品整个生命周期的信息管理工作奠定基础。这就是迈向第 1 章中提到的产品损益的第一步。

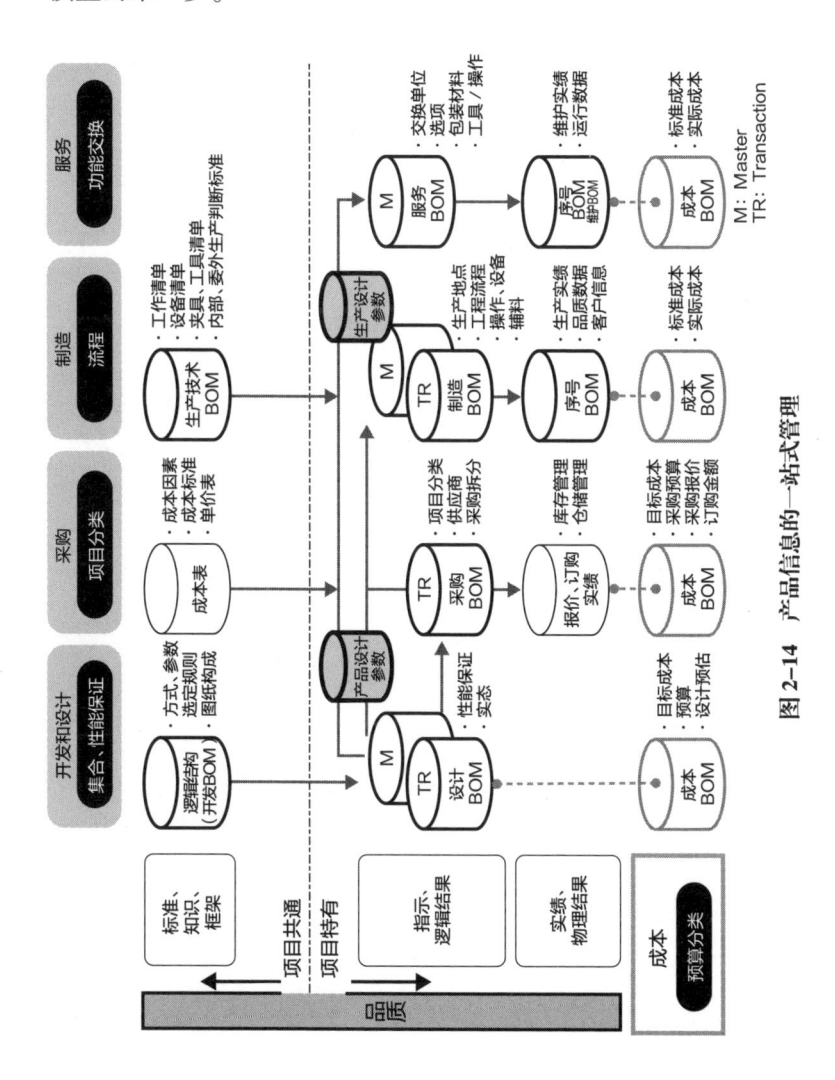

图 2-14 产品信息的一站式管理

第 3 章

建立一个能够创造盈利性产品的机制

技术与会计结合后带来的成本改革

第3章 建立一个能够创造盈利性产品的机制

在第1章中，我们阐述了产品损益的重要性。在第2章中，我们简单说明了实现产品损益所需的设计改革和产品信息的协作。通过掌握现有的产品信息，可以实现对位于其上层的成本的完善管理，进而实现产品轴上的利润可视化。

如果用图1-9所示的三个层面来说明，那么设计改革是让最底层的各个部分更加紧密联系的措施。这也会与第二层的成本、第三层的利润及经营决策相连。这是设计与经营之间的数据联系。换言之，这就是技术和会计的结合。

在本章中，我们将基于第二层与第三层，着重对创造盈利性产品的机制进行说明。在本章内容中，我想基于两个关键词进行展开说明：一是与利润有直接联系、作为基于数据的逻辑成本衡量标准的"预估成本"；二是从创造产品利润角度出发进行数据管理的"固定费用管理"。

3-1
模糊的成本衡量标准,是成本竞争力的源泉

我曾在第1章中提过,大约80%的成本是在设计和开发阶段确定的。也就是说,这两个时期会确定潜在利润。基于这一点,设计者必须具有很强的成本意识,并在设计的同时,时刻确认成本。出图后再对成本进行核算或是估算,都是不正确的做法。出图后,即使发现"成本超出我的预期值"也为时已晚,因为出图后就无法再对图纸或设计进行大幅更改了。

所以,"成本意识"或"预算意识"可不是口头说说这么简单,必须将必要的成本数据公示出来并创建一个成本表进行管控。这个做法可以归纳为"导入预估成本"。

然而,许多公司都做不到这一点。为什么呢?事实证明,只有所有人都了解成本数据和成本表,才能实现"人人都有成本意识"的目标。这听起来是理所当然的事情,可为什么就这么难实现呢?任凭我们再怎么高喊"这很重要,这很重要",不做努力也绝不可能自动实现目标。所以,我们要先弄明白到底是什么问题阻碍了目标的实现,继而扫除这些障碍。

第 3 章 建立一个能够创造盈利性产品的机制

"模糊成本"与"适当成本"的想法

第一个障碍是"成本计算必须严谨"的想法。我们以实际成本为例来进行说明,很多人都先入为主地认为计算成本需要很高的准确度和精度,认为"成本必须不断提高准确度""成本一定不能出错"。当然,实际成本是实力的体现,计算精度越高,对实力水平的计算就越准确。但是,初始阶段的预估成本却正好是完全相反的情况。

在计算预估成本时,过分追求计算精度必将导致失败的结果。实际成本是对实际发生事件的显示,因此理论上可以做到100%准确。但是,设计阶段的成本(预估成本)是对即将设计和制造的产品的成本估算(成本模拟),因此理论上绝对达不到100%的精度。与实际成本不同,预估成本不是准确的成本。这种"准确度很低的成本"阻碍了预估成本的导入。

例如,我们在绘制某个零件的图纸时,使用了成本表来进行预估成本的计算。假设根据零件的材质、尺寸、加工方法等参数信息,最终得到了 9000 日元的结果。预算是 10000 日元,所以判定合格,完成作图。这张图纸也得到了上级的核准,并被成功移交给了采购部。可是采购从制造商那里取得的最终报价显示,成本需要 12000 日元。那么,超出预算的 2000 日元该由谁来负责呢?

采购会以预算超标为由,要求更改设计。但设计者表示这是在具备成本意识的基础上，使用成本表进行设计的结果，采购到了这个时候才说成本需要 12000 日元，就算自己有心重新更改设计，也无法满足交货期了。结果造成预算超支的局面，还必须提交预算超支审批表。但既然已经正确使用了成本表，那么这个责任就不应该由自己承担。

这种努力反而没有好结果的"适得其反"，是最糟糕的情况。设计者内心一定会很愤怒："如果你想让我具备成本意识，就请提供准确的成本表！"

这个例子当然有些夸张了，但我想表达的一点是：一旦成本表出现偏差，那么这个失误责任应该由谁来承担呢？如果要求设计者来修正这个偏差，或是让其承担预算超支的责任，设计者就会感到很大的压力。这也是设计部门对成本总是敬而远之的原因。

若要导入预估成本，就必须接受"模糊成本"和"适当成本"的价值观。当然，什么是"适当"，取决于我们的观念。假设我们接受了模糊成本的做法，那么我们应该基于什么精度来工作呢？出现偏差后，由谁负责呢？什么精度下可以从参考价格提升到使用预算管理呢？可以看到，这个做法会衍生出各种各样的问题。

对于上述偏差，目前还没有完善的解决方法。许多导入了预估成本做法的公司，都是由设计和采购共同负责、共同推进的。此外，预算管理也需要在同时使用成本表中的预估成本和制造商的预估成本来进行预算达成率管理的。首先，要基于成

第3章 建立一个能够创造盈利性产品的机制

本表，秉持成本意识来开展工作。

如果一味追求最终金额，就永远也无法导入成本表或预估成本，只会停留在"时刻具有成本意识"的口号上，而无法形成一种基于数据的可追溯型工作方式。

需要在"设计的自由度"和"成本的精度"中做权衡

另一个障碍是"成本确认是在设计完成后进行"的想法。许多公司热衷于在出图后进行设计的成本确认，这其实也是上文中所说的过分追求预估成本精度所导致的后果。设计过程中会基于相似零件进行成本估算，正式的成本值将由采购从厂商处获得。这就太迟了！那么，就让我们重新梳理一遍从承接客户要求到确定成本之间的流程，找到正确的成本确认时间吧（图3-1）。

首先，设计参数的确定，是为了满足客户的要求。第2章中曾提到，设计的本质在于确定设计参数，然后才是用图纸的方式来表达设计参数，进而确定采用什么样的工程、操作和设备来完成。也就是输入来自客户的含糊要求，最终输出用于确定工程和操作等详细的信息。是不是有一种产品信息正在不断完善的感觉？而且，这个产品信息越详细，成本的精度就越高。

但是，产品信息越详细，设计的自由度就越低。可以说，设计的自由度和成本的精度之间是一种需要进行权衡的关系。因此，图纸一旦完成，即便在讨论工程的阶段基于具体成本而

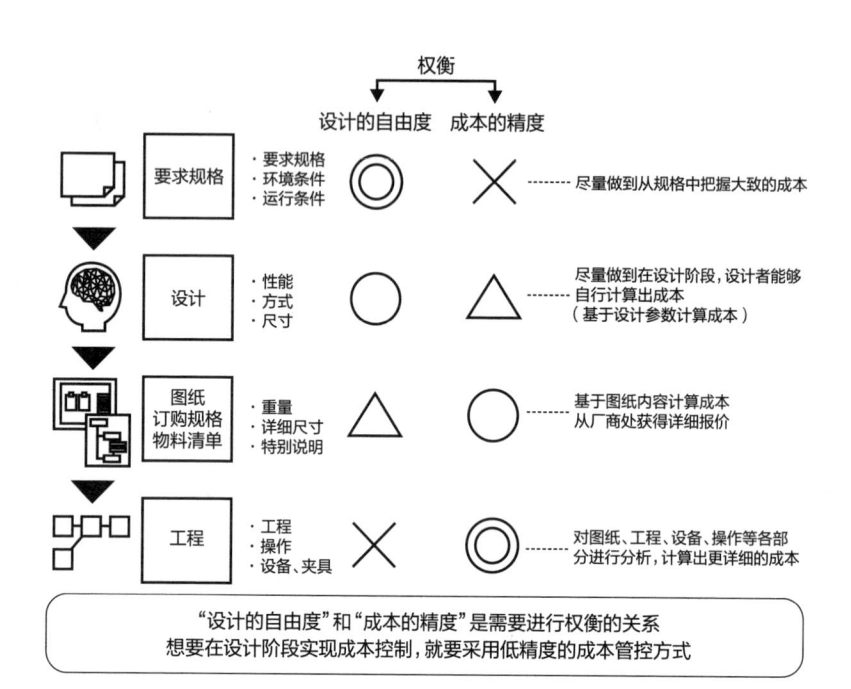

图3-1 设计与成本精度的关系

阶段	项目	设计的自由度	成本的精度	说明
要求规格	·要求规格 ·环境条件 ·运行条件	◎	×	尽量做到从规格中把握大致的成本
设计	·性能 ·方式 ·尺寸	○	△	尽量做到在设计阶段,设计者能够自行计算出成本 (基于设计参数计算成本)
图纸 订购规格 物料清单	·重量 ·详细尺寸 ·特别说明	△	○	基于图纸内容计算成本 从厂商处获得详细报价
工程	·工程 ·操作 ·设备、夹具	×	◎	对图纸、工程、设备、操作等各部分进行分析,计算出更详细的成本

上方标注:权衡

"设计的自由度"和"成本的精度"是需要进行权衡的关系
想要在设计阶段实现成本控制,就要采用低精度的成本管控方式

发现成本过高的问题,也已经很难修正图纸了。

相反,在讨论设计参数时,由于图纸尚未完成,因此可以轻松地进行设计变更。但这时的成本只是一个假设值,因此精度较低。在这种情况下,除非采用上述的"模糊成本",否则很难要求设计者基于成本意识进行成本估算。如果可以引入模糊成本的做法,那么设计者就可以在作图前和作图中,基于尺寸和加工方法计算出加工成本了。同时,也可以在决定采购物料的订购规格时,计算出采购价格。

一味坚持"精度是成本的生命"的结果就是无法导入预估

成本，同时也难以摆脱设计者依靠经验和直觉进行估算的局面。与此相对，导入模糊成本的做法，并基于规则和标准进行的成本预估，不仅有助于时时回顾，也能正确地反映出企业的实绩（实力）。因此，我们应该接受"模糊成本"的价值观。

用"成本衡量标准"实现成本的PDCA

如第1章所述，以产品为中心的产品损益，是实现真实利润可视化的重要步骤。换言之，以产品为中心的PDCA循环很重要。具体来说，就是得到预算（Plan）和实绩（Do）后，对二者进行对比（Check）并反省（Action）。但如果没有预估的前提、依据及标准，即使执行了PDCA，也无法反映到后续的工作中。因此，我们需要一个"成本衡量标准"。根据经验和直觉做出的估算，如果没有留下前提和依据，那么无论后续的预算和实绩对比做得多详细，都没有反省的价值。即使超出预算，也只能苛责下属一句"注意点！"或是"认真点做！"，无法形成合理、科学、系统的管理。但如果有衡量标准，在预算和实绩对比出现偏差时，就可以对标准进行修改。

至于实际成本，因为日本制定了成本会计准则，所以原则上只要遵守该准则就足够了。但是，在预估成本方面，并没有任何规则可循。每个公司都必须根据自己的产品特性和业务特性来创建规则。正如第1章中提到的，对成本的思考，我们已经停滞了50年。现在，我们还必须基于模糊成本的概念来创建,这就更令人烦恼了。建立起用于预估成本的计算标准后,我们就实现成本的 PDCA 循环了。

基于标准,可以创建"预估成本"→"标准成本"→"实际成本"的成本流。此外,反省的时候也可以从三个主要角度来进行成本分析。

1. 规格差异:客户规格差异、技术规格差异等;
2. 配置差异:零件差异、系统配置差异、产品配置差异等;
3. 成本差异:单价差异、成本因素差异、成本表标准差异、预估前提差异等。

这种差异管理可以贯穿整个成本生命周期的上下游所有领域。其中,设计的上游尤为重要。对计划量产型的企业而言,是指 DR0 或 DR1 等基本构想的设计阶段。对定制型公司而言,则是指报价设计阶段。说到设计阶段的成本,大多数人都会想到详细设计的出图阶段。在这个阶段中注意成本固然很重要,但更重要的是,应该在基本构想设计和报价设计阶段就开始关注成本因素。

因为基本构想设计和报价设计阶段决定了整体性能目标、基本结构、方式和关键部件规格等与成本水平有直接关系的重要参数。若想实现成本的 PDCA,就要从成本生命周期的上游阶段开始管理,把握每个阶段的差异,在出现成本差异的时候,不将责任推给某一个部门,而是将其视为所有人的共同责任,并推动系统化的数据管理。

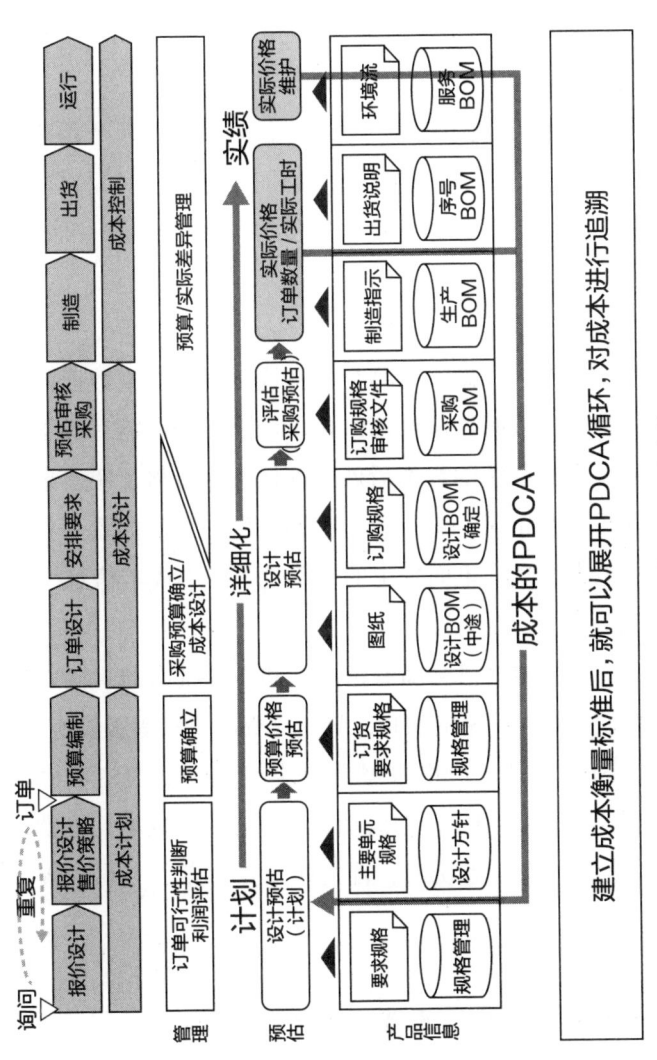

第3章 建立一个能够创造盈利性产品的机制

图3-2 预估时间和成本的PDCA

在把握成本实力的时候，应该摒弃"一物一价"的思想

接下来我想说说阻碍预估成本导入的最后一个因素——"一物一价"的思想。"一物一价"指的是每个项目只对应一个单价的做法。这是财务和会计最钟爱的方法，也是标准成本计算中必须使用的方法。换言之，在阶段损益系统中，"一物一价"是惯用的方法。

所以，也有一种做法是将会计系统下属项目主数据的成本信息进行公开，从而让设计部门在设计的同时也能对成本进行确认。掌握会计系统的数据后就能确认成本价格了吗？事情远非如此简单。基于"一物一价"思想，即使我们能看到项目主数据中的成本信息，里面登记的也不过是一个成本信息（标准成本）而已。

但是，物料的价格会随着供应商和订购批次的不同而发生变化。即使是相同规格的物料，只要检查的要求等级发生变化，价格也会随之波动。价格数据必须能够反映出这些定价因素（这被称为"成本因素"）的波动。在考虑预估成本，也就是在考虑产品损益的会计系统时，首先就是要摒弃"一物一价"的思想。

"报价单的数据管理"不要忘了采购改革！

通过上文的说明，我想大家都对"一物一价"的弊端有所

第3章 建立一个能够创造盈利性产品的机制

理解了。那么由此又衍生出了一个问题：我们公开采购系统不就好了吗？因为采购系统中登记了每一项物料的实际采购价格。采购价格的确被登记了，可是系统中并未登记前提条件（定价因素）。即使我们看到了采购价格的变化，也不会明白差异的原因是什么。批次差异、检查要求级别的规格差异、物流要求差异……究竟是什么原因导致价格波动呢？如果不明白价格变化的原因，单纯看到价格是毫无用处的，反而会造成误导。

这就是"报价单的数据管理"的问题了。当前的采购系统其实只是为了付款而输入的一个一个数字。造成价格差异的原因，如批次差异或物流要求差异，都只会在生产商的报价单中进行标注。但是，报价单都是以 PDF 的格式接收并仅以 PDF 的格式进行存档的。报价单中还会详细描述物料的规格、批次等采购规格、物流规格，而采购系统中不会做任何登记。报价单中可能还会写明零件费用、加工费用、优惠折扣等细项内容，但采购系统只会登记议价结果，而不会登记过程明细。请允许我再重复说明一次，当前的采购系统其实只是一个支付系统而已。因此，如果能将报价单转化成数据，就能加快预估成本的实现。

当然，不可能因为报价单的数字化就要求采购部门全部采用手工输入，这显然是不切实际的。作为价格前提的订购规格，可以使用系统将设计部门创建的订购规格书自动转换为数据。所以，如果设计部门能够推进创建订购规格书的模板等，将会大大提升工作效率。

如此一来，就剩下生产商报价单中的报价规格与价格的数据化了。这是采购人员必须手动输入的数字。这一步并不是为了设计的数据转换而实施的，它是提高采购审核能力的一个必要机制。同时，这一步也会大大促进后文中将会提到的统计成本表的构建，所以建议将其作为设计和采购的共同活动来推进。

报价单的数据化是企业容易忽视的一个问题。在讨论设计系统的导入时，报价单管理往往会被认为是非采购相关的工作内容。此外，在导入采购系统或 ERP 时，基本都是以成本计算和付款等财务数据为主要讨论内容，对报价单的管理或内容数据管理的问题则甚少提及。技术和会计的分离、PLM 和 ERP 的分离，导致报价单管理被企业所忽视。毫不夸张地说，对报价单的数据管理是实现技术与会计结合以及成本 PDCA 循环的关键所在。

统计成本表 vs 结构成本表

至此，我们已经阐述了许多问题，在进入成本表问题之前，我想先作一个简单的总结。大约 80% 的成本是在设计和开发阶段被确定的，因此设计者的成本意识非常重要。也正因如此，我们需要创造出一个设计者可以在使用"成本衡量标准"（预估成本标准）确认成本的同时展开设计的环境。由于设计的自由度和成本的精度之间是需要权衡的关系，所以若想让设计者在设计途中时时确认成本，就需要采用成本进度的分支——"模糊成本"。如果能导入模糊成本的概念，就可以从依赖经验和直觉的成本检查方式中脱离，让"设计的上游阶段（基本构想设计和报价设计）→详细设计阶段→采购→制造→出货"的成本管理方式贯穿整个成本生命周期。这是实现成本 PDCA 的一个主要思路。

在这里我想附带说明一句，虽然在成本管理方面有预估成本、预估成本标准、成本表等多种表达方式，但它们的含义基本相同。当然，如果严格来说，含义还是有些许差别的，但基本上就是使用成本衡量标准，用能够体现成本的数据进行管控的意思。

成本表主要分为两种类型：结构成本表和统计成本表。一般来说，成本表通常指的都是结构成本表。例如，如果要计算零件的采购成本，则会采用分解成本结构和分解成本原始单位的方法，如图 3-3 所示。这可以通过对生产商的调查，或在生产商的协助下获得。设计费用也是如此。想要了解决定成本的要素有哪些，基本上都会采用分解原始单位的方式来分析。

<结构成本表>

·材料费：通过每个重量单位的单价和购买材料重量计算得出。

·加工、组装费用：对切割、组装等工程进行整理，乘以计划标准工作时间及工资率。

·物流费：通过运输方式与距离的矩阵表计算得出。

·其他费用：按照总额的5%或10%等固定比例计算。

<设计费用>

·设计区分：机械设计与电气设计、整体系统设计与零件设计、报价设计与订单设计等。

·新类别：大改、小改、沿用等。

·操作区分：作图、审查会应对、采购品应对等。

→可以使用基于这种区分方式的设计工时表，并使用设计费用的费率计算。

但在外包设计的情况下，也会出现内部和外部使用不同表单的情况（因为费率不同）。

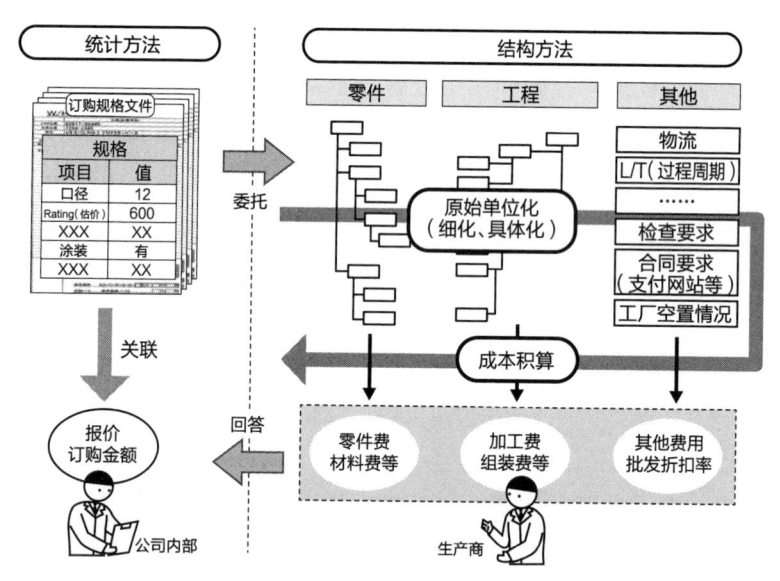

图 3-3 成本表的使用方法差异

第3章 建立一个能够创造盈利性产品的机制

如图3-3右侧所示，结构成本表一般采用"原始单位化"和"成本积算"的方法。如果是采购项目，可以根据设想的生产商信息来进行创建。原始单位明确、逻辑性强、容易说明，计算精度高，也容易改进。作为成本表而言，是非常理想的。我们需要加入更多的零件和成本费用项目，让结构成本表更加完善。

然而，这里也存在一个很大的缺点，那就是：我们需要花费大量的时间和精力来进行完善。明确了原始单位后，成本准确度就会提升很多，但是，对原始单位的识别可不是一件轻松的事情。如果是设计费用等内部费用，在信息的收集方面还是比较容易的，但如果是外包设计费用和采购物料成本等外部信息，就很难获取了。想要明确原始单位，就要花费相当长的时间来整理。

结构成本表是很理想的，但在现实操作中，由于零件和费用项目的数量过于庞大，整理起来也是相当困难的。或许我们可以先筛选出重点项目和重点费用项目，以它们为对象进行结构改善。但是，企业经营活动中存在许多项目和费用项目，依旧需要一种可以进行全面整理的方法。

对此，采用统计方法编制的成本表就是一个行之有效的措施。统计成本表仅处理企业中已有的事实信息。如图3-3左侧所示，我们以采购物料为例，该表中写入了公司的委托内容（订购规格）和回复金额（预估价格与订购金额）。其目的是通过统计手法明确作为事实存在的"订购规格中的项目"和"预估价格与订购金额"之间的关联。

在结构方法中,生产商根据承接的订购规格内容展开设计。零件是如何布局的、将采用什么样的制造工程等,整理这些调查值和假设值都需要花费许多的时间和精力。

统计方法与结构方法互有利弊。应根据实际情况,决定哪个项目或费用项目使用哪种方法。

［结构方法］

○ 逻辑性强,易于说明。

○ 计算精度高。

× 需要花费时间明确原始单位(需要花费大量人力展开调查等)。

× 偏向理想状态而非实际状态。

［统计方法］

○ 只处理事实信息,所以易于整理。

○ 偏向体现实际能力,而非逻辑性。

× 计算精度受到限制。

× 成本因素的解释性较弱。

设计参数主导成本

让我们整理一下在编制统计成本表时的思路和要点。在第 2

第3章 建立一个能够创造盈利性产品的机制

章中，我们说明了设计的本质不是图纸或 BOM，而是设计参数。性能值、技术规格值、方法值、尺寸值等统称为设计参数。这些设计参数主导着产品所有的 QCD。

板厚（设计参数之一）减少 2mm 后，会出现质量问题。加厚 2mm 虽然不会出现质量问题，却造成了成本的负担。设计参数也决定了制造工程。基本结构和零件的方式值决定了工程类型，零件的宽度等尺寸值决定了设备类型。制造的工程、工序、操作、设备等的选择都取决于设计参数。产品的外形尺寸决定了运输方式，例如需要使用卡车运输还是拖车运输。可见，直接材料费用、加工与组装费用、物流费用和其他诸多费用都是由设计参数决定的（严格来说，并非所有的费用项目都是由设计参数决定的。设计费用、检查费用和验收费用通常是由要求规格决定的）。

很多人认为成本是由图纸决定的，但事实上图纸只是参数值的集合体而已。因此，对于设计来说，最重要的就是如何选择参数值，设计者需要在考虑品质和成本间的平衡的前提下，选择最佳的参数值。资深的设计者十分擅长作这种选择，他们可以把参数缩减到最低限度，做到零浪费。

如图 3-4 所示，在参数值中，"性能"和"方式"决定了大致的成本水平，"方式"和"尺寸"又决定了成本因素。通过这些要素，成本最终以图纸的方式被呈现了出来。如果能够明确"设计参数"和"成本"之间的关系，提供设计者使用的成本表就能得到进一步的完善。

095

但是，目前的成本登记方法做不到这一点。目前的成本是作为项目编号、工程编号、设备编号等实物、实态的附带值存在的，例如<产品编号 X001，成本 1500 日元/件><产品编号 X001 工程编号 A01，成本 300 日元/件>。当前成本数据中没有任何关于设计参数的信息。因此，无论当前的系统中储存了多少成本数据，都不是可以使用的数据。总结来说，就是我们需要一个将设计参数与成本进行关联的成本表。即使零件编号等附加编号尚未确定，但只要确定了设计参数，理论上就应该能确定成本。

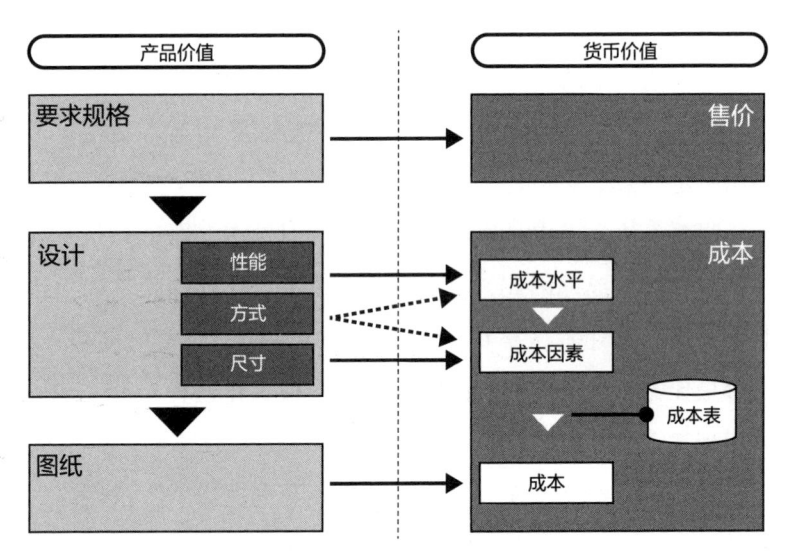

图 3-4 设计与成本的关系

第3章 建立一个能够创造盈利性产品的机制

"每重量单位的价格"阻碍了成本意识

除了结构成本表外，比较常用的成本表还有"每重量单位的价格"和"每容量单位的价格"等。这是为了明确既有数据中重量（设计参数）和成本关系的方法。在 Excel 中，基于重量和成本两个项目，可以绘制出一个被称为"散点图"的图表。同时，可以绘制出一条近似值线，用公式"成本＝a×重量＋b"来表示。大家可能会觉得，只是在 Excel 中绘制图表，哪里能称得上是统计？但其实这也是统计成本表的一种类型。

当然，对于铁制品和树脂制品等来说，成本基本上就是由重量决定的，所以自古以来，人们就经常使用"每重量单位的价格"来统计。这在统计学上被称为"简单回归分析"。但是，用重量或容量等某个参数（统计学上称为"解释变量"）来体现成本，就是十分危险的行为了。因为成本是无法仅通过重量或容量等某一项参数来确定的。理论上来说，重量、容量、材质、口径、是否有涂装等条件，都会改变成本。

为了方便，仅用一个项目来说明成本的方法实在是太过敷衍了。如果有多个项目影响成本，则必须全部罗列出来。例如，从"成本＝a×重量＋b"变成"成本＝a×重量＋b×材料＋c"或"成本＝a×重量＋b×材料＋c×是否涂装＋d"等。也就是说，从"每重量单位的价格"改为使用"每重量或材质单位的价格"等公式。

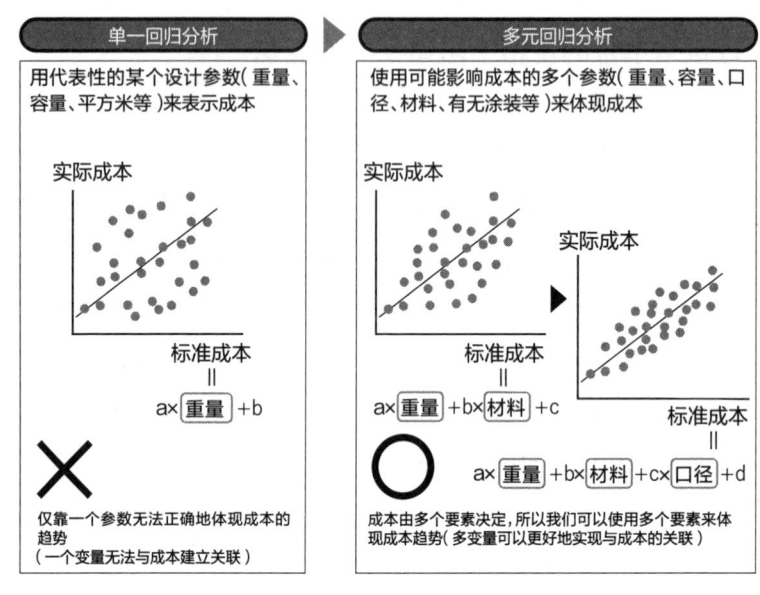

图 3-5　回归分析图

　　成本由多个要素决定，所以我们可以使用多个要素来体现成本趋势（多变量可以更好地实现与成本的关联）。

　　确实，即便我们用单位重量或材料来体现单价，也会给人一种不太好理解的感觉。但如果用的是"每重量单位的价格"，就很好理解了。矛盾的是，这个很容易理解的价格衡量标准会让我们停止思考、停止探究，最终让我们满足于错误的成本意识，而永远无法得到正确的成本意识。

　　影响成本的项目称为定价因素（成本因素），覆盖了多个方面。如图 3-6 所示，除了规格的设计要求外，生产要求、物流要求和合同要求等都属于定价因素。量产型企业中，如果订购

第3章 建立一个能够创造盈利性产品的机制

批次也会影响成本，则应将订购批次也作为分析的对象。若供应商也会导致成本浮动，那么在考虑这一点的时候，也应将供应商代码作为分析对象。统计对象除了数字信息，还包括材料、是否加急、国际贸易术语解释通则等文字信息[1]。成本因素的识别当然是多多益善，但现实中我们还必须考虑到提取的操作工时和统计精度之间的平衡。尤其是刚开始的阶段，单纯地识别数据对结果并不会产生太大的改善作用，所以很难提升大家的工作积极性。可以将第一个改善目标限定为设计（规格）要求，在大家适应并接受成本表后，就可以扩大改善和分析的范围了。

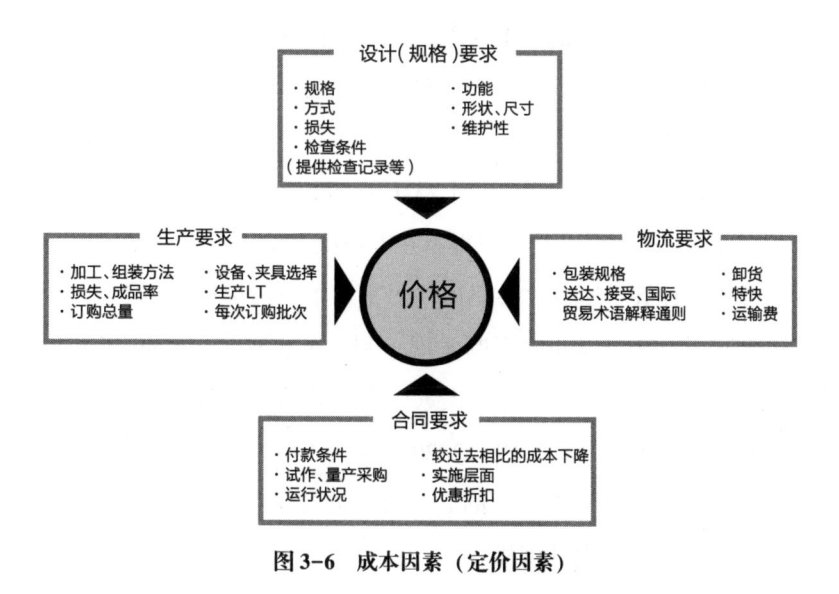

设计（规格）要求
· 规格　　　　· 功能
· 方式　　　　· 形状、尺寸
· 损失　　　　· 维护性
· 检查条件
（提供检查记录等）

生产要求
· 加工、组装方法　　· 设备、夹具选择
· 损失、成品率　　　· 生产LT
· 订购总量　　　　　· 每次订购批次

物流要求
· 包装规格　　　　· 卸货
· 送达、接受、国际　· 特快
　贸易术语解释通则　· 运输费

合同要求
· 付款条件　　　　· 较过去相比的成本下降
· 试作、量产采购　· 实施层面
· 运行状况　　　　· 优惠折扣

价格

图3-6　成本因素（定价因素）

---

[1] 文字信息称为分类数据，通过替换成数字信息0或1来进行处理。

工学×数学

这种使用多个参数（解释变量）的分析，被称为"多元回归分析"。这是一个陌生的词语，乍一听可能会感到难以理解。特别是文科和工科的人，一般很排斥这些数学术语，但它们就藏在 Excel 的标准加载项工具中，并且使用起来也十分方便。应对复杂计算向来是 Excel 的强项，它和绘制 Excel 图表一样简单，甚至有时比绘制图表更简单。如果工科专业的人也学会了数学的统计方法，那么他们的思维将会得到大幅扩展。除了成本之外，品质管理和技术计算公式的修改中也时常会用到这项基本的商业技能。

昭和时代（1926 年 12 月 25 日—1989 年 1 月 7 日）的人们不会使用 Excel 等工具，不得不在方格纸上填写数据并寻找合适的公式来计算，所以才会使用"每重量单位的价格"。如今，时代不同了，IT 技术也在不断发展。到了平成时代（1989 年 1 月 8 日—2019 年 4 月 30 日），大家已经能够熟练使用 Excel 函数和图表了。而进入令和时代（2020 年 5 月 1 日—　）后，Excel 的统计功能更是成了所有人的必备基础技能。我们必须考虑符合 IT 时代发展的数据处理模式。

顺便说一句，在未来的 20 年，机器学习和深度学习或许也将成为通用技能。事实上，微软已经发布了一个可以基于 Excel 执行机器学习的插件，目前尚未普及。但 20 年后，这或许就会

第3章 建立一个能够创造盈利性产品的机制

成为所有人的日常使用工具。而如果我们没有学习获得这些技能的方法,就无法实现人与机器的协作。到最后,人类终将到达瓶颈,并逐渐丧失竞争力。

回到统计的话题。上文中我曾说过,使用多个参数来分析成本是很重要的。我们以阀门为例。对成本产生影响的订购规格包括了"重量、阀门类型、口径、等级、材料、有无涂层、检查级别"等多个项目。在这种情况下,如果使用统计分析,会得到以下结果(公式系数是一个虚拟系数)。

・1个参数的情况(单一回归分析):成本 = 680,799×口径+87,996

・多个参数的情况(多元回归分析):成本 = 449,660×口径 +1,288,700×SUS+214×等级+84,970

可见,使用多个设计参数的方法可以更准确地体现成本,并建立起一个新的成本衡量标准。

拥有成本表后,主要可以运用在以下三个方面。

1. 设计方面:摆脱基于经验、直觉的预估(图3-7中的①)

可以在设计的过程中时时确认成本,在平衡品质和成本的同时找到最佳设计,摆脱基于经验和直觉的预估。使用成本表的标准来预估,具备可追溯性,可以成为未来工作的参考。通过在订购规格的模板中嵌入成本表,可以在确认订单规格的同时确认成本。此外,实现3D CAD 和成本表的联动后,就可以在

图 3-7 成本表导入概要

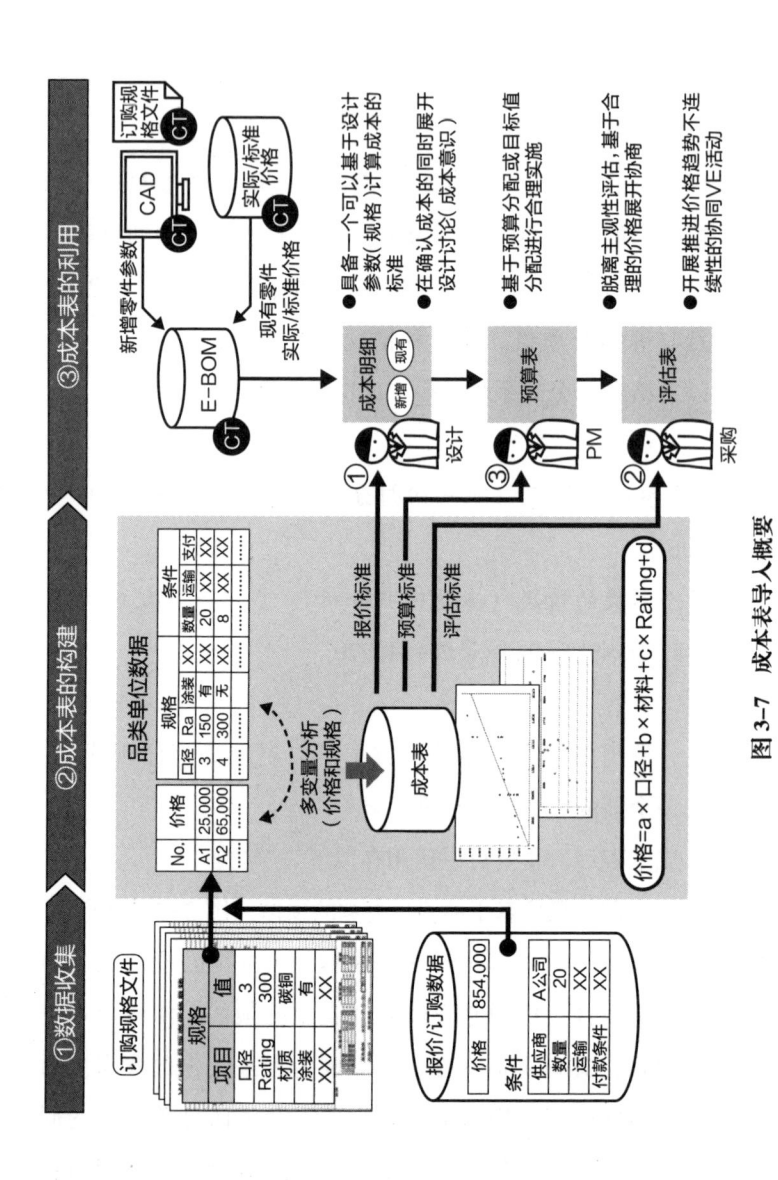

创建模型时同步确认成本。通过在逻辑结构的 BOM 中嵌入成本表，可以在 E-BOM 中计算成本并进行成本累计。

2. 采购方面：摆脱总量折扣（图 3-7 中的②）

可用作采购评估表，基于一个合理的价格来判断厂家的报价是否合理。近年来，采购人员的专业知识日趋下降。这还要追溯到 2000 年到 2008 年，许多公司在增收增益的背景下，总是喜欢用总量折扣的方法进行谈判。采购量只要比上一年有所提升，就很容易达到理想的谈判结果。他们无须费力寻找诸如"因为订购规格降低了，所以制造成本也相应下降了"或是"这次的订购图纸很容易制作，所以适当让一些价格吧"等标准管理方面的理由来压价（价格谈判），所以对于产品的专业知识重视度也就逐渐下降了。所谓总量折扣，用一句直白的话来解释就是："因为我买的比去年多，所以你们让个 10% 吧！"这种压价方式也可以看作是一种"数字暴力"。总量折扣当然也是一种有效的方式，因此我们可以继续推进。但在规格管理方面，成本表作为设计和采购的通用语言，是十分有意义的存在。

3. 预算方面：摆脱"一刀切式"的预算削减（图 3-7 中的③）

可以用作零件或部门预算的依据。准确体现出成本计划后，就可以在分配目标成本时作为参考依据。现在我们在分配每个项目的预算时，具体每个零件、每个部门应该分多少，基本上都没有明确的标准。而且，我们经常会使用"一刀切式"的预算削减方法，这是一个很大的问题。假如初期的粗略估算结果

（或类似模型的实绩）超出整体预算的20%，那么所有人的预算一律削减20%即可达成目标。这种一刀切的做法看似很公平，其实非常不公平。这种做法丝毫不考虑新增的要求或功能，也没有确认过历史模型的实绩中是否包含了异常值。而且，在以初期的粗略估算数据为依据的情况下，还必须考虑到负责人提出的资金需求往往是高于实际需求的。因为他们会觉得："多提一点，反正回头肯定会被削减的。"用一个专业的词语来说，就是"缓冲区管理"问题。

总结来说，就是预算并非单纯的数字集合体，一刀切地要求下属削减预算，然后让他们努力达成，这不能称为管理，只是单纯的计算。"一刀切式"的预算削减法，即使是我这个对企业产品的生产特性、企业的业务情况、员工的个性一无所知的人也能轻易做到。要知道，一个完全外行的人都能做的工作是无法创造价值的，也是完全不具备竞争力的。

因此，应在考虑成本削减的潜在可能性，或是使用成本表推算出合乎逻辑的价格的前提下，依据标准计算出最佳成本。预算是作为评估依据的重要数据，也是影响员工积极性的一个重要因素。预算的确立大都缺乏合理的逻辑，因为"难以说明"或"无法说明"。使用成本表进行预算规划，就可以改变这种现状。

让我们来总结一下上文的内容：若要建立有效的成本PDCA循环，就要从依靠经验和直觉的预估方法中脱离出来，从上游的设计阶段起就使用成本表或标准来计算成本。为此，我们需要使用统计的方法来明确设计参数与成本之间的关系，这可以

第 3 章 建立一个能够创造盈利性产品的机制

快速推动成本表的构建。同时,这也是实现技术与会计结合的一种方式。在进行统计数据分析时,我们需要使用设计和成本的数据。如第 2 章所述,如果设计能够从图片和文字中脱离出来,成功实现信息化,就可以对其展开成本分析了。因此,我们需要从订购规格的 Excel 中自动提取出规格项目,从 CAD 中自动提取出形状尺寸,从技术计算书的 Excel 中自动提取出技术规格和计算结果,并创建一个可以管理设计参数 DB(数据库)的基本架构。可见,自动提取是先决条件。

其次,如果是外购的产品,就要将生产商的报价单转换成数据。如果无法将生产商提出的规格、报价前提、报价金额以及金额明细等信息转换为数据,就无法展开分析。但是,我们可以转换思路,因为数据转换其实是一项很单纯的工作,完全可以借助外部的力量来完成。只要能转化为数据,就可以进行统计处理,同时也可以为将来的机器学习等 AI 化打下基础,从而在成本方面创造出一个人机协作的世界。

最后,也别忘了"模糊成本"的思想。在创建统计或成本表等标准化数据时,总有一些人会叫喊着"不到 99% 的精度根本没有使用价值"。在公式化或转换成数据的时候,很多人会认为出现 1% 的偏差都是不可接受的。那么我就很想问一句:目前基于经验和直觉做出的预估,就真有那么准确吗?精度当然是越高越好,但肯定达不到 100%。在这种情况下,我们只能采用两害相权取其轻的思路。假设目前的精度在 70%、80% 左右,而改变后的精度相当,那就完全可以使用。但如果改变后的精度高于现有精度，那么相较于依据经验和直觉制作的不可追溯型方法，公式化、标准化且具有改进可能性的做法显然更值得采用。不可一味追求精度，基于成本表、衡量标准及标准的计算方法才是合理的工作方法。

专栏⑤

缓冲区源于"不想受气"的思想

前文我提到了"缓冲区管理"一词。"多提一点，反正回头肯定会被削减的。"这就是缓冲区管理问题。它不仅体现在预算问题上，交货期管理和品质管理方面也存在着相同的问题。缓冲区管理问题的共性在于，这一切都来自"我不想受气"的自保心理。

品质方面的缓冲区，其实就相当于第2章第3节中提到的"自我保护型过剩设计"。由于过于考虑安心和安全性，所以在设定规格的时候预留出了很大的空间。例如，"如果尺寸太薄，万一出现问题就糟糕了，那就干脆设得厚一点""去掉这项配置后，万一市场出现客诉就不好了，那还是保留比较好"等等。这种情况尤其容易出现在年轻人身上，因为他们对品质的理解越来越浅薄。对具体内容了解得越多，缓冲区的余裕就会越小。

交货期管理中也存在类似的缓冲区。可以说这是所有人都避免不了的通病，所以务必要引起重视。例如，星期

第3章　建立一个能够创造盈利性产品的机制

一的时候收到一个询问："完成这项工作大约需要多少时间？"很多人明明星期三就可以结束，但还是会说："本周内可以完成。"所以你会发现，很多工作的交付期都是星期五。还有很多人会说："我尽量在下周一的下午给你。"如果注意观察待办事项和交付期，就会发现上面几乎都写着星期五或星期一。甚至可以说，"星期五交付期问题"就是缓冲区的问题，所以缓冲区管理首先是要减少星期五交付的问题。当然，并非所有的缓冲区都能得到解决，但只要负责人的缓冲区被慢慢压缩，交付期管理就一定会出现很大的改善。

这个问题与本书的主旨并无太大关联，在此我就不做详细解释了。但我还是想强调一句，交付期管理的本质就是缓冲区管理和操作起始管理。对于设计之类需要深度思考的工作，必须严格管控前期20%工作量的完成时间。因为只要完成了20%，就能大致掌握难度和信息不足的程度，其他部门也就可以进行有针对性的调整了。

专栏⑥

统计成本表即使精度不高，也可以使用

在前文中我曾说过，我们无须对统计成本表的精度做过高要求，只要与目前依靠经验和直觉的计算方法精度相

当，就完全可以使用。那么，如果精度很差，就不能用了吗？并非如此。即使精度很差，其实也是可以使用的，只不过使用的范围会受到限定。有的时候，我们还需要故意降低精度。统计＝精度不高，接下来，我想简单说说这个精度问题。

残差率对成本表精度而言，是最重要的因素

这么说可能有些夸张。统计的精度主要存在于数学和经营这两个方面，而我更重视的是经营方面。首先，统计中一般会检查的数学指标包括"修正R2"（修正自由度的决定系数）"P值""多重共线性"（VIF）等。我们在这里不做详细的说明，但统计中被视为非常重要的那些指标，我认为在成本表的运用中只要作为参考即可。重要的是经营方面的"残差率"。

残差率是指统计误差比值［基于成本表算出的预测值与实际结果的统计误差率。公式为：残差率＝（实际值－统计预测值）÷实际值）］。假设我们使用成本表计算出来的成本误差是1万日元，购买的是价值1万日元的东西，那么这个1万日元的误差就太不像话了。但是，如果购买的东西价值100万日元，那么这1万日元的误差就可以接受了。所以，精度只能用与实际成本之间的误差比值来进行衡量。残差率的使用目的取决于当前数据的精度，很难确定具体的数值，但我认为，只要残差率（平均值）在±20%以内，就适用于大部分的情况。

第3章　建立一个能够创造盈利性产品的机制

精度不高的成本表，也是可以使用的

虽然我们不用过分追求成本表的精度，但如果它的精度明显低于依靠经验和直觉计算出来的结果，且残差率也极差，那么这种情况下，成本表是不是就没有用了呢？事实并非如此。这种成本表很适合在采购业务中使用。采购价格由产品规格（设计参数）决定，如果选择了更高的规格（高强度材料、板厚更厚、更严格的尺寸公差等），采购价格也会相应增加。如果"规格与采购价格的关系"精度差，就意味着评估和定价的合理性欠佳。如果能基于规格进行合理的定价，统计的精度自然就会提高。比如，根据各个生产商的采购价格来分析数据。厂商A的残差率低，可见定价是与规格需求相吻合的。厂商B的残差率高，可见定价是偏离了规格要求的。这也同样适用于依据生产商的产量闲置率来定价的情况（闲置率高则价低，闲置率低则价高等）。可见，如果发生统计精度低（波动大）的情况，我们就应该基于规格重新审视自己的评估和定价方式。在改善了半年或一年后，要对统计精度是否有所提高（波动量是否降低）进行重新评价。

有时也需要降低成本表的精度

反之，如果严格按照规格来合理地定价，就能得到很高的统计精度。但这就一定是好事吗？精度高的统计方法，用途也相对较广，看似一件皆大欢喜之事，实则

109

不然。即使在一到两年的时间内，通过严谨的数据分析，将统计的精度维持在一个较高的水平（规格和采购价格已经紧密关联），也只是意味着采购价格水平没有变化而已。换言之，我们只是在重复这种采购的行为，可以说是已经形成了一种惯性。而积极推进VE（Value Engineering，价值工程），彻底改善成本结构才是我们更应该做的事。

可见，精度低并不意味着无用，精度高也不意味着就是好事，必须在不断循环改进的前提下使用成本表。

1. 统计精度低（波动大，定价与规格的关联度低）。
2. 意识到应基于规格定价。
3. 统计精度提升（波动小，应用广泛）。
4. 使用统计精度高的成本表，并且卓有成效。
5. 通过VE等降低价格水平（采购价格的连续性被中断）。
6. 出现偏差，统计精度下降（偏差增加）。
7. 理解定价应与下降的价格水平相吻合（减少偏差）。

正如前文所述，人们对于统计数据总会有许多误解。有人认为只有数量够大且精度较高的数据才有使用价值。特别是设计者们，他们从不相信数学，觉得数学是一种很可疑的东西。希望大家能在今后的工作中认识到数据的宝贵并积极加以应用。

3-2
通过固定费用的管理来设计利润，从成本计划进入利润计划的世界

通过以上措施，就可以实现图 1-9 中第一层的生命周期的产品信息连通，以及实现第二层的基于产品标准的 PDCA 循环。第一层和第二层的关联，其实就是技术（产品信息和设计参数）与成本的结合。那么，剩下的就是第二层的成本管理能力和第三层的盈利能力和会计能力了。接下来，我想谈谈成本管理能力、盈利能力和会计能力。

首先，我想提一下重要的关键词。从会计的角度来看，产生利润的是"固定费用"。然而，许多人更关注的是"变动费用"。投入的费用在经过折旧、分摊等处理后，就形成了固定费用。在一定程度上，人们会意识到这是一种"负担"。问题是很多人并没有意识到自己是在使用固定费用。就算购入 2000 万日元的设备，每小时的花费也不过 300 日元左右。当把豪车分解成一碗一碗牛肉饭后，人们的意识就开始模糊了。零件和材料等变动费用就摆在我们面前，所以看起来非常直观，也就形成了眼里只有变动费用的趋势。至于看不到的费用，大家就选择了避而不谈。可是在改革的时候，厘清那些看不见的费用，往

往会得到意外的效果。固定费用是一个巨大的宝库。

制造业利润的本质在于"固定费用管理"

"固定费用管理"是制造业利润的基础。厂房、设备、模具、夹具、工具、研发和设计的人工成本，试作的零件费及评估费，操作手册的编制及操作培训费用等，这些都是在实际生产前投入的巨额费用，也就是我们所说的固定费用。与此相对，开始生产后产生的费用，例如零件材料费用、生产线工作人员的人工费用等，都是随着具体的生产量而发生变化的费用，我们称之为变动费用。基本上，企业都是依靠销售产品来获得投资额回报的，所以简单来说，就是先发生了一大笔债务（固定费用），这笔债务会转化成资产，然后按照实际生产量购买材料，通过销售产品慢慢赚回资金。换言之，制造业实际上就是一种"固定费用回报模式"——在一段特定的时间内慢慢赚回前期投资成本（固定费用）的经营活动。

那么，固定费用和变动费用哪一个决定了利润呢？答案是：变动费用不会创造利润，创造利润的是固定费用。因为以零件等采购项目为代表的变动费用，基本上从客户那里收到款后，就会付给供应商或外包商，很少能够留在手里。当然，变动费用损失率的改善和采购价格的压缩也有助于创造更多的利润，因此变动费用的管理也很重要。但从整体来看，这部分的盈利能力还是比较弱的。当然，相对而言，风险也比较低。因为如

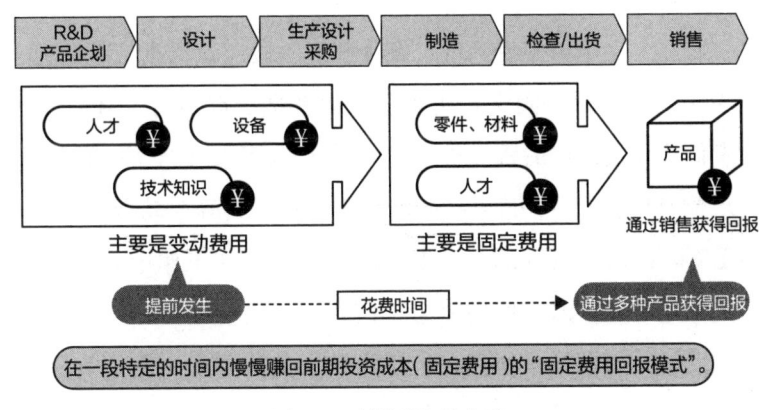

第 3 章　建立一个能够创造盈利性产品的机制

图 3-8　制造利润的本质

果预计销量不佳，少购买一点原料就好了。销售多少产品，就生产多少产品；生产多少产品，就购入多少原料。这样做可以减少不必要的现金支出。

所以，对于量产型的企业来说，供应链管理（SCM）、准时制（JIT）等都很重要。SCM 和 JIT 都是改善损失的方式。改善损失后带来的利润，可能会被很多人视为一种盈利，但归根结底，这不过是为了"零损失"付出的努力。

那么，利润究竟在哪里呢？答案是：在"固定费用"里。但是，固定费用的风险很大。如果这么说有点不太能理解，我们也可以用常识来思考：没有风险就没有利润。"我想做没有风险的生意，但是我想赚很多的钱。"要知道，天上可从不会掉馅饼，哪有这么好的事儿啊。想要低风险，就不能要求高利润，但我们可以通过接受风险、规避风险来创造更多的利润。这就

113

是自然规律。

我在上文中曾经提到过,设计开发阶段应该重视成本管理,因为成本管理对"固定费用管理"而言是最重要的。但是,设计者们往往把改善的重点放在了"变动费用管理"上,因为对满足客户需求来说,最直接的就是零件和材料等变动费用部分。满足客户需求是设计的第一要务,设计人员在工作中需要时刻意识到这一点,因此他们就会不由自主地将变动费用作为第一考虑因素。如果能够建立一个让设计者关注到固定费用管理的机制,必将大大提升企业的竞争力。

那么,固定费用管理究竟包含了哪些方面呢?原则上,固定费用是无法削减的。设备、模具、夹具等,即使购买后不使用,钱也已经花了。我们可以降低设备的占有率,从而降低某个产品的固定费用,但是公司整体的费用负担并不会因此降低。如果不能降低,那我们应该怎么办呢?"不增加"即可。

这就是设计开发需要解决的问题了。设计开发往往需要追求新颖性。无论是在开发新功能、新结构,还是在使用新材料的时候,都会出现只需进行小幅的尺寸变更(孔距、板厚、凸缘配合高度等)即可满足客户需求的情况。开发过程中总会遇到创新的问题,可能是全新产品,也可能是形态相似的新尺寸。

在此,为了凸显问题,我采用的是一个单纯的假设条件:如果有设计创新的要求,原则上就一定会产生新的固定费用(夹具、工具、操作等)。增加固定费用必然会导致利润下降。

因此，固定费用管理的目的就是，在不断设计新产品的同时，努力抑制新固定费用的产生。为了实现这一点，设计者们需要充分了解工程流程、成本因素和交货时间等。要重新考虑传统的"易于制作的设计"、"前端装载"和"协作工程"的做法。关于固定费用管理，可以参考拙著《盈利设计 iPhone 赚钱的真正原因》（日经 BP 社）以及《停止亏损产品的做法，只会增加亏损！（创造盈利产品的成本管理）》（日刊工业新闻社）。

建立制造与采购的资产清单绝对不容忽视

让设计部门了解工程流程，是实现固定费用管理的第一步，但这还远远不够。制造和采购部门也有许多需要改进的地方。制造部门是否建立了设备清单？设备规格的差异（加工机等同种设备多台工作的情况下，是否存在速度差异、加工最大宽度差异及夹具组装差异等）是否明确？是否有夹具、工具清单，并明确了可加工尺寸的 Min-Max？是否有操作清单，并明确了可加工尺寸、增加成本后的可加工尺寸、无法加工的尺寸等？

这些信息遍布所有制造现场。但是，这些信息是否已经形成了公司的资产清单并共享给设计部门了呢？许多公司为设计与制造部门无法合作而头疼不已，可是就连这些最基本的数据都没有实现共享。制造部门可能会说："关于生产难易度和可行性，我们每次都会耐心回答设计者提出的问题啊。"但是这种单独回应是不可取的，应将其列入资产清单。它并不只适用于某个项目，只有全员共享才能发挥出应有的效果。建立资产清单、改善固定费用管理，不仅是制造部门需要执行的工作，采购部门也要贯彻落实。因为外包商和生产商的工程流程及资产清单也很重要。这是广义上的固定费用。特别是金额占比较高的外包商，也应视为一种固定费用，我把这种情况称为"隐性固定费用"。隐性固定费用的资产清单也应纳入管理。

与内部资产清单一样，外部的资产清单中也应列明外包商使用的设备类型、选择设备的标准、具体的操作内容等信息。但是，就目前的情况来看，采购部门基本都没有做到这一点。当然，要求外包商提供这些资产清单信息也不是一件容易的事情。因此，采购部门一定要牢牢把握以下两种时机。

第一种是取消对其压缩成本的要求时。在要求外包商压缩成本的时候，他们一般会以生产困难、需要新夹具等为由表示拒绝。那么，即使我们放弃对其成本压缩的要求，也不是单纯的放弃，而是要让他们提供生产性不高的原因，回答：图纸要做什么变更才能降低成本？为什么需要这么昂贵的设备？选择设备的标准是什么？等等。

当然，我们也可以说："最近我们内部正在对新业务进行评估，管理也更加严格了。如果贵公司无法压缩成本，就需要提供合理的说明资料，以便我们汇报。如果贵司能够提供合理的说明，我们也可以考虑取消这个要求。"总之，不能无条件地取消要求。

第二种是外包商或生产商出现问题时。作为再发防止的确

第 3 章 建立一个能够创造盈利性产品的机制

认,我们需要去对方的工厂检查设备情况,并听取现场人员的说明。去现场时,如果直接问对方的工作人员,就能得到很多信息。所以,获取信息的方式有很多。交易比例和双方的信任度都会影响获取信息的难度,但最重要的是采购人员愿意积极主动地建立外部资产清单。

用这种方式思考后,对设计、制造协作的看法也会有所改变。从设计到制造,产品信息数据(上游的 E-BOM 到下游的 M-BOM)的协作成为一个需要改善的问题。但是,协作的本质是将制造和采购持有的资产清单反馈给设计。通过这种方式,流程和资产清单实现了可视化,并可以实现与设计之间的信息共享。设计部门得到资产清单后,需要设计出满足该清单要求且易于制作的产品。设计应该从"满足客户需求"和"减轻内部生产难度"的权衡中找到最佳解决方案。

"创新"这个词经常被认为是面向客户的矢量,比如创造市场或创造客户价值等。但我认为,日本的创新更应该是在客户价值(需求清单)和内部生产性(资产清单)之间找到最佳的平衡点。日本的许多企业都有自己的工厂,属于垂直整合型制造业。只要有足够的积极性,就能整理出详尽的数据,并借此完善固定费用管理,进而提升企业的利润。

现在的设计评审,基本都是事后诸葛亮!

资产清单和固定费用管理得到完善后,将彻底改变已经逐渐流于形式的前端装载①以及设计评审的工作方式。很多公司非常重视产品的制造难度，所以会从设计的上游阶段开始推进设计评审或审查会，由设计、制造及许多相关部门的人员共同讨论。乍一听，这的确很重要，但实际上根本就不合理。这种无异于事后诸葛亮的行为，会降低员工的积极性。

一般来说，设计图纸完成且通过设计内部审查之后，才会提交到讨论会进行设计评审和前端装载。制造部门看完可能会指出"这种形状我们生产不出来"或是"这里的间隙至少要达到300mm"之类的意见。设计部门经过反复讨论修改的图纸，在此刻成了其他部门争相指责的东西。

设计者会觉得：即使我努力完成了工作，也通过了上级的审核，但只要有人提出异议，就必须重新返工、更改图纸。说到工作方式改革和减少加班时，很多人都会想：提出异议=修改=加班。那么参加设计评审和审查会的设计者就会产生一种心理：希望大家都别提意见，顺顺利利地结束。负责人甚至会尽量沉默不语，不想主动提出疑虑、引起讨论。

这是一个极其本末倒置的做法。之所以要展开设计评审或召开审查会，就是考虑到设计者的知识有限，所以希望能向更多方面寻求建议，从而做出好的产品。设计者本应该借着这个机会"听取前辈的建议""听取制造部门的意见，继续改进设计方案"。

可实际上，设计者们满脑子想的都是因为指责导致的返工、

---

① 前端装载：一般指在设计初期阶段施加负荷（装载），提前进行作业。（译注）

第3章 建立一个能够创造盈利性产品的机制

加班、周末加班、36协议①等，一心希望所有人都别提意见，又怎么会积极寻求建议呢？甚至还会出现一种极端的情况：尽量隐藏掉那些可能被人指责的部分。不仅没有任何改善，反而还出现了倒退的趋势。所以，这称不上是合理的设计评审，完全就是本末倒置。

当然，也并非没有改进的方法。只要能明确工程流程、资产清单和成本因素，就能进行合理的评审。制造部门可能会在评审会抱怨："之前的项目中我就说过应该这样做。""说了多少次了，你怎么还不明白呢？"当然，对制造等后工程来说，确实很难理解设计者们为什么总是记不住自己提醒过的事情，这是设计部门的结构问题。在第2章中我曾说过，现在的设计俨然就是个体户模式，极具设计者的个人色彩，所以即使制造部门提出过一些建议，也无法在设计部门内部实现信息的共享。

同时，制造部门对结果进行指责的做法，也是非常狡猾的行为。犹如事后诸葛亮。如果有什么好的建议，就应该事先提出。比如什么样的设计容易生产，什么样的设计难以生产，要以数据的形式明确出来。创建一份设备和工具、夹具的清单，将加工范围的Min-Max数据共享给设计部门，让设计部门明确易于制作的尺寸范围。也就是要让成本因素和生产周期因素可视化，并对其进行管理。只有这样，设计部门才会参考清单中的约束，在考虑后工程工作的前提下展开设计。

---

① 36协议：《日本劳动法》第36条规定，如出现法定劳动时间外的加班，需由员工自行申请，否则企业将被处以罚款。（译注）

119

当然，设计无须满足列表中的所有条件。如果完全满足后工程提出的条件，就无法迎接新的挑战了。想要做出优秀的产品，提升企业竞争力，我们就不能墨守成规，要勇于突破自我。设计者可以提出一些超出标准范围的想法，例如："这里的尺寸能否缩小一点。""这个间隙的标准是300mm，但是如果缩小到250mm，就能再插入一个面板，也就能满足性能要求了。"在此基础上，制造或其他设计人员可以提出不同意见："这样的生产方式我们内部无法满足，但如果外包，还是有可能实现的。"或者"可是如果这么做，就无法满足交期了"。也就是要讨论是要优先考虑客户需求，还是优先考虑内部的生产方式。

这种争论不是坏事，反而会带来新的突破。这是一直以来就很担心返工修改的设计者自己提出的新想法，当然也做好了会被质疑或拒绝的心理准备。即使被拒绝，也不会打击设计者的工作积极性。希望大家可以从针对完成的设计提出建议的做法，转向针对超出标准范围的想法进行讨论。指责是一种事后诸葛亮的行为，讨论则会带来新的碰撞。

通过固定成本管理和成本因素的可视化，可以找到新的设计、制造协作方式，这样技术者们就可以投入对新事物的研究中，并不断延伸自己的想法。而这才是他们本应做的工作。可以说，这才是基于固定费用管理的设计与制造协作的理想方式。

成本计划、成本管理的三要素

在上文中，我对固定费用管理的重要性，以及为此目的的创

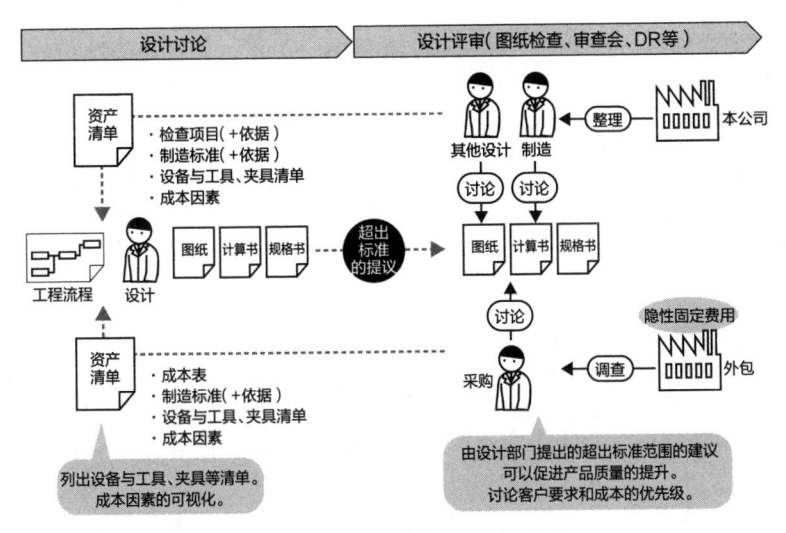

第3章 建立一个能够创造盈利性产品的机制

图 3-9 设计与制造协作的理想方式

建资产清单并与设计、制造和采购部门进行共享的重要性作了一个说明。那么，我们应该如何进行管理呢？一般来说，主要包括成本管理、成本计划、成本设计（Design To Cost，DTC）和预算管理。虽然这四个活动之间各有差异，但总体来说都是基于"80%的成本在设计与开发阶段确定"的原则，用数据推动开发工作的活动。所以，成本管理的基本做法就是推动图3-10所示的三个步骤，并将它们串联起来。

1. 成本计划（目标值与应有成本的计算）

目标成本或预算中确定的部分，是一切的开端。这是预估了销售价格中的利润部分，并由此确定产品整体的目标成本。基于这个预估利润来分配零件和费用项目的预算。显示为成本

121

图 3-10 成本管理的框架

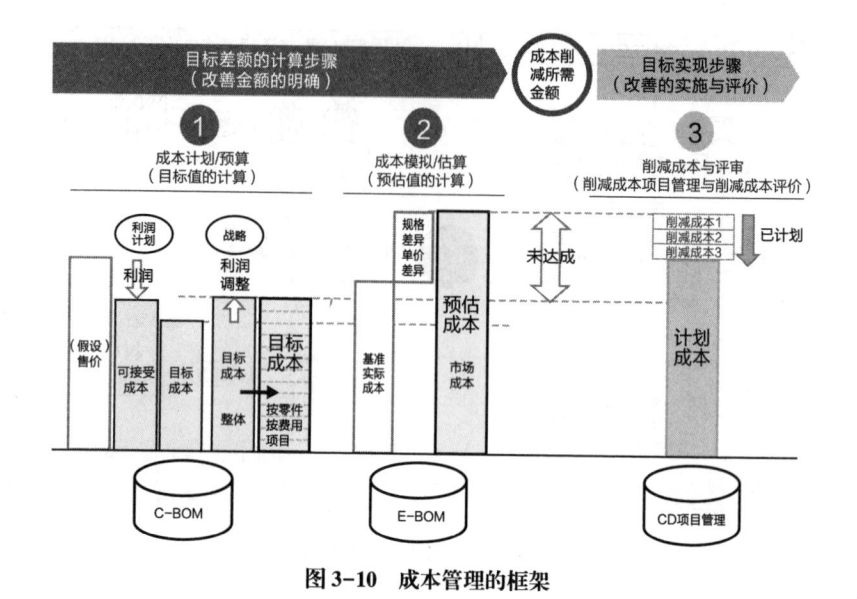

计划后，对目标成本进行分配。这种预算分配和目标分配是最困难的。被分配到的预算超出实际需要时，支出也会超出实际需要。那么，把目标制定得严苛一些不就行了吗？并非如此。人在遇到过于严苛的目标时，会进入一种"放弃模式"。还没开始工作，就已经开始思考达不成预算的理由了。因此，给出一个跳一跳就能够到的严苛目标，才是最理想的状态。目标设定很大程度上依赖于行为动机和能动性。参考实绩后，对成本进行一刀切式的预算设定是不科学的，应对成本削减的可能性做出分析判断，基于要求规格算出最佳成本，最终形成成本表。

2. 成本模拟（预估、实力的计算）

这属于本章着重说明的成本表中的一个部分。需要建立一

第3章 建立一个能够创造盈利性产品的机制

个可以让设计者自行确认成本并确定设计参数的机制。参考类似零件的成本，并通过经验与直觉来设定预估成本的做法，既不利于事后追溯，也无益于工作水平的提升。成本表是以实绩为依据的，因为反映的是实力。需要注意的是，我们有时会以期望成本来进行估算，但从可视化能力的角度来看，这是一个很大的错误。如果不根据实力数据进行估算，就无法正确计算与目标的差额。

3. 成本削减评审（削减成本项目管理与削减成本评价）

计算出目标和预估值后就会出现差距，若不加以改善则无法盈利。为此，我们需要进行成本削减项目的管理。除了对设计进行改善，也要同步从采购方式、制造方式和运输方式等其他多个方面找出能够削减成本的项目。然后，通过对成本削减项目的评价，最终确认讨论和调整的范围。

成本管理无法借用任何魔法之力，只能踏踏实实地做好以上三个步骤。但是，也要具体考虑如计划量产型公司和个别定制型公司等业务形态的差异性。

■ 计划量产型公司：基本上已经在成本计划活动中实施了这三个步骤。设定了目标成本，同时也全面覆盖了零件与费用项目的目标值分配、估算及成本削减项目的管理等。估算是最难的一个环节。很多企业没有做好成本表的维护，所以在设计者用假设条件来讨论成本、采购人员从外包厂商处获得报价之后，成本才终于浮出了水面。因此，企业必须建立一个成本表，让设计者可以根据自己的标准估算成本。

■ 个别定制型公司：总体来说，不会系统地实施成本管理，也不太熟悉成本计划这个词。虽然在接到订单后也制定了项目预算，并对其达成度进行了管理，但没有对预估成本及成本削减项目进行系统性的管理。大多是参照历史项目的价格，按经验和直觉进行估算，基本不会对成本表进行维护。事实上，相比于计划量产型公司，个别定制型公司在成本表的维护方面是具有先天优势的。因为这种类型的公司，在成本上不易受到采购批次的影响，而且加工方法也在一定程度上会基于形状和规格形成模式化。此外，也没有进行成本削减项目管理。计划量产型公司是在一个项目内进行 DR1、2、3……的重复设计，因此可以识别和管理成本削减项目，并在下一个 DR 前进行改善。但是在个别定制型公司中，接到订单后就要马上投入紧急的出图和生产中去，没有任何空余时间可以用于成本削减项目的识别和调整，因此尚未形成完善的成本计划机制。然而，即使是个别定制型公司，也有重复设计的内容，那就是报价设计。报价设计一般不会只做一次。第一次报价设计是为了让客户了解大致的预算花费，等客户要求规格更加明确后，会展开第二次报价设计，以及最后竞标阶段的报价设计。从报价设计的流程来看，这属于重复型的设计。但是，能够对这种重复设计进行管理的公司并不多。由于询盘和报价都要在很短的时间内完成，所以很多公司都把时间花在了这两个方面。询盘太多，以至于完全无暇顾及改善管理。但为了今后能够获得更重要的订单，

第3章 建立一个能够创造盈利性产品的机制

还是需要在重复设计中找出能够削减成本的项目并有序推动。

预算是一种对成本的"预防"

成本计划和成本管理的级别由预算的粒度、详细度和讨论的深度决定。项目初始阶段的预算整体上比较模糊，但自那以后会对每个月的实绩进行统计，在剩下的时间内对剩余预算进行修正和细分。在实绩和预算修正的循环中推进整个项目。想要提升成本管理的水平，就要对预算进行深入探讨。

在这里，我想首先明确一下预算的本质。与预算相对应的概念是实际成本（实绩）。实际成本理论上可以通过100%的成本精度计算得出。因此，抛开是否需要花费100兆日元的问题，单就想以100%的精度来计算实际成本这件事而言，是完全可以做到的。但在现实经营中，完全无须做到这么高的精确度，所以即使理论上可以做到，实际上也要做出一个取舍。那么，预算呢？也许你会说："我愿意花100兆日元，我也愿意付出一整年的时间来改进，但我就是要做出一个100%准确的预算！"很遗憾，做不到。预算理论上绝对达不到100%的精度。因为预算其实就是一种计划，我们永远不会知道未来将发生什么，也永远无法对未来做出承诺。而实际成本不然，这是已经产生过的费用，只要记录得足够周密准确，就可以达到100%的精度。

而且，预算一定是一幅"可以盈利的美丽蓝图"。"依目前的实力来看，预测将有300万的赤字，这可怎么办？"这种预算

表一旦上报，除了被骂"笨蛋，你的工作就是创造盈利！"之外，得不到任何好处。因此，除了战略性的赤字订单外，预算表中包含的信息一般为预估改善效果和为了达到这一成本而做出的努力。但有些时候，也包含了一些明知做不到却不得不强行创造出来的数字。这种用各种理由创造出来的数字有什么意义呢？

接下来就让我们谈谈到底应该怎么编列预算。即使是在理论方面也无法达到100%的精度，且上面满是用各种理由创造出来的漂亮数字。对于这样的预算表，我们究竟要讨论什么，又要批准什么呢？我们应该明白，预算只是基于成本角度的一项"预防活动"。预算（计划）无法预测未来的一切。但是，我们积累了很多经验，所以可以通过避免相同的失败，或基于失败经验做出条件设定并改进，来防止出现相同的问题。这对品质管理而言，是理所当然的措施。针对曾经发生过的故障进行原因分析，通过确认清单等"再发防止活动"以及FMEA或DRBFM等方法对故障进行假设，从而开展"预防活动"。但是即便如此也不能保证所有的问题都不会再发生，何况新的问题也会陆续出现。正因如此，我们可以想象：一旦停止再发防止和预防活动，问题肯定会泛滥成灾。

那么，从成本的角度来看，又当如何呢？是否展开了再发防止活动，注意防患于未然了呢？提到预算，很多人会觉得："预算中包含了很多不确定性，所以这些数字都是假设的"或是"预算都是为了盈利而强行创造出来的，所以不现实"。因此大

第3章 建立一个能够创造盈利性产品的机制

家都不愿意对数值的依据和不确定性进行评价。在成本方面，其实也应该进行类似于品质预防的活动。在品质方面，人们已经习惯了对缺陷信息进行管理，并将其运用到再发防止和预防等方面。成本方面也是如此，也需要对缺陷（后期的增加成本和损失成本）信息进行管理，将其运用到再发防止和预防方面。为此，需要区分出损失成本并进行正确统计。并非所有的损失成本都能基于产品统计出来，但我们可以从力所能及的范围开始切入。例如：

设计损失：因发包错误等原因导致返工的外包设计费用等；客户在确认过程中产生的额外增加（无法要求客户支付）的设计费用等。

试作损失：因计划次数增加导致的损失；因设计变更而浪费的试作零件费用等。

材料损失：实际生产出的重量与理论材料重量之间的差异等（对边角料等正常发生的材料损失的管理）。

模具损失：订购模具后出现的额外加工或变更费用等。

加工损失：返工生产的成本等（这种损失很难实现可视化）。

物流损失：采购物流、内部运输、加急发货给客户（混合运输的情况下，很难将损失细分到每个产品，但也有可以细分的情况）。

维护损失：发货后的故障修理费用（人员费用、零件费用等）。

…………

由于篇幅所限，我无法在此全部列出。我们无须从一开始就奔着100%的解决目标去，只要在力所能及的范围内进行改善就好。此外，在将损失可视化的时候，还需要对损失的定义进行明确。为了满足客户需求的规格变更，算是一种损失吗？只要是超出计划的新增部分都算损失吗？首先，需要针对每个费用项目进行讨论，并对损失做出定义。

损失的可视化，对分析损失原因而言非常重要。品质问题可以分为设计相关、制造相关和销售相关的原因。同理，成本损失的原因也需要进行区分。这个部分需要根据业务特点和产品特点来界定，因此不宜在此处进行详细解释。但对"新"的思考，适用于每一家公司。损失成本中当然有一些无谓的失败成本，但如果能将其与"新"之间的关系可视化，就能改善预算的使用状况。例如：

客户的"新"：新客户。因安全标准、操作要求等而产生的新增修正。

技术的"新"：由于采用新技术和新方法，在测试和加工中出现了返工。

设备的"新"：采用新设备时，无法达到计划成品率。与零件特性不符的设备维修等。

地区和法律法规的"新"：因需要对应新的国家法规，或无经验的法规而产生的返工。修改申请表文件等。

供应商的"新"：因新供应商（尤其是国外的新供应商）的检验水平或提交文件的认识差异而导致的新增订购等。

可以说，这种"新"和复杂度导致了成本的增加。如果能将与这种"新"相关的损失成本可视化，预算就会出现巨大的变化。

回到预算的话题。预算理论上达不到100%的精度，它只是一张用各种理由创造出来的美丽画卷。因此，我们需要让预算具备防止成本发生的作用。为此，我们需要基于损失成本的历史数据，讨论类似问题是否已经在此次项目中得到解决，或是否应该在预算中留出一笔对应经费。预防成本发生，才是预算应有的作用。实施过 FMEA 等品质预防措施的人都知道，我们肯定无法识别出所有的故障模式。即便是那些已经被成功识别出来的故障模式，也会因为成本和生产周期的关系，导致部分故障无法得到改善。成本预防也是如此。在此次的预算讨论中没有采取预防措施的项目，自然不能避免追加成本的风险。这种成本损失，只是因为我们没有做该做的事而已。虽然预算审议的时间十分有限，但也要挤出时间来讨论损失成本的数据。希望大家都能将预算视为一项防止成本发生的措施。

通过 C-BOM 完善成本管理

许多公司都使用 Excel 进行预算管理和成本管理，但这存在着局限性。因此，人们将目光转向了 BOM（物料清单）。我在第 2 章中也曾提过，BOM 非常受产量管理领域的欢迎。尤其是在成本管理方面，BOM 的作用是最大的。通过使用 E-BOM 和

C-BOM 这两个 BOM，可以达到改善成本管理的效果。

想要激活图 3-10 中的"预算"、"预估"和"削减成本与评审"的循环，仅靠 E-BOM 是远远不够的，还需要 C-BOM 的协助。使用 E-BOM 可以实现的是"预估"部分。首先，记录 E-BOM 的每个零件（Parts Number，PN）的预估成本数据。其次，使用 E-BOM 的结构数据（Parts Structure，PS）积算成本。在进行变异性设计等情况下，可以很容易地从矩阵 BOM 中获取成本差异等数据，所以 E-BOM 对于预估成本管理而言是非常重要的。

但是，E-BOM 不能用于预算管理。因为我们无法输入 E-BOM 的 PN（零件）预算金额。如果零件只有几十个，我们或许还能输入 E-BOM 的 PN 预算，但如果零件有成百上千个，我们就做不到全部输入了。那么大家可能会问："以单元（Unit）等为单位进行输入不就好了吗？"没有这么简单。E-BOM 的源头是设计的逻辑结构。预算中是需要进行分类的。对于主要零件，我们可以按一项一项输入成本，但有些项目是需要做出区分的，例如"罐类""仪器类"或"加工外包""预留费用"等。BOM 的形式和表现方式会根据每项工作的区分和粒度而变化。下面是一些有代表性的 BOM 视角（关于 BOM 的详细内容，请参见图 2-14）。

设计 BOM：显示产品的"集合"，体现物理结构（实物与实态）。

制造 BOM：显示产品的"流程"，体现围绕工程的输入

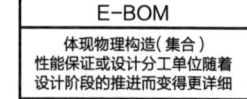

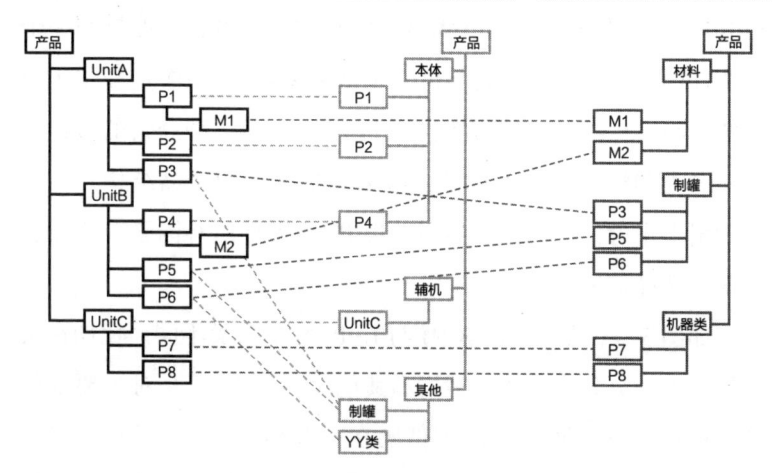

第3章 建立一个能够创造盈利性产品的机制

E-BOM	Cost-BOM	P-BOM
体现物理构造（集合）性能保证或设计分工单位随着设计阶段的推进而变得更详细	体现成本结构 通过PN属性维护（预算管理分类）维持与E-BOM的关联性	体现采购分类 通过PN属性维护（采购项目标志与采购分类）维持与E-BOM的关联性

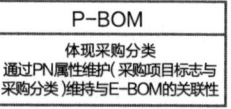

图 3-11　支持成本管理的两个 BOM（C-BOM 和 P-BM）

（Input）-处理（Process）-输出（Output）（实物与实态）。

开发 BOM：显示产品的"性能保证"，体现逻辑结构。

服务 BOM：显示产品的"功能交换"，体现交换单位和服务结构。

采购 BOM：显示产品的"采购分类"，体现采购单位。

成本 BOM：显示产品的"成本结构"，体现预算管理类别。

虽然 BOM 的种类繁多，但彼此之间其实是有共同点的。假设公司是一个很大的容器，那么既有进入的物品（采购品），也有出去的物品（产品），这对每一种 BOM 来说都是一样的。

BOM 的末端 PN 一定是"采购品"①，而 BOM 的顶端 PN 一定是"产品"。

差别之处只是在于如何体现从采购品（PN）到产品（PN），这个在公司内部（大容器中）的变化过程。如果用一个系统性的表达来说明，就是位于末端的采购品（PN）和位于顶端的产品（PN）的连接方法（PS）不同。每一种经营的最佳视角、分类和粒度都是不同的，应采用最适合的产品结构。因此从逻辑上来说，我们做不到用一份 BOM 管理所有因素，应根据需求来选择最适合的 BOM。

如图 3-11 所示，C-BOM 与 E-BOM 的分类不同。比如在预算管理上，会分为主体、辅机和其他。"主体"只会对主要零件进行单独管理，罐子等小零件则在"其他"中进行统一管理。可见，预算有预算的分类方法。E-BOM 是基于设计工作的结构（零件的连接方法），C-BOM 是基于预算工作的结构（零件的连接方法）。但是，如上所述，E-BOM 和 C-BOM 终端的零件（PN）都是相同的，因此大体上给人一种使用适合预算工作的 PS 对 E-BOM 的终端 PN 进行重新连接的感觉。只要使用当前的 BOM 技术，就可以轻松使用不同的 PS 配置相同的 PN。这就像我们使用 Excel 的排序功能，实现 E-BOM 和 C-BOM 视图之间

---

① 严格来说，BOM 末端的 PN 也可能不是采购品。例如，E-BOM 的末端出现加工品的情况。如果是由外包商 A 将产品加工到涂装前的状态，然后再外包给外包商 B 进行涂装后交给厂内使用，那么 P-BOM（采购 BOM）中就会将这个加工品分解为两个零件，即涂装前和涂装后。在这种情况下，E-BOM 的末端就不是采购品了，而且 P-BOM 中也会将其分成两个零件。

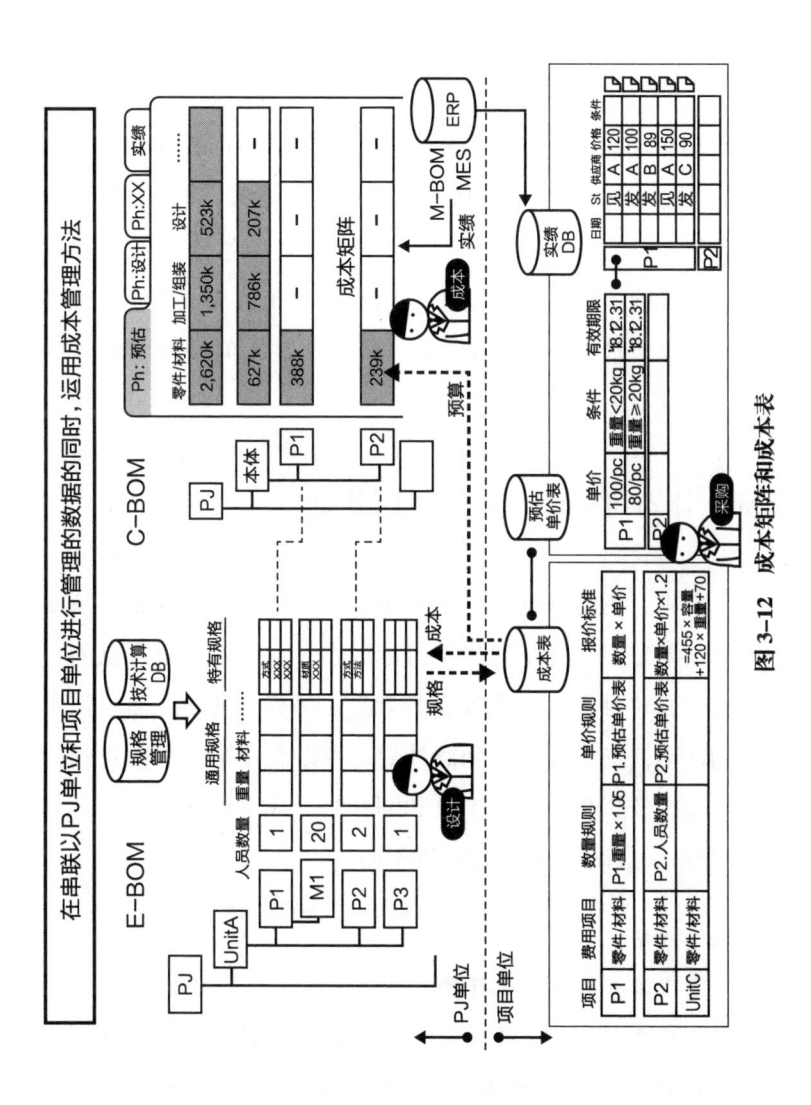

第 3 章 建立一个能够创造盈利性产品的机制

图 3-12 成本矩阵和成本表

的切换一样。只是使用不同的方式来查看相同的数据，所以即使切换到 E-BOM，C-BOM 中记录的内容也会被保留下来。

成本部门使用 C-BOM 记录预算，设计部门使用 E-BOM 积算成本，成本部门基于以上信息，使用 C-BOM 管理预算。所以，每个部门都在使用不同的 BOM 来管理成本。此外，设计和成本是以项目为单位进行的。这就好比是针对结构（PS）的数据管理。采购部则是管理项目（PN）的单价表和成本表，并提供成本信息。希望通过这种方式，通过对 E-BOM 和 C-BOM 的运用，实现更为完善的成本管理。

从成本计划到利润计划（设计利润）

上文中，我们对成本计划和成本管理的三个要素做了简要说明。简单来说，就是先确定目标成本，在正确认识自己能力的基础上，对目标的达成度进行管理。另外，利润方面也需要类似的活动，我将其称为利润计划。可以利用第 1 章中提到的产品损益的概念和数据来推进利润计划。成本计划和利润计划密不可分，但管理点和管理粒度不同。

成本计划：
- 管理目标成本和执行预算
- 与开发项目、产品开发主题、系列等预算管理单位联动
- 按照产品结构×成本项目，展开成本矩阵的成本管理
- 结合开发节点，召开成本评审会等

第3章 建立一个能够创造盈利性产品的机制

利润计划：

· 管理固定费用回报节点（利润产出点）

· 将开发项目或主题捆绑起来作为一个固定费用的回报单位来进行管理（也会出现将一个开发项目分解后重新计算的情况）

· 使用产品损益数据管理利润

· 结合每个月的管理会议等，进行固定费用的回报管理

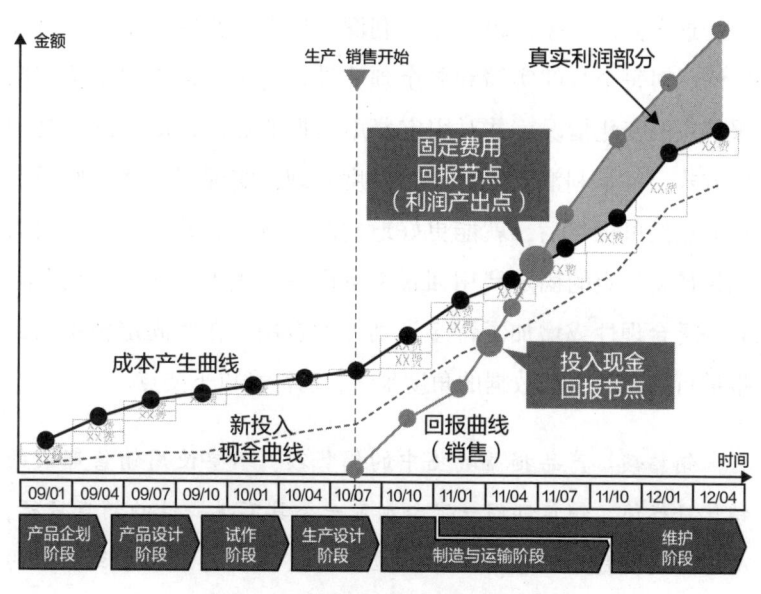

图3-13 固定费用回报节点的可视化

并非每次销售产品都会产生商业利润。在成本计算中，用

每个产品的售价减去成本后就可以得出利润值。但是，这并非经营方面的利润，而是会计上体现出来的利润。只有在获得与多个开发项目关联的经营投资固定费用回报后，才算得上是真正实现盈利。请参阅图3-13中超出固定费用回报节点的右上部分。换言之，固定费用回报节点就是产出利益的时间点。在到达固定费用回报节点前，即使每个产品都有盈利，也不能算作实际盈利，只是在逐步回收事先投入的固定费用而已。在执行这种固定费用回报管理时，第1章中提到的"产品损益"将成为最重要的数据。

这个固定费用回报节点（利润产出点）是在制定预算时设定的。对每个月的实绩和剩余预算进行管理，检查固定费用回报节点的变化情况，并对固定费用回报节点的达成度进行管理的方式，就是利润计划。通过月度管理，实现固定费用回报节点变化的可视化后，就能更好地判断企业的经营风险了。因为如果最初设定的固定费用回报节点出现了重大变化，就说明计划缺乏合理性或增加了许多计划外的费用。在对固定费用的回报进行管理时，从数据的角度来看，需注意以下要点。

销售额：产品损益数据中的销售额，不要使用销售部门的销售目标值。销售部门一定会制定一个具有挑战性的销售目标，所以在固定费用回报管理中，应使用数据表达"销售目标值的××%"（例如过去的目标达成率）。

投资：在决策时，一次性计入全部金额（或该项目对应的金额），不计折旧。请允许我插入一个题外话，公司内部能放弃

第3章　建立一个能够创造盈利性产品的机制

折旧年限的想法，就尽量在投资回报管理中采用税法折旧的方法。使用这种税法折旧的公司不多，因为作为会计专业人士的会计和财务部门人员并不喜欢这种做法。税法折旧也是加快企业转型的有效方法。

闲置：管理设备的闲置率，鼓励积极使用新设备。无论设备是否被频繁使用都会被全额计入成本之中，所以会由此产生一些不合理的行为。因此，需要在整个生命周期中对闲置时间进行累积管理。重要的是累积，而不是某一年。

分配：产品损益原则上无须分配到每个产品上。财务会计需要使用每件产品的成本来计算库存资产，但产品损益不能只看单件成本，而要对企业的整体利润进行管理。因此，无须进行复杂的分配计算，用极低的成本便可建立起一个产品损益系统。

图3-13显示的是一个开发项目或主题的固定费用回报节点，但实际上，通常会将多个项目合并成一个固定费用回报单元。此外，如果在开发过程中出现大量计划外的成本并采取了对应的改善措施，则需要对固定费用回报单元进行重组，以确保公司的整体利润。在这个时代，我们很难保证每个项目都能盈利。因此，要保证固定费用回报单元的整体利润。同时，能对项目重组后的利润进行模拟和评估的技术也很重要。

固定费用从根本上改变了利润结构

　　厘清"技术与会计结合"这个二律背反的关系，是引领我们走向新世界的关键。为此，要对设计参数和成本信息进行统计分析并建立成本表，让设计者可以在考虑品质与成本间的平衡的同时，做出最佳设计方案。此外，将固定费用这一资产信息反馈给设计部门后，就可以实现真正的前端装载和不增加固定费用的管理。使用 E-BOM 和 C-BOM 可以大大提高预算、预估和成本削减的效率。这些都属于技术和会计的结合，最终实现对产品损益的可视化，以及对固定费用回报的管理。在技术的世界，变动费用是讨论的重点内容。重视那些长久以来被人们忽视的固定费用，将带来利润管理的重大变化。我们将学会如何设计利润，讨论如何找到设计和开发中的"自由与控制"之间的平衡这一终极命题。属于二律背反关系的技术与会计为何能够"结合"？首先要探明这个矛盾的结论。希望大家能通过第 2 章和第 3 章的做法，创造出具有竞争力和盈利性的产品。

第 4 章

通过 PLM 获得成本竞争力

第4章　通过 PLM 获得成本竞争力

削减成本是组装型制造行业增加利润的最有效途径。而协助削减成本，也是 PLM 应该具备的一个主要功能。大家都知道，"80%的成本是在设计与开发阶段确定的"。但在现实中，为了正面解决成本削减问题而导入 PLM 并取得卓越成效的企业，可以说是凤毛麟角。在本章中，我们将针对使用 PLM，从设计阶段开始削减成本的方法进行说明。

① 成本估算的高度化
② 零件标准化的推进

以上两项就是具体的措施主题。这两者的共同点在于都是以新零件为对象。毋庸置疑，新零件的成本价格是最不透明的，也是成本上升的重要因素，对整体成本具有很大的影响。此外，机械零件和电气零件的特性不同，因此也要分别讨论。为了解决这个问题并导入削减成本的做法，接下来我将详细解释 PLM 所需的功能要求和运用要点。同时，我也会说明为什么该机制对订单生产型的 B to B 公司能够产生更好的效果。

此外，最近开始安装于 PLM 中的 BOP 功能，是一种可以让设计者看到工厂的制造过程和生产能力的功能。该功能不仅可以实现以往停留在口头上的协作工程，还具有加快固定费用削减速度的潜在能力。PLM 不仅有助于削减零件费用中最具代表性的变动费用，若能在固定费用管理方面也发挥作用，必将产生更好的经营提升效果。因为它不仅能提升产品的价格竞争力，还与公司的盈利能力，即经营实力有着密切的联系。

但是，各大 PLM 厂商对 BOP 的看法均有差异，这也可以反映出他们对"PLM 应有功能"的想法差异。认为 PLM 只是一种设计工具的供应商，对 BOP 的开发持消极态度。与此相对，认为 PLM 与 ERP 一样，对推动制造工程发展具有同等重要的作用，且有助于加强经营能力和经营管理的供应商，就会将 BOP 视为一个关键模块。以 BOP 为桥梁，展开 PLM 和 ERP 间高度协作的起点，正是成本计划。以成本计划为立足点，建立数字化流程链，开展覆盖产品全生命周期的利润控制活动。

将 PLM 和 ERP 结合起来，准确掌握产品损益，并以此为基础构建可以推进新型制造方式的体制，正是本书的主旨之一。在这种新环境中，PLM 的功能自然会与过去有所不同。因此，我想在本章中对 PLM 的基本使用方法的演变、使用 PLM 管理产品损益的必要性，及其在 AI 上的安装等未来应用提升方面做一个简单介绍。

PLM 真的是必需品吗？

作为设计部门的信息基础架构，PLM 的功能正在随着时代的发展而发生变化。其核心功能是 BOM，体现设计出图结构的 E-BOM，可以算是 PLM 的基础组件。PLM 以 E-BOM 为起点，通过扩展体现生产结构的 M-BOM 和体现维护结构的 S-BOM 等使用场景，不断发展其形态。

此外，管理企业经营资源（人、物、资金）的 ERP 也被定

第 4 章　通过 PLM 获得成本竞争力

位为"核心系统",成为制造业中不可或缺的信息技术。

PLM 和 ERP 两个系统,一直以来都被用于相反的场景。

· 相对于管理物和资金的实物形态 ERP,处理产品信息的 PLM 是虚拟形态。

· PLM 是用于创造的,ERP 是用于操作的。

· ERP 是必不可少的,而 PLM 只是锦上添花。

这种二元论的背后有一个令人遗憾的原因:对大多数企业来说,ERP 的重要性不言自喻,但 PLM 却是一个专业得有些让人摸不着头脑的东西。因此,PLM 在企业系统中的地位远不如 ERP 那么重要。但我希望通过本书告诉大家:只有 PLM,才是增强制造业经营能力(战斗力),也就是提升企业运营能力的重要武器。

有些读者可能还没有领会到这一点。

"只有设计部门使用了 PLM,其他部门似乎都没有使用。导入前听说这个工具很有价值,但说实话我感觉不到。"

"我们还没有导入 PLM。公司的效率确实不是太高,但目前来看,运营还算正常。"

"只要有 ERP,就能实现经营信息的可视化了。"

"我们的当务之急是要全力导入 ERP。后续如果有余力,再考虑 PLM 的导入吧。"

确实,以上观点并不少见。这都是大家不了解 PLM 的真实作用所致。出现这种情况,可以说最大的问题在于供应商。因为供应商们只专注于客户目前的需求，这种开发体制无异于只见树木，不见森林。所以，现有的系统大都只是作为提升工作效率的工具或无纸化工具使用。

在本章中，我们将围绕制造业的上游阶段，针对如何全面运用 PLM，尤其是在成本规划中应该发挥出什么作用等问题展开说明。

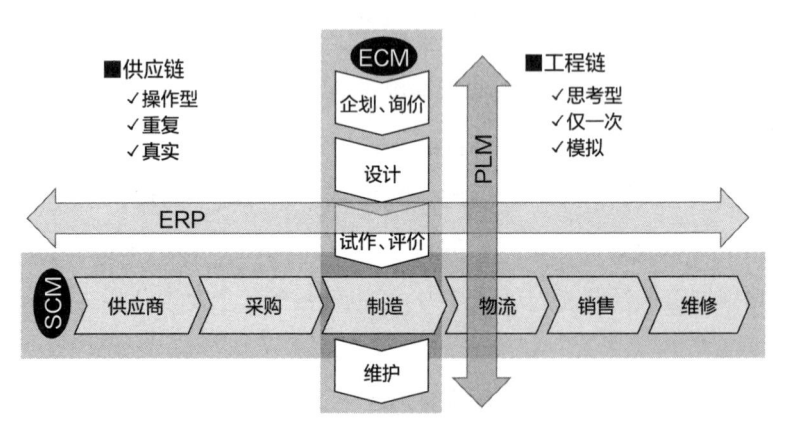

```
■供应链                ECM          ■工程链
 ✓操作型          企划、询价          ✓思考型
 ✓重复                              ✓仅一次
 ✓真实              设计            ✓模拟
                                PLM
        ERP
                  试作、评价
SCM  供应商  采购  制造  物流  销售  维修
                  维护
```

图 4-1　PLM 和 ERP 的对比

PLM 有什么作用？

PLM 的主要作用是收集以 BOM 为中心的相关设计信息，在设计部门内进行共享，并将其作为产品信息分享给其他部门。其中，毫无遗漏地及时传达设计的变更信息，是其最基本的要求。PLM 可以提供支持的这一系列流程，也被称为"工程链"。

对于 B to B 而言就是询价,对于 B to C 而言,则是从产品规划到设计—制造—维护的产品信息流,与体现产品流的供应链处于相对应的位置。可以取得的预期效果为:对缩短过程周期(Lead Time)最有帮助的生产性的提升。市售的许多 PLM,其开发目的都在于提升设计变更管理和设计附带工作的效率。

事实上,PLM 还有一个重要作用,那就是协助削减成本。谈到降低成本,很多人会觉得那是采购和制造部门应该头疼的事。一些读者可能会觉得奇怪,为什么主要提供给设计部门使用的 PLM,居然还有削减成本的作用呢?接下来,我会从不同的角度进行说明,以便加深大家的理解。

如何增加利润

"能让企业经营者感兴趣的只有'销售额提升'和'利润提升'。"

这可能是一个极端的理论。但是,经营者的想法和行动确实都是基于这二者展开的,因为经营者的使命就是实现这两个目标。关于二者中究竟哪一个更重要的争论一直都存在,其实这是毫无意义的。没有销量就没有利润,也可以说销售只是盈利的一种手段。是的,两者都很重要。公司在制定战略时偏重哪一方,应根据具体的情况进行弹性分析。

接下来,就让我们进入正题。在这里,我想着重说明的是利润问题。制造业应如何实现主营业务利润的逐年增长?基本上可以概括为以下三个方面：

① 提高售价
② 扩大销量
③ 削减成本

在提高售价和扩大销量之间，企业需要做出权衡。毕竟即使提价也能维持销量的强势产品实属罕见，所以只有在确信只会损失少量客户，或者由于成本上升而不得不提高售价的时候，经营者才会决定提高价格。基本上，提升售价都会导致销量下降。

相反，如果想提升销量，最有效的方法是将价格降到市场平均水平。当然，在保持价格不变的情况下，通过扩大销售渠道来增加销售额的做法是比较理想的，但事实上售价依旧是扩大市场需求量最关键的因素。

二者还有一个共同点，就是它们的成功都取决于外部因素。市场反应决定一切，这样一种高风险、高回报的策略，一旦错过了最佳时机，就可能蒙受重大的损失。

相反，削减成本主要依靠内部的自我努力。从这个意义上说，风险相对会小很多。当然，其中也有供应商这个可以算作外部因素的存在，但与高风险性的销售市场不同，这里还有批量采购、定期合同等谈判的可能性。削减成本是三种利润提升方式中最可靠的方法，也是对所有公司而言可行性最大的方法。

①提高售价
②扩大销量
③削减成本

利润
材料费
成本
劳动力成本
日常支出

售价
销售数量

引自：藤田敏《采购部门在未来的作用》(一般社团法人日本能率协会)

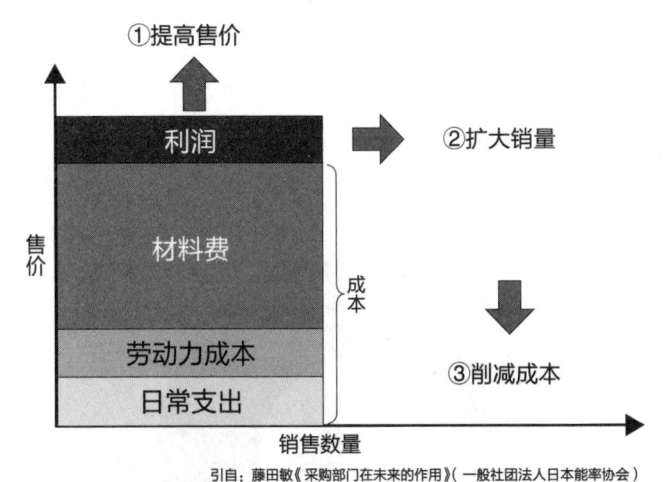

图 4-2 制造业的利润创造

降低材料成本对经营的影响

那么如何才能切实削减成本呢？让我们先对组装型制造行业的成本与利润的关系做一个深入剖析。工业产品的制造成本由三个部分组成：材料成本、人工成本和制造成本。从销售额中减去制造成本和销售管理成本后得到的金额就是利润。

在成本构成的细目中，材料成本的占比最高。在组装型制造行业中，材料成本一般占销售金额的 50% 以上。大部分公司中的这一占比甚至接近 70%。在这里，我们以一个易于理解的模型为例进行说明。

假设有一个年销售额为 100 亿日元的产品。以 3% 的利润率计算，就是每年可以产生3亿日元的利润。假设材料成本为60%（即60亿日元），人工成本为10亿日元，制造成本为7亿日元，销售管理成本为20亿日元（图4-3）。

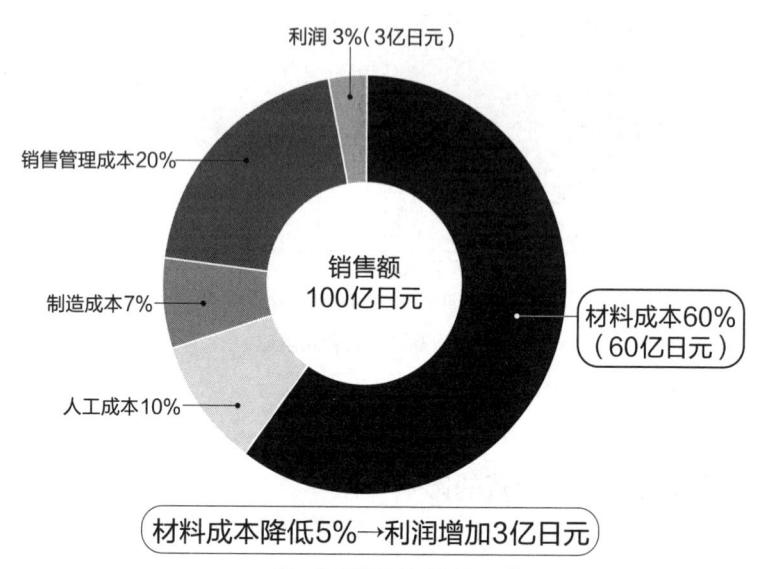

利润3%（3亿日元）
销售管理成本20%
制造成本7%
人工成本10%
销售额100亿日元
材料成本60%（60亿日元）

材料成本降低5%→利润增加3亿日元

引自：藤田敏《采购部门在未来的作用》（一般社团法人日本能率协会）

图4-3 降低材料成本带来的影响

假设我们设定一个利润增加3亿日元，达到6亿日元的经营目标，也就是利润翻倍。现在，在这种情况下，我们应该优先考虑哪些方面的改善呢？如果材料成本占60亿日元，减少5%就可以产生3亿日元的利润。

是的，只是区区5%而已！

但是人工成本呢？人工成本占比为10亿日元，所以必须减少30%才能达标。而且，减少人工成本一定会造成很大的影响。

如果是制造成本削减，就需要降低43%，接近一半。销售管理成本则为15%。由此可以看出，材料成本削减对利润提升的影响要远远高于其他成本。

这是一个非常单纯的模型，但我们从中可以看出，想要增加利润，就应该先从杠杆率最高的材料成本下手。那么，什么才是降低材料成本最有效的方法呢？

产品成本的确定阶段

"产品成本的80%在设计阶段确定。"

这是制造现场常说的一句话。这在读者听来可能就像班门弄斧一样，但我还是有必要再说明一下。设计的工作是为了满足要求规格和性能而设定参数。此处确定的规格，将大大限制后工程的制造方法和零件采购。因此，在设计完成后产生的设计变更会对成本和时间造成极大的浪费，应尽量避免。可见，这个允许尝试和错误，且作为成本因素的参数具有很大讨论余地的设计阶段，决定了大部分成本的驱动因素。

然而，作为公司成本削减活动主力军的往往是采购部门和制造部门。从上文中可以看出，PLM和成本削减之间确实有着必然的联系。这是为什么呢？原因很清楚（虽然缺乏合理性）。

从经营者的角度来看，设计部门的工作犹如黑匣子般难以理解，而且也很难在成本指标中设定一个直接的KPI，所以只能对实际发生成本的后工程进行管控。因为后工程更容易体现出

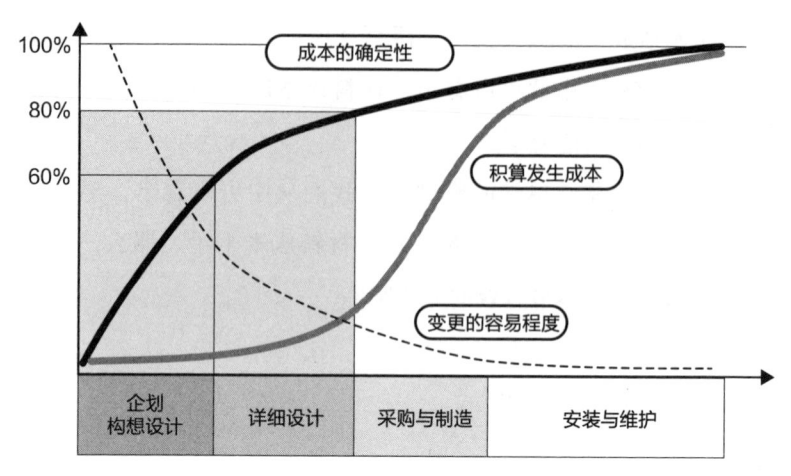

图 4-4　成本基本可以在设计阶段确定

直接效果，也更容易设定目标。

　　另一个很重要的原因在于，设计者们对成本削减不会表示出太大的积极性。设计者们总会把创造新功能和提升性能等品质需求视为自己的第一要务。当然，这也是由他们的工作性质决定的。第二要务则是满足交货期。在 QCD 中，成本总是被排在最后一位，对设计者来说，无须考虑成本，尽情使用自己认为合适的零件和材料的做法大概是他们最满意的吧。

　　那么，我们应该如何从设计阶段开始降低成本呢？答案是：全员设计。将削减成本的责任一味地强加给设计者的做法是行不通的，应该从设计阶段开始，集结制造、采购、品质保证等所有与制造相关的部门的智慧，为设计的成本削减提供支援。

　　具体而言，就是从设计的上游阶段开始，将过程阶段的设计数据（出图前的 CAD 数据）共享给相关部门，即通过协作工

第4章　通过 PLM 获得成本竞争力

程实现前端装载。毋庸置疑，要实现这一目标，就少不了 IT 的支援。想必有很多公司在导入 3D CAD 进行设计的时候，已经将该前端装载作为了一个目标。但是，由于协作工程（与其他部门间的信息共享）机制尚未健全，因此大多数公司也只是停留在口头倡议阶段，并未真正实现。要只是如此也便罢了，但我甚至还听到过一种几近抓狂的声音："不对基础架构进行任何改良，只是一味地加重设计者的负担，这哪里是前端装载，分明就是前端负重嘛。"

这就需要 PLM 出场解救了。

使用 PLM 削减成本，有哪些要求？

借助 PLM 实现从设计阶段开始的材料成本削减，需要满足一个重要的条件，即 PLM 可以在整个设计阶段实现对原始状态 BOM 信息的完全管理。大家可能会觉得这是很简单的一件事，但实际上很多 PLM 产品在运用方面都受到了很大的限制，所以我想在此做一个说明。

狭义的 BOM 作为采购、制造等供应链的基本信息，是在设计的最后阶段为安排具体生产而创建的物料清单。但成本计划是从设计初期开始就要连续实施的，对 BOM 提出了更高的使用要求。作为开发支援 IT 的 BOM 被定位为广义的 BOM。在本项中，我将生成过程的原始 BOM 称为 D-BOM（设计 BOM），以便与作为出图结构的 E-BOM 进行区分。

随着 PLM 系统的引入，许多公司已经开始尝试从设计上游阶段开始使用 BOM。但实际上，他们也大都停留在将作为出图结构的物料清单放入工作流程中，并将数据链接到 ERP 的阶段。这只是对狭义的生产安排用的 BOM 进行了数字化改造而已。不得不说，这离设计者期望的创新支援还差得很远。

　　那么为什么大多数 PLM 无法安装广义的 BOM（D-BOM）呢？首先，某些 PLM 无法体现混合了未编号新零件的 BOM。在日本国内的大多数制造企业中，新零件的编号都是在设计的最后一个工程，也就是出图阶段被设定的。然而，为了实现从构想设计到详细设计的设计全过程的可视化，并为其提供支持，零件编号是必不可少的。

　　其次，尚未实现与 CAD 的全面连接。一直以来，作为设计主要系统的 CAD 都被贴上了各种限制的标签，大家只对它处理图纸这一输出功能感兴趣。但是，使用 3D CAD 创建装配结构就相当于是在创建 BOM，所以在协作性方面是没有任何问题的。问题在于如何体现出那些未确定的零件编号，而这些零件又是实现从设计过程阶段就开始协作的关键因素，于是又回到了第一个问题。

　　总之，如果能在利用混合了未编号新零件的 3D CAD 数据无缝创建结构的同时，实现临时零件编号的自动分配，就能用 D-BOM 体现了。令人惊讶的是，基本没有 PLM 系统可以轻松做到这一点。"轻松"很关键，在选择 PLM 系统展开成本计划时，务必要注意这一点。

第 4 章　通过 PLM 获得成本竞争力

图 4-5　D（Design）-BOM

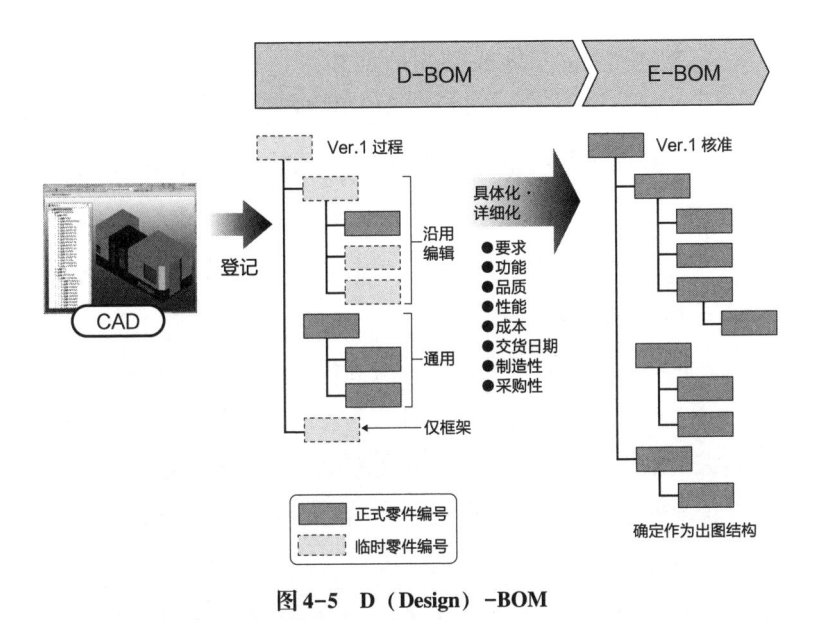

专栏⑦

为什么要把 PLM 和 CAD 分开？

随着 PDM、PLM 等术语的普及，BOM 已经被定位成技术信息 DB，人们希望它能够起到协助设计者工作的作用。但实际上，这就是喊一喊口号罢了。PLM 系统不会改变以往图纸管理系统的使用方式，通常只会在从设计移交到制造时开始使用，因为设计者将 PLM 视为"为后工程准备的安排系统"。

153

在构想设计和过程阶段使用 BOM，可以让已经得到充分验证的设计资产得到积极使用，并利用前端装载提升 QCD。想必没有人会反对这一点吧。然而，将 BOM 转换为 DB、完善项目属性信息、对设计变更信息进行管理后，就可以将 BOM 的使用时间提前到设计上游阶段的说法，只是 PLM 供应商的谎言罢了。

供应商应该为此承担最大的责任。仅将产品结构信息进行数字化，却没有在设计过程制定中提供任何机制或措施来激励设计者使用，那么可以预见，设计者们能使用的范围也就是以往的 E-BOM 和 M-BOM 了。这里缺乏的是与 CAD 的协作。

让我们换个角度思考。CAD 数据既是制造信息的起点，也是设计者想法的最初表达。CAD 在诞生之初，是作为一种绘图工具存在的，但自 20 世纪 90 年代开始，3D 技术得到了快速普及。3D CAD 设计完成后，产品结构信息就已经诞生了，将其直接作为 BOM 信息体现出来，是二者最简单的协作方式。但是很多情况下，人们会特别将 CAD 和 PLM 分割开来。这是为什么呢？

可以解释为导入 PLM 是为了方便生产。大多数 PLM 系统是由信息系统部门主导导入的，将其作为生产管理系统的前端。但是，CAD 往往是由技术管理部门负责导入的，对信息系统部门而言，这是属于自己职责外的 IT 范围。

第 4 章　通过 PLM 获得成本竞争力

　　同时，设计部门也会觉得 PLM 系统就应该由信息系统部门负责管理，所以即使自己有使用的需求，也会尽量避免对其选择和构建的主动参与。

　　日本的制造现场还未摆脱图纸文化、3D 技术还未真正扎根，也是一个很大的原因。虽然设计部门使用了 3D 技术，但是对于制造现场而言，没有图纸就无法生产，因此设计部门为了满足后工程的需求，就必须重新将这些信息抄写到图纸上。不仅如此，有些公司依旧停留在只使用 2D CAD 进行设计的阶段。

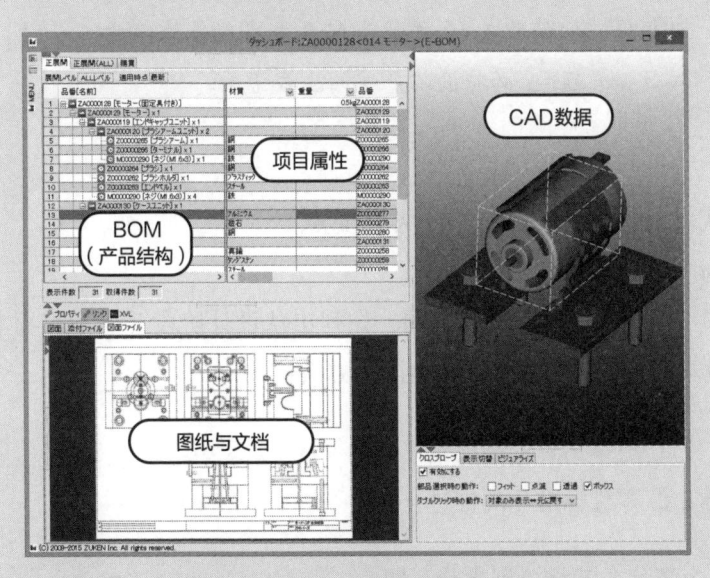

图 4-6　与 3D CAD 紧密相连的 PLM

但是，出生于平成年代（1989年1月8日—2019年4月30日），自学生时代就开始普及使用3D CAD的年轻工程师们，能接受这样的工作环境吗？此外，为了拓展全球业务，很多制造已经无法仅靠一己之力完成了，许多公司不得不扩大与海外公司之间的采购、制造等贸易幅度。可以毫不夸张地说，曾经认为有二维（2D）图纸足矣的日本制造业，也已经意识到3D是进入全球制造业横向分工领域的一个必要条件。

出于种种理由还未实现CAD与PLM协作的公司，可以想象它们如果在10年后依旧无法实现最简单的"一站式数据管理"，必将面临严峻的生存竞争。

从设计阶段削减成本的两个要点

现在，让我们回到主题，先列出从设计阶段开始削减材料成本的要点。大致可以分为两个方面：

① 成本估算的高度化
② 零件标准化的推进

下面，我将分别进行说明。

首先是"成本估算的高度化"，这大概是每个公司都甚觉头疼的一个课题吧。建立多种模式，将非价格条件也一并考虑进

第4章　通过 PLM 获得成本竞争力

去后，找到最佳的方法。尤其对于 B to B 型企业来说，询价阶段的预估速度和准确性会对订单产生直接影响。单单考虑这一点，B to B 型公司就必须通过 IT 来改进自己的成本预估。

结构零件可分为有使用实绩的已登记零件和新增零件两种。基于这两个分类再进行细化，根据是属于公司原厂专用零件，还是属于电子零件、螺丝等标准外购件再分类，一共可以分为四类。

零件类型		成本估算时的适用成本
已登记零件	专用零件	标准成本（根据实际成本定期更新）
	标准外购件	标准成本（根据实际成本定期更新）
新增零件	专用零件	基于类似登记零件成本的预估成本
	标准外购件	供应商报价

- 利用IT加速成本估算（讨论多种估算模式）
- 标准成本不作固定，而是定期、持续地进行修正，以提高预估精度
- 制定新增零件预估成本的计算规则

图 4-7　成本估算的高度化

针对已登记的零件，通常会将对应的标准成本作为专用零件和标准外购件的估算成本。这个成本信息登记在 ERP 上，如果要使用 PLM 进行成本估算，需要在两个系统之间进行信息的复制。

我经常听到一个问题。有些公司用于估算成本的标准成本一旦设定，就完全不作更新，即便与实际成本有差距也放置不管。所以"现在制造""现在购买"需要花费多少钱，是无法通过准确的信息来进行估算的。如此一来，现场的积极改善就无法对订单竞争力起到直接的提升作用。所以我们首先要定期、持续地更新标准成本以提高估算的精度，这是走向成本估算高

度化的第一步。

接下来就是新增零件了，这是成本估算中的难题之一。对于标准外购件，从供应商处获取的报价可以作为暂定的预估单价。而对于专用零件，一般会参考既有的类似零件的实际成本来计算预估单价。既然是新增的零件，所有的单价就自然只能使用预估值了，但预估的效果却是因人而异。因此，我们首先要消除这种差异。为此，我们需要设定一个预估单价的计算标准，并建立自有零件成本表。

许多中小企业会将报价工作委托给特定的资深员工。这种做法无可厚非，但我们也不能忽视其背后隐藏的高风险。中小企业大都是 B to B 型公司，因此作为获取订单过程中最重要的工作，询价、报价基本都是集中在一个人身上。如果这个工程师突然离开，那么公司的销售情况必将蒙受致命损失。为了规避这种风险，应当立即将这种知识转换为成本表，消除员工个人的影响力。这一举措可以大大推动经营的改善。由于可以增加询价和报价的数量，因此会导致订单的增加，即销售额的增加。

新增零件的成本价格是最不透明的，也是成本上升的重要因素，对整体成本具有很大的影响。设定成本表后，会减少估算精度的波动。那么，接下来我们应该如何开展成本削减活动呢？

零件标准化的推进

答案就是另一个要点——"零件标准化的推进"。零件标准

第4章 通过 PLM 获得成本竞争力

化不仅要对零件的类型和使用范围进行标准化规定，还要努力推进零件在多个产品中的共用。这样做可以防止不必要的新增零件的产生，而减少新增零件的使用比例大有裨益。

- 使用既有零件进行估算，可以提高精度、提升速度。
- 标准外购件的情况下，可以通过集中采购来降低零件的采购价格。
- 专用零件的情况下，可以通过量产效果降低成本、提高质量。
- 与此同时，评价费用、保管费用及维护零件的库存等与新增零件相关的其他费用，也都可以得到削减。
- 可以降低因采用新增零件而产生故障的处理成本。

推动零部件标准化、通用化的重要性，想必已是无人不知，无人不晓了。通过推动和促进被称为"成本和可靠性方面的王者"的设计资产在全公司范围内的共用化，可以让新设计专注于竞争差异化，无须兼顾其他因素。

通过降低新设计的比例，不仅可以缩短设计周期，还可以加速市场投放时间（Time to market），从而提升整个工程链的生产能力。特别是对于品类呈爆发式增长的企业而言，这更是必不可少的举措。

很多人都觉得零件标准化的做法只适用于 B to C 型量产公司，这其实是错误的观点。大家不愿意在 B to B 型多种类多变化的量产型公司中推进标准化，主要是担心"产品就会像一堆堆

- 减少无用新增零件的产生=减少新增零件数量（新增零件的成本是最不透明的，也可能是成本上升的重要因素）
- 通过集中采购和批量生产，降低了单个零件的成本

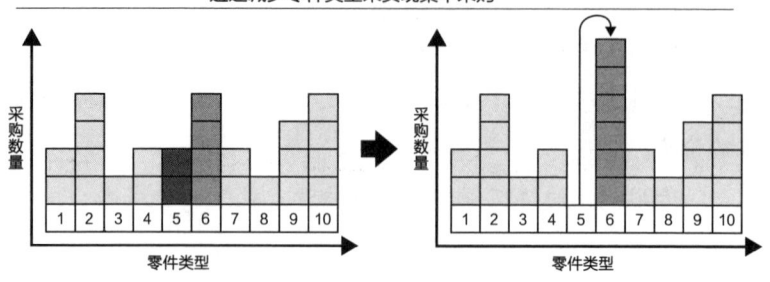

通过减少零件类型来实现集中采购

图 4-8 零件标准化

金太郎糖①一样失去个性""通用部分一旦出问题，就会造成很大的影响""我们公司的生产数量少，通用了也不会产生太大的成本削减效果"。如果你已经充分了解到这些问题的存在，我觉得采用一些措施来避免，也不是一件太难的事情……

　　会这么说的人，基本都抱着一种想要"维持现状"的消极心态。但是，只要维持现状，企业就能一直存活于严酷的市场环境而不被淘汰吗？如果公司足够强大，即使"突然来订单也能设计出来"，且不会因此出现任何问题，或许还能生存一段时间。但是，即使是拥有如此优秀的设计和制造能力的公司，也不能否认标准化的必要性。

---

① 日本江户时代流行的一种糖果，通过将各种花色的糖搓成条状，并通过预想中的设计组合在一起呈筒状，然后将其拉伸成条，再横向切成粒。每个糖粒的横断面都呈现出相同的花纹。(译注)

第4章 通过 PLM 获得成本竞争力

希望大家都能多关注工业设备产品的生命周期。有很多生产商品必须维护 10—20 年,而不是像数码家电那样短命。产品的所有零件一旦交付,就必须保证其长期的可靠性,而多元化又是不可避免的经营趋势,如果忽略呈指数级增长的维护零件数量,将来在维护方面就一定会出现重大问题。我经常听经营者说,在设计部门看不见的地方,维护零件的库存和处置成本正在不断增加。由此可见,零件标准化对 B to B 型制造企业而言,是一项不可或缺的举措。

当然,我并不是说绝对不能使用新增零件。为了战胜竞争对手、创造新功能,采用新的零部件是不可避免的一件事,所以我们反而要积极开发一些具有核心优势的新产品。然而,即使是新产品,其中的大部分要素也是可以通过小幅修改或沿用来实现的。在开发的过程中,应尽量采用既有的零件,只针对完全没有替代可能性的部位进行重新开发。

基于零件类型的标准化支援 IT:电气零件

构成比例的差异,导致包含电气零件的组装型产品的种类也是多种多样。除了电子产品外,电气零件在机床等设备中也扮演着一些重要的角色,例如控制器部件等。此外,随着物联网的不断发展,电气零件很有可能会在一些全新的领域中得到运用。

那么,让我们进入正题吧。可以说,大部分电气零件都是标准外购件（当然也有一些如印刷电路板等专用零件）。而机械零件中虽然也不乏螺丝、螺栓等标准外购件，但大部分还是属于本公司的专用零件。在推动零件标准化的过程中，必须考虑到二者在特性上的差异。

首先是电气零件。由于它们大都是标准外购件，所以同一规格的零件可以有多个供应商提供选择，采购资源丰富性是其重要的特征之一。因此，不仅可以通过标准化指定特定供应商，还可以通过集中购买实现成本的削减。

BOM 中的零件自动选择功能，可以为电气零件的标准化提供 IT 支持。使用在回路设计阶段确定的乘数和额定值等规格信息作为搜索条件，从登记的零件中自动选择符合条件的零件，会同时出现多个符合条件的零件（相同规格，不同厂家），所以需要继续缩小范围。将这种用于缩小范围的规则写入系统后，就会消除零件的个性化、实现标准化。

关于这个规则，我们可以举这样一个例子："选最便宜的零件"。这可能是最简单的，却也是非常有效的规则。通过在规则中及时反映采购部门的想法，可以战略性地推动零件标准化的进程。例如，可以设定优先分配库存过剩的零件。

同时，也要注意防止因过度集中而产生的风险。2011 年，东日本大地震和泰国水灾的发生，让很多公司的供应链在一夜之间土崩瓦解。这两次灾难尤其对电气零件的供应造成了重大影响，每天都会出现某些工厂因零件供应中断而被迫停止生产的报道。专用零件对自然灾害的抵抗力很小，所以只能设置安

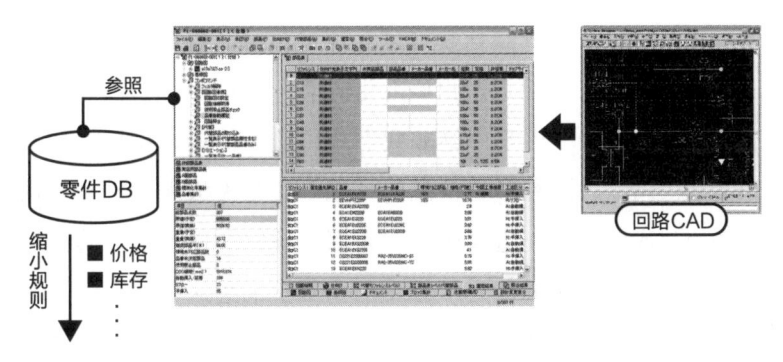

第 4 章 通过 PLM 获得成本竞争力

图 4-9 最佳零件的自动选择

全的库存量来避免突发状况。但是，电气零件属于标准外购件，所以除非是因停产（预计停产）而需要一次性大量采购最后一批零件，否则还是应该尽量避免过量库存。在通过集中采购降低成本的同时，也要保证一定量的备用货源。如何在集中与分散间取得平衡，就取决于各家公司的采购策略了。若是计划采用双轨零件或代表件号的多渠道采购等方法，则从设计阶段起就要开始思考采购策略了。当然，它也应该作为 PLM 中的一个功能来实现，并且 ERP 之间的密切协作也很重要。

基于零件类型的标准化支援 IT：机械零件

接下来说说机械零件，最主要的当然是厂内专用零件了。事实上，这部分的标准化推动是非常困难的。如果是标准外购件，只需要记录了规格的文字或数值等属性信息，就可以找到通用项并识别，从而推进标准化。此外，由于这是标准品信息，所以我们可以从制造商处获取到足够的信息。也就是说，只要BOM足够完善，就可以迈出标准化的第一步了。

但是，机械专用零件绝非我们想得这么简单。在只有数值和文字信息，而没有形状信息的情况下，是无法表达机械专用零件的。或者说，表达成让所有人都能理解的样子是极其困难的。设计者绘制图纸是为了将自己头脑中的想法传达出去，此时的信息是图纸。在这个阶段，尺寸、公差等数值信息虽然也都已经是确定值了，但形状，也就是图纸依旧是最核心的信息。因此，我们可以只借助 BOM 来安排电子零件的生产，但对于机械零件来说，形状信息是必不可少的。

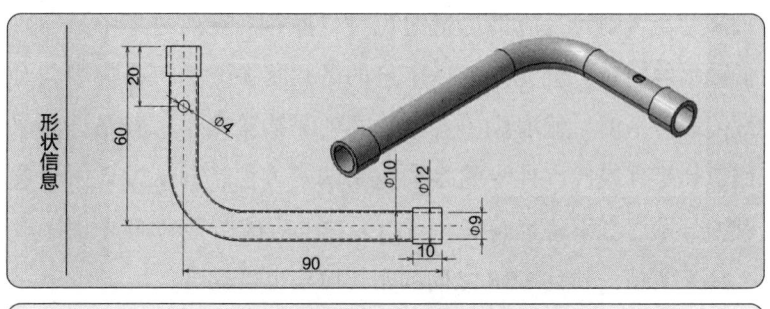

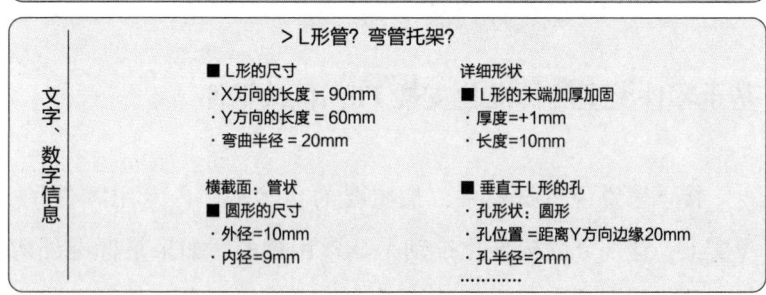

形状信息

文字、数字信息

> L形管？弯管托架？

■ L形的尺寸
・X方向的长度 = 90mm
・Y方向的长度 = 60mm
・弯曲半径 = 20mm

横截面：管状
■ 圆形的尺寸
・外径 = 10mm
・内径 = 9mm

详细形状
■ L形的末端加厚加固
・厚度 = +1mm
・长度 = 10mm

■ 垂直于L形的孔
・孔形状：圆形
・孔位置 = 距离Y方向边缘20mm
・孔半径 = 2mm
....

图4-10　机械零件的形状就是功能

第4章 通过 PLM 获得成本竞争力

模块化设计正面、有效地解决了这个问题。模块化设计是一种预先对满足各个参数的零件组进行认证,然后通过各种组合实现不同功能的方法。这是一种可以适应大规模定制化生产的全新方法,自 2000 年起,许多日本公司就已经着手开展研究了。

关于模块化设计的具体内容,许多文献中都有涉及,因此本书不再赘述。IT 方面对模块化设计的支持工具,是一个被称为"配置器"的功能。配置器会自动选择满足要求规格的参数,并对相应的模块(零件组)做出分配,组合后生成的产品结构即为 BOM。许多 PLM 软件包都将其作为可选功能。

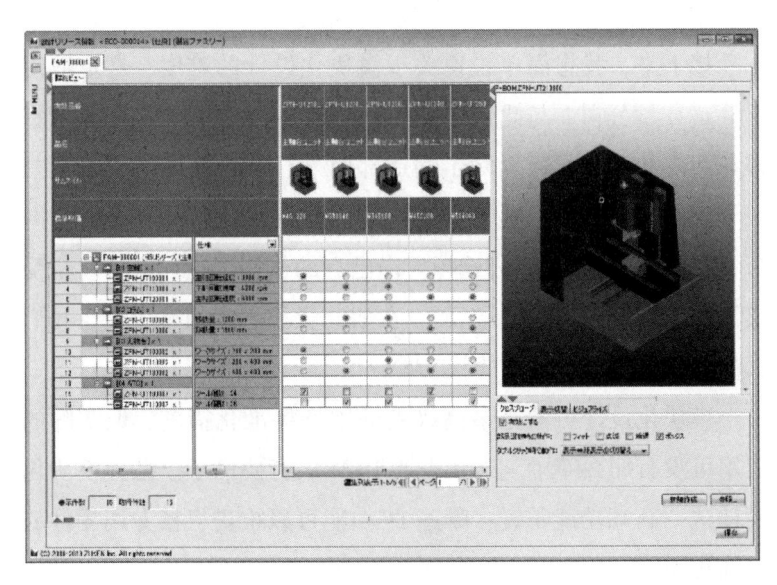

图 4-11 配置器

但是，配置器功能只能对模块化设计的建立提供支援，并不能主动推进该机制的改善。IT真正发挥作用只在最后的实施阶段，在那之前，我们必须迎接厂内产品模块化的巨大挑战。有些公司会聘请专业顾问，对公司产品的架构进行盘点后，区分成一个一个单独的零件（单元），这需要花费大量的时间。

如果能像数字家电和个人电脑（PC）等产品一样，每个单元都有明确的分工，且各单元间的接口均已实现了标准化，就能比较顺利地推进改善了。但是，大部分产品都经历过漫长的磨合调整，想要通过重组达到多机型通用的目的，是一个极其困难的挑战。而这项最困难的工作，恰恰又是IT无法提供支援的领域。

接下来，我想简单说说关于模块化设计的难度。这更适用于B to C型公司。与此相对，B to B型公司的规格决定权一般掌握在客户的手中，所以除了制造部门外，对营业部门而言也是一个艰巨的挑战。一些PLM供应商可能会连哄带骗地告诉你："可以通过引导，让客户选择厂内已有的规格，这样就可以享受模块化设计的红利了。"然而，在如此竞争激烈的市场中，我们真的可以达到如此理想的状态吗？

模块化设计虽然是最高级别的组件标准化措施，但实际的应用可没有那么简单。这就需要PLM从旁协助了。抛开模块化设计这一高端功能不说，哪些IT功能可以推进机械专用零件的标准化呢？

第4章　通过 PLM 获得成本竞争力

不增加新零件就万事大吉了吗？

　　模块化设计是指尽量使用新设定的模块化部件来取代新增设计的设计方式，所以不必拘泥于既有的设计资产，而应该考虑采用新的组合。这与上述标准外购件的标准化不同。那么，参考标准外购件的做法，即便是专用零件，也应该可以推进既有设计资产的通用化。事实上，这才是标准化的"王道"。

　　想要在这条"王道"上走得又快又好，就离不开 IT 的有效支持。因为 IT 最擅长的并非创造新事物，而是调取历史积累的数据。

　　当然，设计者在大部分情况下都是用一种积极的态度来对待设计的，但在某些情况下，选择创建新图纸的原因也可能是"重新画图更快，去找数据实在太麻烦了"。根据一项调查结果来看，这是出现新增零件的第五大常见原因。但是，就我在现场的切身体会来看，这个原因的排序应该要更高一些。

　　设计者们也想在既有零件中找出符合当前要求规格的零件并使用，但是现有机制并不足以支撑这一做法。于是，他们只能在记忆中搜索，或是询问周围的人。总之，想要找到符合要求的零件太难了。所以，别无选择的他们只能重新创建图纸。想必大家也意识到了，很多零件虽然规格不完全相同，但其实非常相似。

　　这才是 IT 应该解决的问题。如果能在 PLM 的既有属性信息之外加入可以从形状属性进行搜索的功能，基本上就能解决这一问题了。如上所述，机械专用零件的标准化不能仅通过文字和数值等属性信息来实现。只有确认了形状之后，零件的特征才能得到充分表达。

首先，我们要使用 3D CAD 绘制出大致的形状。其次，再以这个简单的模型为条件，使用 PLM 执行类似形状的搜索，而系统将从既有零件中提取出其判断为具有类似形状的零件。最后，找出多个候选，基于属性信息缩小范围，就能找到所需的零件了。在 PLM 上安装这个功能后，就能"轻松找到"零件了，那么设计者们自然也就不会再有"重新画图更快，去找数据实在太麻烦了"的想法了。如此一来，设计阶段的零件重复使用率一定会得到提高。

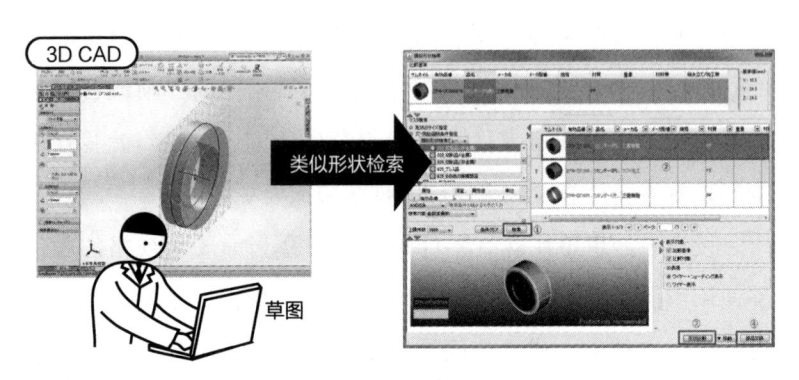

图 4-12　类似形状检索示意图

需要注意一点，上述的形状检索功能如果作为 CAD 的附加工具被销售，可能反而会让新增零件的数量有所提升。换言之，

第 4 章 通过 PLM 获得成本竞争力

更应该在 PLM 系统上安装。由于 PLM 是与项目 DB 相连的，所以我们可以实现对成本、交货期、库存等生产信息和相关文档的实时查看。只要找到设计变更的历史记录，就能确认设计的目的和依据，也可以通过反向检索，了解这些零件分别用在了哪些产品上。

也就是说，我们可以通过 PLM 系统实现基于检索结果的一站式信息确认。即便找到一个形状极其匹配的零件，设计者们也不会因此就决定采用。他们会针对零件的历史和使用情况进行评估判断，所以我们需要一个能加速这一评估过程的机制。

此外，如果将其作为 CAD 的一个附加搜索工具，那么搜索的范围一定会被限定在 CAD 数据库内，找出的零件也会通过 CAD 进行查看。"另存为"不同的文件名后，就成了新的数据，这在沿用设计中是一项非常方便的功能。数据就在 CAD 上，所以可以立即开始编辑。这可以大大提高设计者的工作效率。

"沿用设计"听着不错，但本质就是一个简单的编辑设计，很容易成为增加零件的温床。可见，如果将该功能安装在 CAD 上，就与最初的目的背道而驰了。因为在 PLM 中检索类似形状的目的并不在于提升设计的工作效率，而在于尽量避免出现不必要的新设计，从而提高所有部门的生产力。

不仅如此，类似形状检索功能还有另一个次要效果。通过上述的步骤，设计者可以将 CAD 上的草图作为触发条件进行检索，当然也可以对 PLM 中已经存在的设计数据进行类似形状检索。事实上，即便是没有 CAD 的非设计部门，也不乏从中获益的案例。例如，该功能也适用于采购及制造的价值工程提案（VE 提案）活动。检索出类似形状的零件后，就可以讨论是否要更换为更低价或更容易制造的零件了。

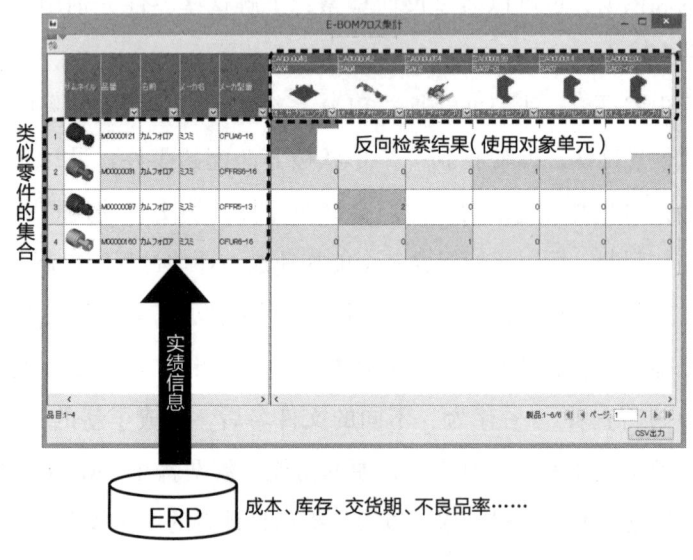

图 4-13 类似零件使用分布监测

零件使用分布的可视化

借助 PLM 的类似形状检索功能，可以及时查看厂内存在多少类似零件，可能还会发现一些重复零件。对后工程的生产部门来说，这些信息完全可以在日常工作中识别出来。但对于设计来说，这些都是隐藏的信息。导入 PLM 后，所有人都可以实

第 4 章 通过 PLM 获得成本竞争力

时查看，并及时了解情况。

如果能对这些类似零件进行命名，那么即使是机械专用零件，也能大力推进其标准化进程。除了可以通过量产效应实现成本削减外，稳定的品质也可以将故障成本降到最低。在推进这项工作时，PLM 的有效功能在于其反向检索能力。反向检索功能是用于检索某个零件用在哪个单元或产品上，也就是以零件为条件来检索 BOM。

只要以类似零件的集合为对象，分别进行反向检索与匹配，就可以对零件的使用分布及通用程度进行监控了。如果能一次性完成，就能更快得到结果了。

即便是类似零件，在使用实绩方面也存在或多或少的差异。一些零件会同时用在多个单元或产品中（反向检索时会出现多个选项），自然也有一些只在单个产品中使用的零件（反向检索时仅出现单个选项）。基于这些信息，我们可以讨论是否需要将那些只用于单一产品上的零件替换成其他具有丰富共用实绩的类似零件。

但是在考虑究竟应该使用哪个零件的时候，就不能仅参考分布信息了，应该同时评估 ERP 中的成本、库存、交货期、不良品率等信息，采用 QCD 总分的最高者（推荐零件）。如果将这个评分逻辑安装到 PLM 上，就可以根据最新的情况来自动选择推荐零件了。在所有的零件类型上采用这种自动化做法可能有些极端，但对于一些成本波动较大的材料，采用这种可以排除随意性的自动设定法，可能会带来很好的效果。

171

没有 IT 就无法推进零件标准化

想要实现机械专用零件的标准化，最迅速、最有效的方法就是推进模块化设计。这一点毋庸置疑。不过，即使无法达到模块化设计的高度，也可以通过类似形状检索，以及自动推荐零件这两个措施来推动零件标准化的进程。导入具有该功能的 PLM 系统后，就可以立即实现这两个功能了。

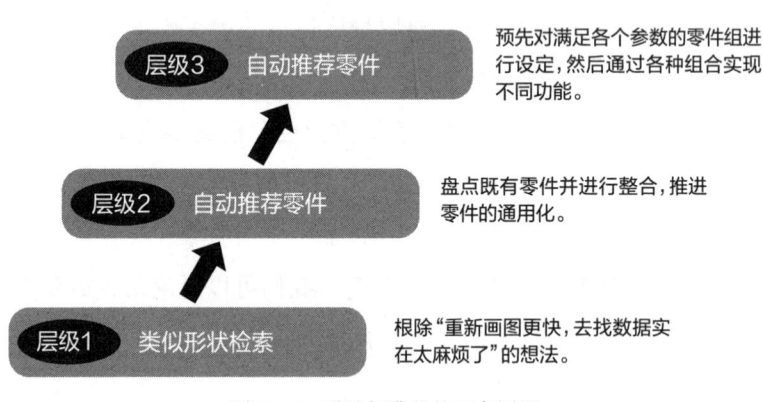

层级3 自动推荐零件——预先对满足各个参数的零件组进行设定，然后通过各种组合实现不同功能。

层级2 自动推荐零件——盘点既有零件并进行整合，推进零件的通用化。

层级1 类似形状检索——根除"重新画图更快，去找数据实在太麻烦了"的想法。

图 4-14 零件标准化的三个层级

如果不导入 PLM，那么这项工作将很难开展。仅将这些类似零件集合起来，在图纸上排序分类，就是一项非常复杂的工作。即便现有的 CAD 上具有类似形状检索功能，也无法将提取对象限定为已有使用实绩的零件。因为不在 PLM 中管理的 CAD 数据并未与件号和图纸编号进行关联。里面被无用的数据和半成品数据所充斥，即便能挑出选项，分类也是一件令人抓狂的事。

涉及自动推荐零件的时候，情况还会更糟糕。在对形状差异进行比较的同时，还会综合考虑成本、适用产品、出货数量、缺陷信息等实绩信息，选出 QCD 综合得分较高的零件。在这个过程中，图纸、CAD 中的形状信息，以及主要存在于 ERP 系统中的实绩信息，都会作为比较的对象。但如果没有 PLM 从旁协助，这些信息就无法串联成一个整体，那么我们面对的就是数以万计的信息碎片了。要想进行整理，就要耗费大量的人力和时间。ERP 的实绩信息之所为非常重要，是因为它属于每日更新的实时数据。从系统中导出并放入 Excel 后，就会失去其实时性的特征了。可以说，这种需要耗费大量时间的工作是毫无意义的。

因此，3D CAD、ERP、PLM 对推动机械专用零件标准化而言，都是必不可少的 IT 工具。

使用 PLM 进行成本模拟示例：劳雷尔银行设备有限公司

PLM 的功能不仅限于提高设计工作的效率，还应包括削减成本，这一点想必大家已经理解了。

我想在此介绍劳雷尔银行设备有限公司的案例。它在 PLM 上安装了一个高速的成本模拟环境，也实现了成本计划的高度性。劳雷尔银行设备有限公司是一家历史悠久的公司，拥有 70 年以上生产货币处理设备的专业经验。

一直以来，该公司在设计结束时，设计预估成本总是会超过企划阶段的目标成本，想了很多办法也无法解决这一难题。

导入 PLM 前，成本的汇总工作对开发负责人来说，是一项极其耗费时间和精力的任务。因此，设计者们虽然在设计的过程中已经认识到了成本的重要性，但也只能等到设计结束才能计算出预估成本，成本管控的延时性已经成为常态。到了详细设计完成后才能发现目标成本超支，于是只能由采购等其他部门想办法解决。然而到了这个阶段，不仅能够采取的措施十分有限，留给大家的时间也不多，所以往往是以达不到目标成本的状态进入制造工程阶段。

于是，该公司希望能通过从计划阶段起就实时掌握成本迁移的方法来解决问题。具体来说，就是实现成本预估的自动化。其关键是实现 PLM 和 CAD 的紧密合作。

该公司首先为新增机械零件创建了一个专用成本表，并按照加工方式进行分类。成本表中包含了成本计算公式，为 PLM 成本预估发挥了后置引擎的功效。在表中输入材料、板厚、尺寸、质量、周长和孔数等设计参数后，会即刻算出新增零件的预估单价。而且，这些参数都不需要设计者手动输入，能够基于 3D CAD 自动填写。

3D CAD 的一个重要特征就在于：3D 模型中已经包含了各种参数。因此，只要机械性地提取出设计参数数据即可。与此相对，如果使用的是 2D CAD，图纸和文字信息将被分开放置，只能通过人工进行关联，也无法提取出设计者没有描述为数值（文字信息）的参数。为了能将设计信息以数据的方式应用于 CAD 以外的系统中，首先要使用 3D 设计的方式。在导入 PLM

第 4 章 通过 PLM 获得成本竞争力

之前，该公司已经开始使用 3D CAD 开展设计工作。因此，只要设计者维持使用 CAD 的设计方式，PLM 就可以实现新增机械零件成本的即时自动计算。当然，即使 CAD 数据中有多个新增零件，也只需要将数据读入 PLM 即可批量计算成本。

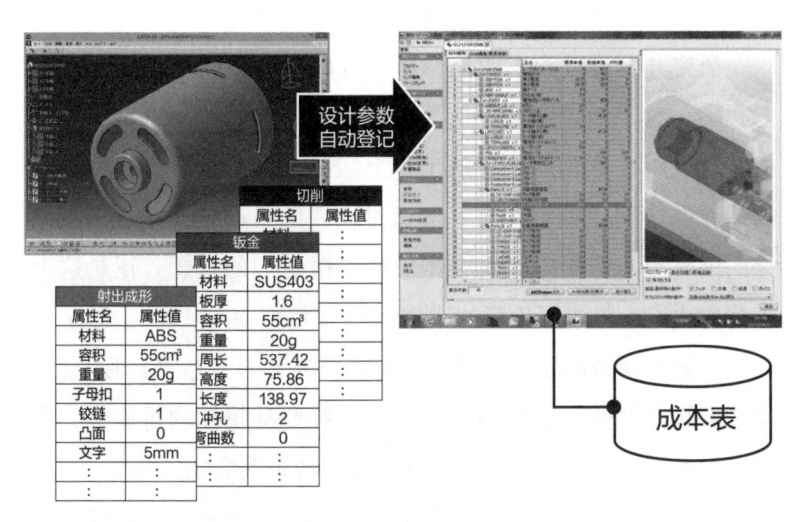

图 4-15 成本模拟示例

这项改革获得了巨大的成果。轻松、迅速地做出成本模拟，让开发者从设计的上游阶段起，就能在设计的同时随时确认成本状态。仍处于"灵活"状态的上游阶段，可以随时采取各种措施来改善成本，目标成本达标率将大幅提升。而且，随着设计者成本意识的不断提升，零件的标准化也会被稳步推进，从而达到削减成本的效果。

这个案例很有启发性。如果将模拟这种"预测"机制导入设计现场，大家一定会对精度目标进行讨论。上述内容是一个成本模拟的相关案例，但 CAE[①] 中也时常会出现类似的讨论，例如构造解析或电磁场解析等。毋庸置疑，想要最大限度地提高精度，就要有充足的信息输入和具备优秀计算能力的计算机资源，最重要的是要有足够的"时间"。

研究开发阶段尚不明显，在交货期被严格限定的产品设计工程中，对"缩短时间"的要求是很高的。而时间这种有限的资源应该用在更具创造性的工作上。于是，该公司决定将自己的关注点放在"速度"上，即通过彻底的自动化，实现模拟结果的即时导出。同时，也放弃了对"精度"的执念。正是这个正确的决定，带来了项目的成功。

在进行模拟的阶段，只需要能够预测是否会达到目标金额。虽然不知道具体会超标多少，但只要看到有超标的可能性，设计者们就会立刻意识到这个问题，并主动采取措施。

此外，成本表也可以体现出零件的成本因素。如果想要采取一些诸如更改板厚和孔径之类的成本削减措施，只要在 CAD 中输入需要修改的内容，就可以立即在模拟中得到计算结果。也可以选择使用类似形状检索功能，用成本更低的既有零件进行替换。在这个成功案例中，是使用 IT 工具辅助开展具有成本意识的设计工作，并且不会增加设计者的工作量。

而且，在实施了这项改革后，设计的生产周期也得到了大幅缩短。该公司表示，某些产品中的新增零件数量甚至可以达

---

① CAE=Computer Aided Engineering，使用计算机的模拟试作，模拟试验。

到 100 个左右，若要手动逐个计算，将会耗费远超出预期的设计工时。这个以削减成本为目的的改革，事实上也带来了溢出效应①。

> **专栏⑧**
>
> ## 近年来的工作环境及 PLM
>
> 受少子化导致的人口减少影响，如今的制造业已经进入劳动力严重短缺的阶段，并由此引发出许多问题，技术和技能传承便是其中之一。在这个空前的卖方市场中，所有的制造商都在烦恼招不到足够的人才。即便招到了人才，许多年轻的工程师也会在工作数年后便提出离职，致使日本的早期离职率一直居高不下。当然，这里涉及多方面原因，其中一个十分重要的因素便是现场环境问题——公司忽略了对年轻人的培养。
>
> 过去的设计现场是一个很锻炼人的环境，资深的工程师偶尔会像对待自己的徒弟般严厉地对待年轻的员工，大家也会在非常宽敞的房间里召开设计评审会，共同思考解决方案。这种有别于上课或研讨会的方式，可以让新人从资深工程师那里学到更多基于实际现场的宝贵经验。然而，人手不足问题剥夺了资深工程师的时间。

---

① 溢出效应：Spillover Effect，指组织在开展某项活动时，不仅会产生预期效果，还会对组织之外的人或社会产生影响。(译注)

作为公司中坚力量的资深工程师们，仅仅应付日常的工作就已经忙得不可开交，哪里还有时间来培育新人呢？因此，年轻的工程师们被放任不管，感觉自己完全没有进步的空间，慢慢开始觉得自己是多余的人。

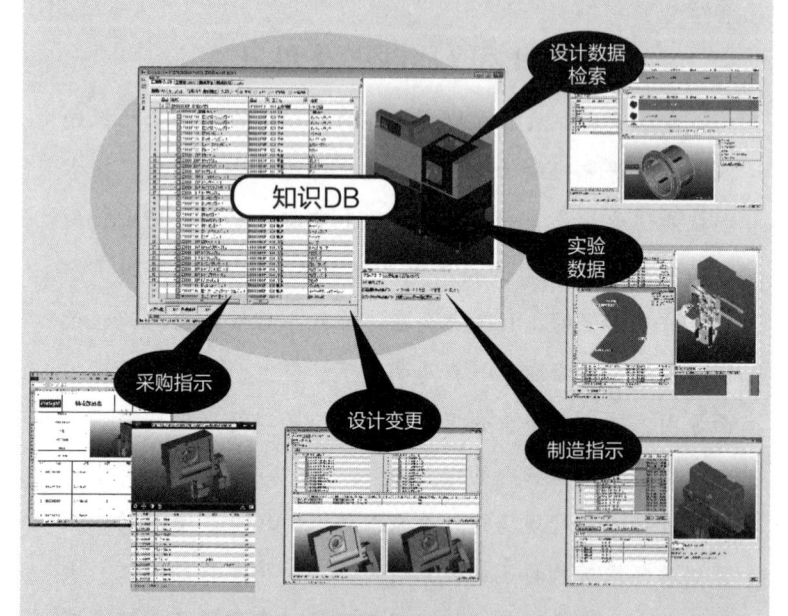

图 4-16　设计资产的数据库（DB）化

PLM 可以为他们提供一个网络的空间，让他们可以通过设计数据进行交流，也可以在这个"大房间"里开展设计评审。IT 环境让人们可以随时随地进行交互式意见沟通。

第 4 章　通过 PLM 获得成本竞争力

此外，由于历史设计资产都存储在结构化、系统化的数据库之中，所以新人们完全可以通过搜索获得专业知识。除了以图纸为代表的内部文档外，设计目的、设计变更理由、实验数据、与供应商间的交流记录等所有的依据都被储存其中，所以年轻设计者们可以轻松地将这些智慧运用到自己的设计中。

与此同时，为了解决劳动力短缺的问题，日本政府也发布了关于扩大引进外国劳动力的方针。在与外国人共事的过程中，交流是不可避免的一个问题。在制造业中，设计信息是通过"图纸"传递的。但是，阅读传统的 2D 纸质图纸需要一定的技巧，而且每个公司的表现方式中都隐藏着浓厚的企业文化色彩。这一障碍不亚于口头交流。3D 设计数据的出现迅速解决了这一难题。3D 的可见性和具体性可以确保准确、稳定的信息共享，有助于留住外籍劳动力。

对固定费用管理的贡献

在上文中，我们围绕成本削减的问题对 PLM 的效果作了一个说明。在材料费用占了大部分制造费用的组装型制造行业中，成本削减才是 PLM 应有的功能。对于这一点，想必大家都能够理解。然而，这并不是全部。到目前为止，我说的都是关于成本中的变动费用削减问题。变动费用与销售额成正比，也被称为"活动成本"。材料费用是最典型的变动费用，不生产就不会产生。那么，对于与变动费用处于对立面的固定费用，PLM是否也能发挥作用呢？

固定费用是指与销售额无关的固定成本，例如人工成本、租金和折旧费用等。固定费用在开始制造之前就已经产生，所以对企业而言，即便不进行任何生产，固定费用也是不可避免的。

在制造业中，与生产量成正比的属于变动费用，但产品种类（产品阵容、机型数量）的增加，往往也会带动固定费用的提升。但和变动费用一定与生产量成正比的情况不同，固定费用与类型数量之间并不存在绝对的关联。也就是说，这是可以实施管控的。积极抑制固定费用增加的方法，就是固定费用管理。

零件标准化的另一个意义

如上所述，若能充分利用PLM的最新功能，零件标准化不仅可以应用于标准外购件，对专用零件也是行之有效的。零件标准化是为了提升既有零件的使用率。对内部生产的专用零件而言，使用量的增加就意味着制造设备的稼动率提升。

说到设计阶段的成本改善，很多人都会专注于单品成本的改善，例如材料变更。但是，如果没有标准化意识，只是一味

第 4 章 通过 PLM 获得成本竞争力

增加在规格上只有略微差异的新零件，就会引发新一轮的模具、设备投资。换言之，固定费用也会上升。可以说，能够抑制这种情况产生的零件标准化举措，无论是对变动费用还是固定费用而言，都能发挥出很大的作用。

在此，我想对认为"零件标准化只对 B to C 这种预估量产型制造业有效"的 B to B 企业（即反对推动内部零件标准化的企业）再次说明：一般来说，少量生产的 B to B 型公司中，固定费用在制造费用中的占比会高于大量生产的 B to C 型公司。如图 4-17 所示，与基本维持在一定水准的固定费用不同，变动费用会随着产量的增加而升高，因此其在总成本中的占比也会逐渐上升。在 B to C 型生产方式中，如果出现了某个热销产品，产量就会一下子被拉升，且无人会考虑到固定费用的问题。与此相对，B to B 型企业的生产量都是依据订单提前决定的，而且这个数量显然少于 B to C 型公司，那么固定费用的占比自然也就高出许多。换句话说，零件标准化对 B to B 具有更明显的效果，因为这种生产方式中的固定费用占比更高。

用于支援固定费用管理的 PLM

在前文中，我们说明了 PLM 通过零件标准化对固定费用管理产生的效用。然而，这只是很小的一部分。近年来，PLM 中添加了一种被称为 BOP（Bill of Process，工艺过程定义）的功能元素。顾名思义，BOP 是用于表达产品的装配或加工制造过

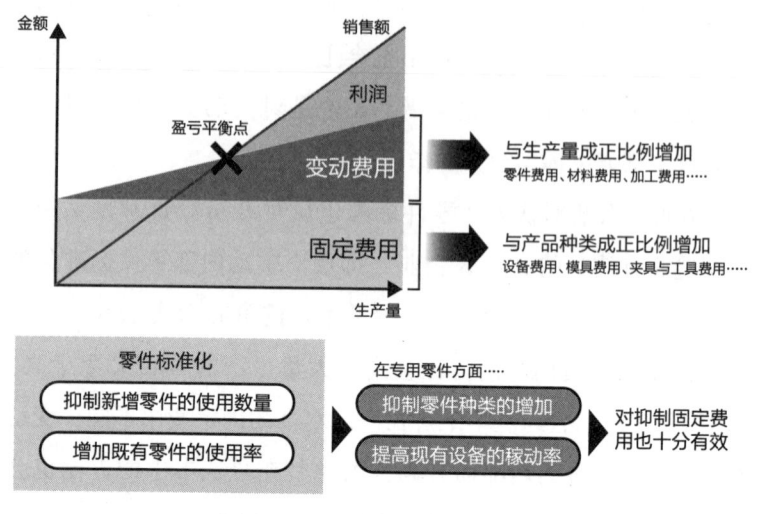

图 4-17　固定费用和零件标准化

程的模块。想象一下工程表就能明白。在近年来的 PLM 中，BOP 功能被视为 M-BOM 的补充功能。其特点在于：可以完善传统 PLM 所不具备的创建生产管理用 BOM 的功能、实现与 ERP 的无缝协作，并能够精确表达制造工程的工艺流程。安装 BOP 功能后，PLM 在固定费用管理领域也发挥出了重要的作用。

在传统的 PLM 中，M-BOM 是与生产的唯一接触点。PLM 中的 M-BOM，是将制造和采购考虑在内的树状结构 BOM。一般来说，是以内外制区分、中间库存等单位来开发单元的。但是事实上，每家公司对 M-BOM 的表达形式也各有不同，并不做统一规定。在 BOP 出现之前，这种 M-BOM 是 PLM 中唯一一种用于表达制造（制造方法）的模块。

第4章 通过 PLM 获得成本竞争力

在固定费用的管理实践中，最重要的一点就是把握制造工程。在设计的同时，也要注意控制新设备的增加，努力提升整个厂区的稼动率和生产能力。要将厂区内现有的设备和工程作为限制条件，尽量采用不增加固定费用的设计方案。

在支持这一理论上，BOP 发挥出了重要的作用。其能够在 PLM 上创建 ERP 端所需的所有输入信息，对既往的 PLM 上没有的生产主数据信息进行管理，也就是传统 PLM 中未覆盖到的原材料、辅料、包装材料等生产管理项目，工厂中的区域划分、货架编号等制造场所信息，以及设备、夹具与工具、模具等资源信息。这些过去在设计部门看不到的制造工程及生产能力，现在都可以在 BOP 上进行查看了。

即使是涉及多个工厂的 KD 式生产方式[①]，也能通过这个方法对全工程进行管控，并对工艺流程进行优化。如果能覆盖到主要供应商的制造工程，即隐性固定费用，就能发挥出最大的效果。这成功地实现了整个制造工程的可视化，以及设备性能 Min-Max 和节拍时间等生产线信息的共享。

使用传统的 PLM 时，用户不得不在脑海中描绘工程图，然后再根据 E-BOM 信息创建 M-BOM。换言之，在 PLM 中创建 M-BOM 的工作，只有了解制造工程的人才能做到。也就是说，只有少数对本公司制造工程，甚至工程流程的指示内容都了如

[①] KD 是 Knock Down 的缩写。所谓 KD 式生产方式，是指将构成产品的所有零件从外国（生产、销售产品的国家的企业）进口，组装零件完成产品，在当地或周边国家销售的生产方式。(译注)

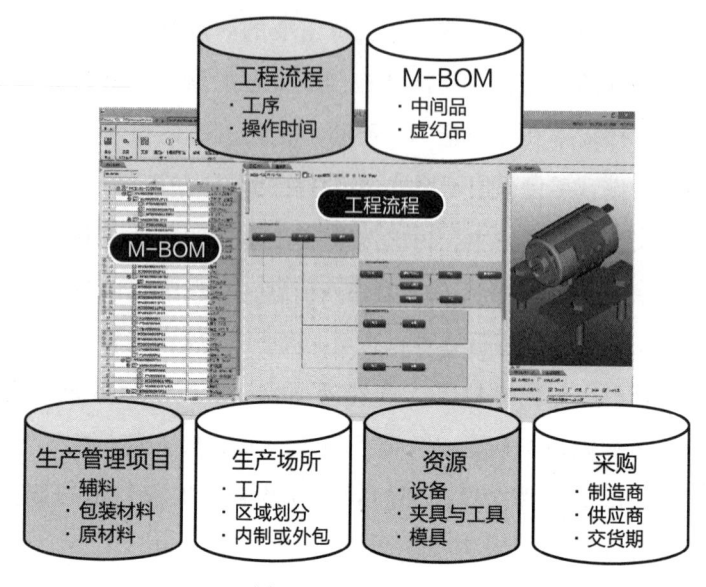

图 4-18 BOP 示意图

指掌的王牌设计者才能做到。就这样，PLM 的 M-BOM 功能只在生产技术部门得到了普及，而大部分设计者依旧只能使用 E-BOM。

"分工"听起来是一件很合理的事，但随着可制造性设计（Design for Manufacturing，DFM），也就是"以制造为中心的设计"这一口号的出现，PLM 早已被视为前端装载的一个部分。不过一直以来这也就是个口号而已。BOP 的出现，终于让它成为现实。

BOP 使用于成本计划后，产出的经营效果是非常巨大的。加入了成本因素后，只要再填入固定费用要素，就能在提升产

第 4 章 通过 PLM 获得成本竞争力

品价格竞争力的同时，对公司的盈利能力，即经营实力产生直接的影响。具体来说，就是从设计阶段开始对因制造方法不同而导致的成本差异进行模拟，以确定最佳配置和工程流程。作为固定费用管理中最核心部分的设备稼动率提升，也会从设计阶段开始进行实践。当然，为了得到更强的市场竞争力，新的设备投资和设计挑战是必不可少的。然而，这要基于经营判断的战略性举措，且应该在考虑固定费用平衡的前提下做出决定。可以说，使用 PLM 进行固定费用管理，是基于经营角度提出的必然要求。

在 PLM 产品上安装 BOP 的利与弊

前文中我们对 BOP 进行了简单的说明，也许某些读者还是第一次见到这个词。对于 PLM 而言，这是一个可以大力提升其有效性的重要功能。尽管如此，这一功能在市场上的普及率并不算高，这是为什么呢？

最大的原因在于，目前仅有部分 PLM 产品中安装了这一功能。那么，未来是否会在所有 PLM 产品中进行安装呢？目前尚无法做出定论。而且，即使是一些号称已经搭载了 BOP 的 PLM 产品，在功能、性能、发展性等方面也存在着明显的差异。在各个 PLM 供应商之间进行比较就会发现，每家公司对 BOP 的重视程度截然不同。

这是因为每家 PLM 厂商对 BOP 的看法各不相同，也就是他们对"PLM 应有功能"的想法是有差异的。

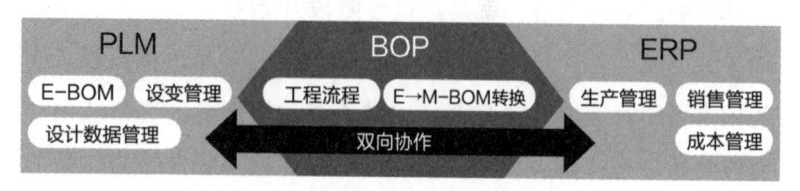

PLM	BOP	ERP
E-BOM　设变管理	工程流程　E→M-BOM 转换	生产管理　销售管理
设计数据管理	双向协作	成本管理

图 4-19　BOP 设计制造的双向协作

将由 PLM 进行信息统计的工程链和 ERP 领域的供应链联系起来，是一个十分重要的命题。在这个设计制造的协作方面，已经出现了非常多的问题。但是，直到现在为止，PLM 供应商还只是用一些如在 CSV 文件中接收和传递设变差异之类的最低限度的定制功能来浑水摸鱼。要解决这个问题，就必须亲自进入生产现场了解状况。为此，对以 CAD 厂商为代表的设计阵营 PLM 厂商们来说，BOP 成了公认的"硬骨头"。

他们可以轻而易举地利用 CAD 的协同优势，建立一个易于设计者使用的稳定系统，但在制造方面，能用于把握其应有功能的参考资料只有设计的"分配内容"。因此，这个阵营中的一些厂商虽然意识到了 BOP 的重要性，但并不具备将其系统化的能力，所以市面上也有一些尚未具备这种功能的产品。

与此同时，也有一个将 PLM 定位为 ERP 前端的 SI 家族阵营。他们将 PLM 视为推动 ERP 有效运行的工具，且具备制造行业的相关经验，所以一直认为开发 BOP 是一件很容易的事情。也就是这个阵营，最终开发出了一种被称作"BOP 替代物"的产品，但一切功能都不齐全，甚至都称不上是 BOP。

第4章 通过 PLM 获得成本竞争力

在这个阵营的经营战略中，ERP 是主体，而 PLM 充其量只是一个辅助。只要看看他们在这个区块中投放的人力就知道了。对于他们来说，PLM 以 BOP 的名义侵入 ERP 领域这种做法，是不可原谅的，因为这对他们来说就是一处禁地。

另一个重要的原因在于，他们对设计工作并未做过深入的了解（与设计阵营正好相反）。这个阵营的 PLM 往往将用途限定在了"设计成果管理"上，很多产品并没有考虑到对设计工作的支持问题。因此，BOP 的作用被削弱，被定位为一种为提升生产技术部门专用 M-BOM 创建效率的工具。

想要 BOP 发挥出应有的作用，开发它的供应商就必须同时熟悉设计和制造双方的工作内容，能站在一个兼顾二者的立场上设计出"应有的设计与制造的协作"。BOP 或许是产品中最能反映供应商立场的功能。

专栏⑨

经济趋势与制造业的改善主题

撰写本书的过程中，日本已经走进了令和时代。尽管中美贸易冲突让许多人都感到了不安和焦虑，但自 2012 年 12 月以来，整体的经济形势还是维持着持续向上的状态。制造业方面，也有不少企业在过去几年做出了不俗的表现。可以说，这是一个很有利于投资的经济社会。

在近年来的各大企业课题中，成本计划可以说是最引人注目、最受人关注的部分。在为制造业策划的各种研讨会中，成本计划研讨会吸引来的人数是最多的，与会人员的热情度也是最高的。此外，在 PLM 讨论协商过程中发布的 RFP（提案委托书）中，也出现了很多以削减成本为目的的成本企划强化方案。

QCD 是制造企业毕生追求的三大要素，但具体要强化的要素，总是会随着时代的变迁而变化。经营层重视哪一方面，就会以投资的形式表达出来。所以，现在大家最关注的显然是成本要素（C）。

历史上，在受到雷曼冲击而导致全球经济衰退期间，质量（Q）一直是许多日本企业关注的重点。因为当时的传统商业模式处于崩溃的边缘，所有人都在摸索："我该生产什么呢？"尤其是在全球市场，中国和韩国制造商的崛起，以及其他行业的不断入侵，加速了 Made in Japan（日本制造）的衰弱速度。

在这种情况下，唯一能做的就是利用先进的技术能力生产出具有高附加价值的产品，实现差异化，从这场消耗战中抽身而出。市场低迷自然会让设备投资进入寒冬期，但即便如此，经营者们还是做出了许多与质量（Q）有关的决策。

这也在 PLM 供应商收到的提案委托内容中得到了充分验证。当时的所有 RFP 中能都看到"高附加值"这个词

第4章 通过PLM获得成本竞争力

(这里的"高附加值"不是经济方面的含义,而是处于商品化对立面上的竞争差异化,即吸引用户购买的价值)。

这是面临困境时扬长避短的方法,因为我们总要在自身的优势和短板中做出方向选择。于是,很多企业都选择了发挥自身优势,最终确立了日本产品的安全、安心、高可靠性的品牌价值。

而现在,我们对日本产品的评价就变成了"物美价廉"。就像广告中所说的:"买到就是赚到!"这种趋势不仅出现在了B to C型产品中,B to B型的产品也是如此。因此,销售从不是问题。没有了销售的后顾之忧,经营者们便开始专注于利润了。为了追求更高的利润,他们对削减成本(C)产生了浓厚的兴趣。生产阶段的成本削减似乎在经济衰退期就已经江郎才尽了,所以如果想找到更多的可能性,就只能从上游的设计阶段中进行寻找了。这也是人们对成本计划越来越感兴趣的原因。

经济出现小幅波动时,大部分公司尚能勉强对应,但一旦出现激烈的起伏,许多公司便会惨遭淘汰。当前的繁荣终有一日会走向衰退,形势也会再度严峻。如今的努力,都是为了迎接未来的考验。无论在任何情况下,只有从不放弃高度化,时刻不忘增强自己"腰腿部"力量的公司,才能适应环境的所有变化。

图 4-20　从质量到成本

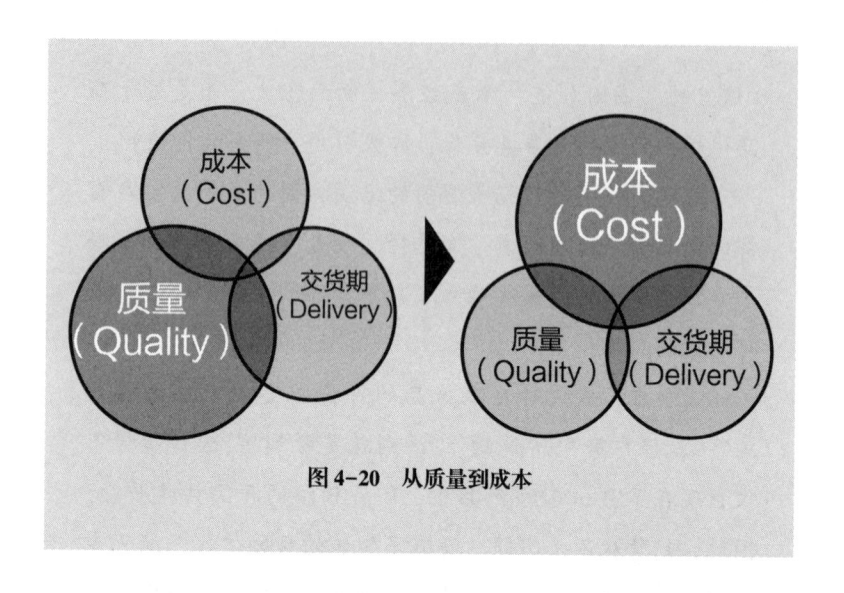

BOP 指导下的真正的协作工程

"协作工程"听起来有些"陈词滥调"。确实，与当今制造业方面的 IT 热词（IoT、AI、Industry4.0、DX、RPA 等）相比，这个词显得有些老旧。但是，放眼当前的日本国内制造环境，虽然一直在持续推行高度化，但依旧没有一个词可以准确表达出协作工程这一基本问题。

不知道各位读者朋友有没有见过已经以理想的方式建立了协作工程的制造商呢？所谓理想的方式，就是设计者在自己的工作阶段已经考虑到了后工程的情况和可能出现的情况，与此同时，制造和采购可以共享到设计阶段的所有数据，并能从设计的上游阶段开始提出价值分析（VE）提案。

第4章 通过 PLM 获得成本竞争力

日本制造业的强势之处就在于协调性。然而，当每个部门都导入了可以提升工作效率的 IT 工具后，安全性是得到了提升，但"协调性"的这一优势也会随之丧失吧？这种由 IT 引发的分裂，只能靠 IT 来解决。当然，我不反对为每个部门建立系统。专业的系统，对提升日常工作和生产性效率而言，是至关重要的。一些公司希望建立一个最大公约数型的内部统合系统，但事实上这是对所有人都发挥不出多少效果的无用功。

正确的做法是将单独优化的系统进行有机串联，从而创造出一个在所有阶段都可以获得有价值的数据的环境，且不存在缺失或过量的数据。BOP 是一个具有极高价值的功能模块，通过将 PLM 和 ERP 进行有机的高度结合，可以实现真正的协作工程。

在 BOP 出现之前，出图为止的阶段属于 PLM 的管辖范围，出图之后的阶段属于 ERP 的管辖范围，一般对协作工程的理解就是将这分开的二者进行串联。但，这是对的吗？如果将这两个系统分开，那么它们的接触点就仅限于将设计结果作为安排数据接收和发送出去的生产移管阶段了。双方都有很多值得分享的有益信息，一旦分割开，这些数据就只能被保存在各自的部门内了。

BOP 可以在全流程上促进 PLM 和 ERP 的协作，构建一个可以双轮并进推动制造业的经营管理体系。在生产过程中呈相互交叉状的 PLM 和 ERP，如果能在整个生产过程中实现相互协作、螺旋上升，就是最理想的状态了。如果导入 PLM 的目的除

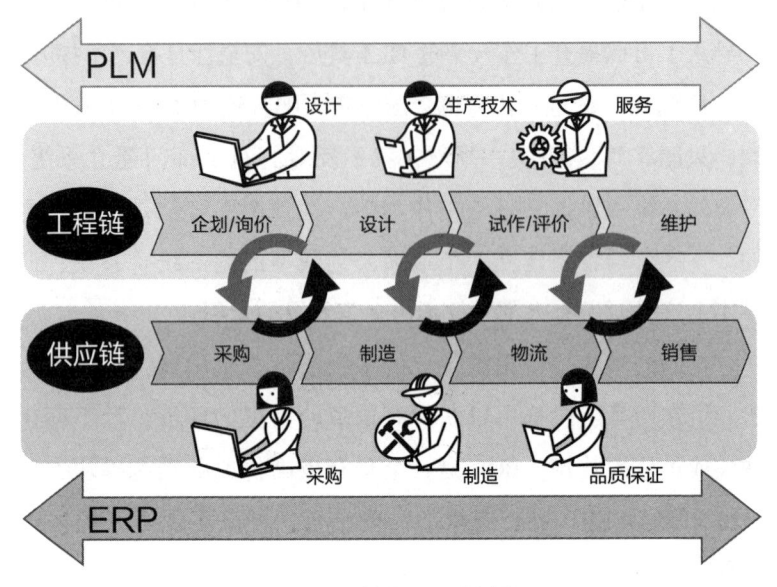

图 4-21　协作工程示意图

了提升效率外，还包括让经营提升一个层次，那么基于 BOP 的完成度或发展性的产品评价，将会成为一个有效的判断轴。

从成本计划开始的 PLM

成本计划正是基于 PLM 和 ERP 之间高度协作实施协作工程的起点。在设计上游的成本计划中，实现了二者的紧密协作后，就可以从 ERP 中获取实时成本信息并进行模拟。确实，即使没有 BOP，理论上也可以做到这一点，但问题是事实上并没有多少公司真正做到了。原因就在于上文中提到的两个系统之间的

第4章 通过PLM获得成本竞争力

协作接触点。一般来说，只有在设计完成后移交给生产的那个时间点，二者才会实现协作。而在设计上游阶段未确定的构成信息和制造工程中的实际成本信息，都是远离这个接触点的数据。就现阶段而言，既没有连接它们的想法，也没有连接它们的机制。然而，做好这一信息协作，是可以让成本计划取得巨大进步的。如果能在BOP上进行工法的讨论或实现对生产状态的把握，就能最大限度地发挥出前端装载的效果。利用如今的IT技术，是完全可以构建出这种环境的。

PLM和ERP并驾齐驱型的经营管理系统，将以成本计划阶段为起点，在此后的整个生命周期中进行有机运转。从这个意义上来说，我们也应该从成本计划开始，将使用了BOP的协作工程纳入业务流程之中。此外，从字面的"Product Lifecycle Management系统"来看，如何让其覆盖EOS（End of Support，终止支持）为止的全过程，将会成为今后亟待解决的问题。

经营管理系统的升华

近年来，越发多样化的客户需求和快速发展的技术水平，都促使了产品寿命的不断缩短。与此相对，成本率恶化导致的投资回报期延长的问题也越发严峻。达到盈亏平衡点的时间被逐步拉长，而商品的贩售时间却越来越短。尽管经济形势一片大好，但很多企业家还是面临着投资回报难度越来越大的问题。

如本章所述，以固定费用管理等为对象的成本削减活动可

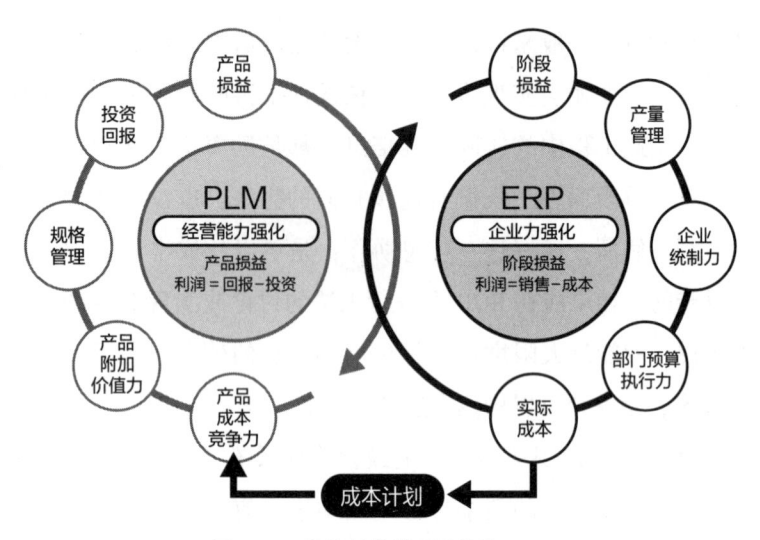

图 4-22 作为经营管理系统的 PLM

以缩短盈亏平衡点的出现时间。可是，有没有一种可以实时监控产品发布后的投资回报情况的机制呢？

当前的 PLM，在产品生命周期的后工程中能发挥积极作用的阶段，大概就是对维护服务运营的支援了吧。这是一个适用于服务 BOM 和维修零件运营等的示例。但是，这也只对售后服务本身有支援的作用，并无其他功能。

理论上，PLM 应该承担起产品损益评估，也就是产品开发项目的管理会计的责任。PLM 具有项目管理功能，可以管理产品信息在时间轴上推移的预期与实际的对比结果。但目前的项目管理运用只停留在了出图前的阶段，最多也不过延伸到订单生产型公司的交付（安装）阶段。所以应该将这个运用时间延长到 EOS，即产品生命周期结束为止。当然，想要达到这个目的，仅靠 PLM 的信息是远远不够的。产品在发布后的很长一段时间内会出现各种各样的事件，例如故障维修、打折促销等。PLM 最大的问题在于：没有"量"的概念（生产量、出货量、销售量等）。为此，与 ERP 的有机协同运用是必不可少的。做到这一点后，PLM 才真正成为一个经营管理系统。

使用阶段损益管理，可以了解到此前无法得知的产品阶段的盈利能力。但是，单纯的追踪是没有意义的，还是应该从企划阶段起，就为整个生命周期做出一个利润控制方案，并将其置于 PDCA 循环中，在监控过程的同时采取措施。

面对瞬息万变的市场，现场部门有时必须被动地迅速做出决策，但经营者必须具有大局观，制定出具有前瞻性的战略。此时，实时性，也就是速度，是最重要的。为了做到实时性，首先要将与产品相关的所有信息全部转化为"数据"，构建数字化流程链，以保证系统、机器和设备都具备可读性。

IT 将成为增强市场竞争力，也就是经营能力的有力武器。想必现在没有人再反对这一点了吧。为了充分发挥其潜在能力，除了信息系统部门外，实际操作的工程师及经营者也要从讨论、导入的阶段开始就积极参与。只有这样做，才能提升 IT 熟练度，并最大化地提高投资回报效果。

AI 在 PLM 领域的应用

毫无疑问，AI 将对未来的工作方式和生活方式产生重大影响。或许到了2030年前后，人类的生活就会被它包围。在制造业环境中，从IoT中获取大数据进行分析，以及通过深度学习实现在外观检查工程中的劳动力节约等方面，AI的使用都受到了很大的关注。毫无疑问，AI在很多领域中都得到了充分利用，但我主要是想验证一下它在PLM领域的运用。

就本书的内容而言，我希望它首先能运用到成本表的构建之中。从3D CAD和ERP获取数据后，成本模拟所需的信息就基本齐全了。制造工程也可以用BOP来表示。在当前的IT环境下，用于AI学习的教材数据已经十分丰富了。

针对3D模型，劳雷尔银行设备有限公司正在尝试使用机器学习从模型中提取的特征向量、容积、投影面积、重心等数据信息与成本的相关性，从而推算出新增零件模型的成本。虽然目前还处于研究阶段，但树脂成型品方面已经逐步取得了预期的结果。

如上所述，许多公司是依靠资深员工的专业知识进行成本估算的，而且每个人计算出来的结果也未必相同。在依赖特定人员的业务流程中，生产力的提升空间非常小。与此相对，劳雷尔银行设备有限公司等已经建立了成本表，并制定了属于自己的成本计算标准。这当然是理想的状态，但中途的道路也是十分险峻的。

站在成本的角度，为设计、制造、采购之间的关系进行建模，继而分析哪些设计参数会对成本产生影响，充分利用每个产品的每个要素进行多元分析等统计处理。如果手动完成这一系列工作，需要花费很多的精力。但如果使用机器学习，并且

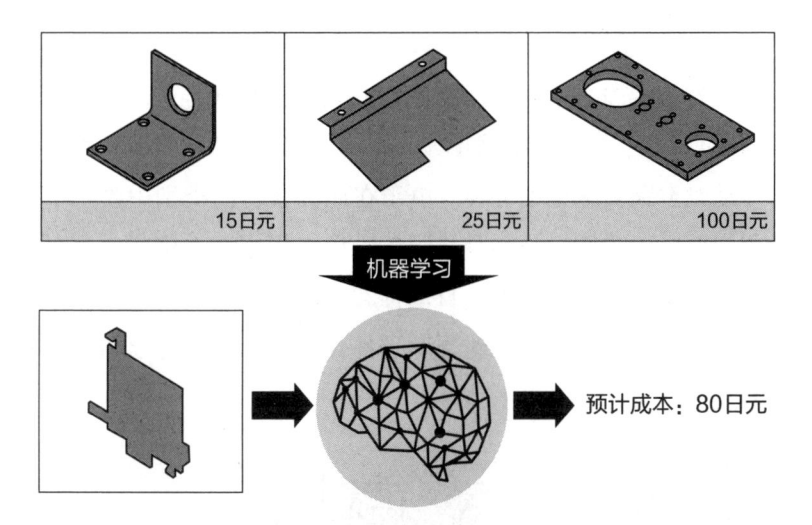

第4章 通过PLM获得成本竞争力

图4-23 基于AI的成本估算

通过聚类等方法来确定设计要素对成本的影响程度,那么成本表的构建速度就可以大大提升了。

而在成本表的运用过程中,最重要的并非估算的准确性。我们总是希望能通过对AI的使用提升预估金额的准确性,但"价格"这种东西,受供应商经营业绩和经济形势等外部因素的影响是十分巨大的。从技术上来说,确实可以让AI同时对这部分情况也进行预测,但实际上没有一家私营公司可以做到仅凭一己之力就准备好所有的学习数据。

最重要的是强化技术能力,让作为成本驱动因素的参数在品质和成本之间找到更好的平衡点。例如,一直以来只要板厚低于10mm,成本就会增加,那么我们就应该找到一个可以将阈值范围扩大到8mm的技术。这与AI无关,是转动成本削减的

PDCA 循环的要点。

此外，零件的标准化和通用化也有望通过 AI 推进。基于零件的 3D 形状、属性、搭载单元的 BOM 信息，可以使用机器学习自动对类别实施详细分类。由于在此处获得的类别中收集了具有相似形状和用途的零件，因此系统会根据成本信息、库存数量、不良率等实绩信息，自动推荐适合每个类别的零件。只要能基于合理的判断来更新推荐零件，就能产生可持续的成本削减效果。

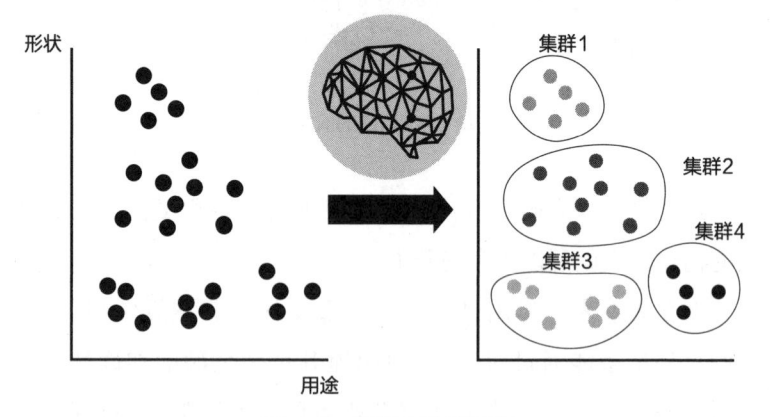

图 4-24 聚类分类示意图

这同样可以应用于工程设计。BOP 运用一经确立，CAD 数据、E-BOM、M-BOM、工程流程、ERP 组合数据等都会被积累起来。BOP 的出现，相当于在 PLM 中安了一个虚拟工厂。工厂产能被数字化以后，就可以将此作为限制条件。将 CAD 数据和 E-BOM 作为输入数据，将有实绩的工程流程作为教师数据进行学习，就可以实现能动态生成工程流程和 M-BOM 的 AI-BOP

第4章 通过PLM获得成本竞争力

了。若在此处将不良品率作为教师数据展开机器学习，还可以在设计阶段执行制造品质的模拟。此外，在选择供应商时，在不断学习交货日期、制造品质、原材料价格等项目的供应商数据后，就可以根据实际情况自动选择供应商了。

当然，最佳工程也会随着生产量的变化而改变。以往需要生产技术者在脑中实施的工程设计，如今已经可以运用AI手段轻松实现了。通过自动生成工程流程，除了模拟单一产品外，还可以模拟多个产品同时在生产线上流动的情景，从而实现大规模的生产计划。此外，通过与MES（Manufacturing Execution System，制造执行系统）的协作，可以根据情况的变化做出让设备稼动率最大化的计划。相信其在固定费用管理方面也会产生很好的效果。

专栏⑩

基于工时削减的ROI（投资回报）陷阱

导入PLM需要很高的投资费用，在构建时也需要投入一定的资源，因此需要由经营层面进行决策。在向经营者汇报的时候，导入负责人一定要对导入PLM后的效果进行说明，对ROI的诠释方式，直接关系到经营者会做出什么样的决策。古人很讽刺地将这种行为称为"王婆卖瓜"，但这是一个不可避免的过程，许多负责说明的人都对此感到担忧。

在导入IT系统时，很多导入负责人都会以削减工时为理由。我见过很多类似的情况，但说实话，我觉得用这个理由很难说服经营者。

"导入该系统后，设计部门的年工时数可以降低××人月①。我们公司的人月单价为××万日元，所以每年的导入效果就是××××万日元。"

经营者在听到这样的说明后，十有八九会提问：

"那么，我们可以裁员几个人呢？"

然而，负责人往往没有裁员的计划，因此会给出"员工人数不会降低，但导入这个系统可以降低非生产性工作的时间，因此大家可以将这些时间花在其他创造性的工作上。"之类答非所问的答案。但经营者听到这个回答后，一定会想："如果这样，那导入后到底能产生多少效益呢？"

减少时间意味着人工成本的减少，所以经营者这么联想也是完全合乎常理的。如果人工成本不变，那到底有什么效益呢？只是让设计者更轻松一点儿吗？没有任何经营者关心的销售额或利润方面的效益。简单来说，就是没有击中对方的需求。我认为用"削减"的说法，本身就是一个问题。因为这个词不能给人带来积极的感觉。

---

① 人月：工作量的计量单位，项目所有参与者工作时长的累计。(译注)

第4章 通过 PLM 获得成本竞争力

改变一下视野如何？不用"削减"，而用"增加"作为效果指标。也就是说，不要将"削减工时"作为阐述的重点，而是应该突出提高组织生产性带来的产出增加。例如，我们可以这么说：

"导入该系统之后，设计部门的生产性将提高8%。目前共有50名设计者，提升8%后也就相当于增加了4名员工，所以导入的效果就是4个人的人工成本，即××万日元。"与削减工时相比，这会给人带来更积极的感觉。对一家经营很好的 B to B 型公司而言，可以采用以下的说明方式：

"导入该系统之后，设计项目能力将从每年××件增加到××件，销售额就可以提升××%。"

对一家订单饱和的公司而言，这无疑是一个十分有吸引力的投资建议。

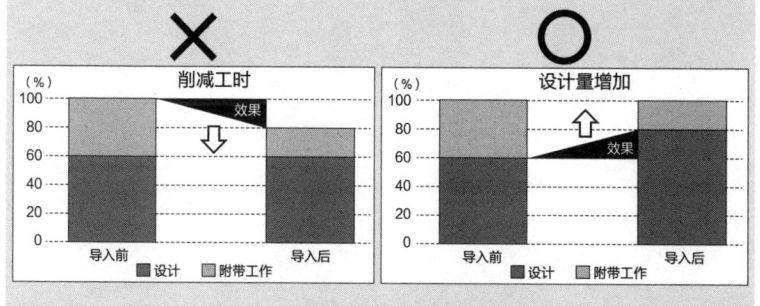

图4-25 用"增加"替代"削减"

虽然无论哪种说明，最终的目的都是削减工时，但"增加"和"增长"的积极说明会促使经营者做出"投资"的决定。转换成金额后就非常直观具体了，也就能更容易地得到经营者的核准。上层表达了期望和兴趣后，项目就可以顺利开展了。经营层的支持对项目执行来说是非常重要的，所以得到他们的期待和关注是再好不过的一件事了。稍微转变思路，就能提升通过率了。

第 5 章

基于设计、制造、会计协作的产品经营能力强化

第 5 章　基于设计、制造、会计协作的产品经营能力强化

前面我们说过，80%的产品成本是在设计阶段确立的，但大部分的成本是发生在制造阶段以后。也就是说，如果不了解制造过程和成本产生的机制，就不可能在设计阶段确定合适的产品成本。但是，我们在第 4 章中也曾说过，这么做的前提是设计和制造信息需要得到很好的串联，但就现在的情况来看，是基本没有做到的。最重要的原因在于，大家都非常不愿意提到"成本"。然而，成本信息的可视化又恰恰是连接设计与制造信息的关键之处。无须喜欢上"成本"，重要的是将成本信息当作一种经营工具并加以合理使用，最终实现公司的战略目标。设计和制造之间的沟通被激活后，就可以在短期内进行更多的估算、方针讨论，以及设计和制造的改善工作了。通过这样的积累，产品的经营能力定将得到提升。

在本章中，我们将通过具体案例，说明通过"成本"的可视化将"设计"和"制造"串联起来，以加强成本计划能力和产品经营能力的方法。

首先，我会对近年来制造环境的变化作一个简要的说明，再用具体的例子，加深对"可视化"和"成本信息"作为改革工具的作用和有效性的理解。其次，我会对有效利用"可视化"和"成本信息"并取得成果的制造业案例进行分析，找到正确的使用方法，并从设计、制造、会计协作的视角对产品经营能力提升的方向进行整理。最后，我会介绍设计制造信息联动的各种使用案例，找出设计制造信息的本质，以供制造业的所有部门使用。

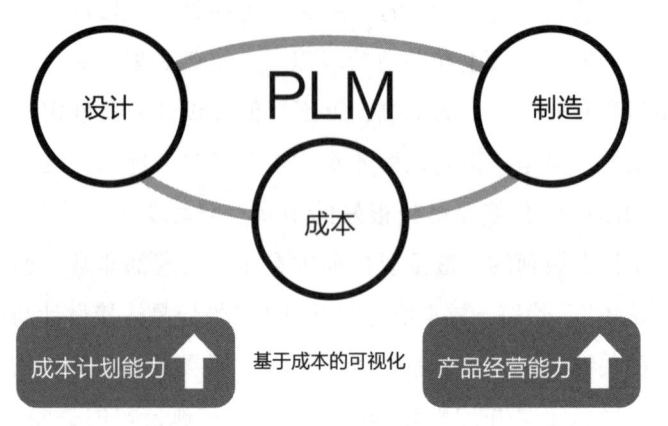

图 5-1 将"设计""制造"与"成本"联系起来，提升成本计划能力和产品经营能力

从"年产 1 颗"变成"周产 15 颗"的改革

首先，我想通过具体的例子回顾一下近年来制造环境的变化情况。人造卫星制造商 One Web Satellites 宣布其佛罗里达工厂"PRODUCTION CAPACITY = UP TO 15 SATELLITES PER WEEK"（每周生产 15 颗人造卫星）。一般而言，人造卫星需要花费一年以上的生产时间。然而，One Web Satellites 居然将自己的目标提高到"周产 15 颗"的水平。这家制造商的主要产品是小型人造卫星，不过技术成熟后，理论上也可以运用到大型卫星的生产之中。

第四次工业革命缩短了制造业的产品生命周期，也缩小了产品的批量生产规模。其中，资本的效率成为更重要的因素，

第5章 基于设计、制造、会计协作的产品经营能力强化

传统的"损益＝销售额−费用"的观念已经转变成了"损益＝回报−投资"的观念了。实际上，现在已经形成了一种短期型的商业模式，即尽可能减少初始投资，缩短生产时间。

为了应对这个社会现状，应使包括设计、制造、销售服务等所有领域都达到最合理的状态。生产现场再优秀，也不可能单纯依靠工厂内的改善，就能将生产率从一年1颗提升到每周15颗。只有在开发和设计方面下功夫，才有可能实现一周制造15颗的飞跃提升。

阻碍变革的沟通障碍

制造业中的第四次工业革命大致可以分为两个方向：一个是利用智能工厂等IoT（Internet of Things，物联网）提升内部效率，改进和扩展制造方式。具体表现为"大规模定制化（高效响应客户个性化需求）"和"实现自主型工厂"。另一个是"制造业的服务化"。这是在自己的产品成为物联网产品后出现的转变。如今已经从将传感器和通信机制植入产品，实现与销售产品间的信息交换的"物"型商业模式，转变成逐步推动结合了基于产品中的数据进行服务的"事"型商业模式。于是，便出现了多种新的数据业务形式，例如在故障发生前就对故障进行预测的维护服务和基于产品数据的咨询服务等。

然而，成功实现这些变革的制造企业并不多。无论朝哪个方向发展，跨部门的协作问题都是不容忽视的课题。日本制造

业拥有强大的"现场力",现场的改善能力和解决问题的能力可以说都位于世界顶尖水平。可是,随着权责委让的不断推进,各个现场部门手中都掌握了足够的权限,跨部门间的协作和变革开始变得越发困难。于是,IT系统也逐步成了各个部门内部的工具,每个部门都只对自己使用的部分做了优化。

但是,以上面提到的One Web Satellites为例,想要缩短从设计到制造再到出货的整体时间,就不能将设计领域、生产系统和生产方法分开考虑。整合从设计到制造再到销售服务的各种信息后,综合考虑如何降低整体的生产周期,找到消除瓶颈的根本解决方法,从开发设计的上游阶段进行改善和改革,这才是最合理的做法。为此,我们需要一个可以统合和管理从设计到制造、销售服务的所有数据,并使之可视化的IT系统。

例如,一个自主型的工厂在接到订单后,设计现场的设计变更指令就会马上转变成制造现场的制造变更指令等,在订购零件的同时,无论是在系统层面上还是在物理层面上都可以同步实现最佳生产。这才是最理想的状态。如果我们把这个视为一个系统,那么PLM(产品生命周期管理)、ERP(核心信息)、SCM(供应链管理)、MES(制造执行系统)等多个系统之间就必须实现无缝对接。

与此同时,如果想要利用基于产品的数据,设计部门、制造部门和服务部门就应当通过PLM等系统对产品数据进行共享,获得的数据也应当与各自的CAD、MES等系统中的数据进行连接、分析,从而得到新的知识。

第5章 基于设计、制造、会计协作的产品经营能力强化

这种跨越部门和系统的协作，是实现新一代制造方式、维持竞争力的基本要求。而且，实现系统间的协作是一种方法，而非目的。加强部门间的沟通，有利于创造价值的最大化。如果不能解决系统之间的协作问题，那么日本制造业想要达到真正的沟通顺畅，还有很长的一段路要走。我希望大家都能予以重视并采取合理的解决方法。

基于数字化和可视化的改革

如何才能冲破这个阻碍制造业改革的沟通障碍呢？一是数字化，二是可视化。设计部门在数字化方面尤其落后，其是最先导入 CAD 和 CAE 的，乍一看好像已经实现了数字化，但细细琢磨便可明白，无论是设计图纸、结构计算书还是规格，其都还在使用"图片和文字"进行表示。这里就会出现一个根本性的问题："图片和文字"不是数据这一数字信息，所以一旦离开人力就无法继续工作。我常听人说，设计信息数据对其他部门而言，基本是用不上的。

日本的制造现场可以灵活应对这种方式，所以即使设计信息没有被数字化成数据也不影响具体的工作，这是日本企业的优势所在。但随着设计变化的不断增加和产品寿命的不断缩短，如果一味地依赖人的力量，日本企业将很难适应这一社会趋势。所以，企业要大力推动设计信息的数字化。数字化会加速工程链的统合及自动化，也可以促进与其他部门间的协作。

此外，数字化后的效果也不容忽视，即前文中提到的 IoT 和 AI 的作用。设计信息实现数字化后，后续在制造或销售阶段出现关于产品数据的反馈时，就可以对设计值和实际值，即计划和实绩进行对比了。有对比，才能有反思。反思是 PDCA 循环改进的基础，有利于产生新的改善、改革和商业创意。

通常情况下，利用 IoT 可以收集到数量庞大的数据，我们称之为"大数据"。但在使用方面，与人类单独创建数据的方式还是有着很大的差别。此外，AI 不仅可以利用大数据实现分析和预测，还可以自动基于结果给出建议，今后也会成为推动实时控制自动化的主力。

从 CAD 图纸中自动提取各部分零件的尺寸并建立数据库，或是基于规格自动绘制 CAD 图纸等功能已经完全可以实现了，但并没有太多公司真正开始使用这些功能。这可以帮助企业从个性化的设计工作中脱身，将设计信息转化为可供后工程和全公司使用的数据。此外，利用这些数据推动设计工作的自动化进程，是以第四次工业革命核心国——德国为中心的工业 4.0 和以美国为中心的工业互联网活动的先决条件。

除此之外，数字化带来的超越时空的效果，也是非常引人关注的。不仅如此，它还具有可视化的作用。

超越时空的虚拟"大房间"活动

数字化可以冲破空间和时间的阻碍。我们以"大房间"活

第5章 基于设计、制造、会计协作的产品经营能力强化

动为例来验证效果。"大房间"活动指的是设计和制造等部门的人员打破部门墙，聚集在同一空间内共同创造产品。在设计工程等工作中，"前端装载"的价值备受人们的重视，我们一直在努力地将对品质、成本、交货期（QCD）的讨论和评估提前到开发初期，希望尽快生产出符合市场需求的产品。"大房间"活动不仅限于设计部门，希望企业让包括制造和采购部门在内的其他部门人员都参与其中，通过在同一个大房间内的密切沟通，实现效果的最大化。设计、制造、采购等所有部门齐聚一堂，可以带来诸多好处，例如从根本上对从设计到生产的全阶段效率提升问题进行讨论、提升 QCD 讨论和评价的速度及精度、在有限的时间内尽量增加 PDCA 循环的次数等。

但是，如果在物理层面上开展"大房间"活动，除了会受到房间大小的限制外，讨论的范围也十分有限，例如只能针对某一产品展开讨论。随着国际化和分工化的不断发展，设计部门和制造部门可能需要跨国交流，所以很难真正聚集在同一个物理意义上的房间中进行讨论。

但是，如果能在数字空间中进行这种"大房间"活动，就能摆脱这些限制条件了。我们可以从单个产品相关的"大房间"，转变为跨产品的"大房间"活动。而且无论是设计部门还是制造部门，即使是在国际化、分工化、去中心化的世界中，也能轻而易举地跨越时空，随时随地进行"大房间"活动。在这里，各个部门的知识和创意都会被作为专有技术积累起来，成为未来工作的参考。这样一来，我们就可以不受产品和时间

的限制，随时取用不断累积至今的宝贵的知识、创意或专有技术等知识资产了。特别是近年来，随着 AI 等技术的不断发展，已经可以做到根据历史评价、讨论、品质、投诉等累积信息，做出提醒、建议和警示了。使用这些信息和技术可以促进人们基于丰富的经验展开讨论，从而不断提升产品的性能。

图 5-2　国际化、分工化、去中心化时代下的跨产品虚拟"大房间"活动示例

可以改变行为的可视化

在导入 IT 系统之际，我们常会见到"可视化"这个关键词。但是，即便我们真的能看到，也只是看到了而已，并不会发挥出什么特别的作用。事实上，人类时常会因为"看到"而导致行为出现变化，行动效率也会得到提升。可见，"看到"发

第5章 基于设计、制造、会计协作的产品经营能力强化

挥的作用还是十分显著的。

想要做到这一点，只需要做出一点小小的努力。这个努力决定了只是单纯实现可视化，还是可以将其作为促进改革提升效率的工具。接下来，我将通过两个具体的事例来说明"可视化"将如何改变人类的行为，以及有何意义。

这两个例子有一个共通的特点，即都是以与实际行动和事件相关的金额为对象，也就是"可视化"的目标都是"成本"。至于为什么会选择将与实际行动和事件相关的金额可视化，我会在事例的下文，也就是"成本信息是一种战略沟通工具"（详见216页）中进行解释。

■ 通过可视化手段降低库存的事例

只要去制造现场走一走，就能意识到库存的问题了。大家都知道库存量越低越好，所以库存的可视化也总是被人们挂在嘴边。那么，可视化后就能降低库存了吗？如果单凭可视化就能降低，那早就降低了。即便我们利用 IT 手段看到库存，也掌握了具体的位置和内容，那也不过是能看到而已。

但是，如果我们能在查看库存的同时，明白这些库存是在将来也有用的库存，还是单纯的无用库存，那效果是不是就完全不一样了呢？除了当前的库存数量外，还要明白什么时候才会用到它们，或是将来都不会再用了，也就是要明白这是有益库存还是无用库存，以及分别占了多少数量。而这些都可以通过 IT 的手段实现。

我曾见过某家仅零件库存就接近 40 亿日元的制造企业，但

实际上，这些库存有一半以上都是可有可无的零件，根本不会对实际的生产造成影响。通过库存分析，经营者也意识到了这一点。后来，该公司展开了一场自上而下的系统性改革，每次在系统上查看库存时，都会显示出将近 20 亿日元的无用零件库存。图 5-3 对项目进行了具体分类，并显示了每个项目的数量，让我们可以更直观地看到库存情况。

现场的负责人每次在系统中查看库存时，都会觉得"情况很糟糕"，于是在经过多方研究并采取措施后，最终在半年内成功地将系统判断为"无用"的库存降低了一半，也就是 10 亿日元。实际上，在系统中设定为安全库存和循环库存的部分也有一些是不会在近期内使用的，这部分相当于无用库存，完全可以先清除。

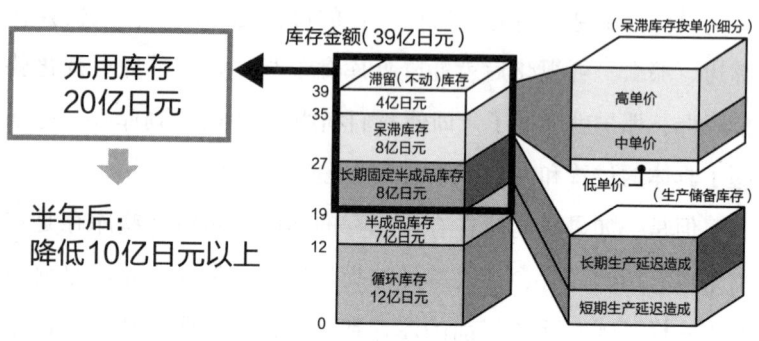

图 5-3 促进库存降低的"可视化"示例

这个机制有三个要点：其一，通过对无用库存的可视化，抑制不必要库存的再次增加。对已增加的库存进行可视化，可

第 5 章 基于设计、制造、会计协作的产品经营能力强化

以跟踪到具体的项目,验证形成原因并进行反思。反思的内容可以在后续的生产计划和采购活动中得到反映。

其二,是可以看到金额。系统的改变也是一个触发因素,但同时出现"无用"的标签和金额后,就会向现场传递出一个重要的经营信息——该降低金额了。而且人的注意力是有限的,总是习惯于按照金额高低来明确优先处理顺序,所以金额的可视化有助于提升经营管理效果。

其三,这大概可以算是一个附加效果吧,生产现场一旦出现零件短缺的问题就要立刻停线,因此大家都喜欢备足库存,防止停线。然而,库存一旦增加,生产周期就会相应延长。这与本书内容略有偏离,所以我在此不作详细说明,但还是想请各位明白一点:减少库存有助于缩短生产周期、提高工厂吞吐量。这个附加效果也可以算是可视化的一个作用。

■ 利用可视化改善采购成本的事例

我再举一个关于采购价格的可视化案例,同时也是一个非常直观易懂的案例。这是一家拥有多个工厂的公司,虽然导入了集成性信息系统,但每个工厂之间并未实现数据共享。

某一天,经营层在查看某个零件的价格时,提出了要同时显示所有工厂价格的需求,于是该公司开始对系统进行修改。这原本就是一个集成系统,所以在应对方面并没有太大的难度,只要罗列出来,哪个工厂的单价高、哪个工厂的单价低就一目了然了。

具体来说,假设 A 工厂采购到的零件成本更低,那么 B 工

厂的负责人在看到这个数据的时候就会觉得"不妙"了。于是，B工厂的负责人连忙展开研究、采取措施，大约在三个月后，就降到了与A工厂相当的价格水平。更有趣的是，在那之后，A工厂和B工厂又同时进一步降低了采购价格（图5-4）。

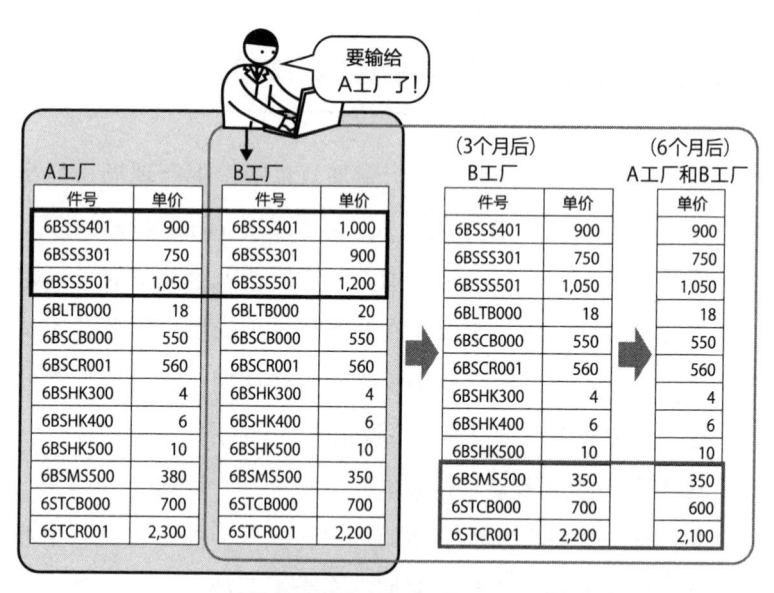

A工厂		B工厂		（3个月后）B工厂		（6个月后）A工厂和B工厂	
件号	单价	件号	单价	件号	单价	件号	单价
6BSSS401	900	6BSSS401	1,000	6BSSS401	900	6BSSS401	900
6BSSS301	750	6BSSS301	900	6BSSS301	750	6BSSS301	750
6BSSS501	1,050	6BSSS501	1,200	6BSSS501	1,050	6BSSS501	1,050
6BLTB000	18	6BLTB000	20	6BLTB000	18	6BLTB000	18
6BSCB000	550	6BSCB000	550	6BSCB000	550	6BSCB000	550
6BSCR001	560	6BSCR001	560	6BSCR001	560	6BSCR001	560
6BSHK300	4	6BSHK300	4	6BSHK300	4	6BSHK300	4
6BSHK400	6	6BSHK400	6	6BSHK400	6	6BSHK400	6
6BSHK500	10	6BSHK500	10	6BSHK500	10	6BSHK500	10
6BSMS500	380	6BSMS500	350	6BSMS500	350	6BSMS500	350
6STCB000	700	6STCB000	700	6STCB000	700	6STCB000	600
6STCR001	2,300	6STCR001	2,200	6STCR001	2,200	6STCR001	2,100

（B工厂：要输给A工厂了！）

通过"可视化"有利于比较(对比)系统上的数值
半年后，A工厂和B工厂都降低了成本

图5-4 促进采购成本改善的"可视化"示例

B工厂想要确认现场的情况，于是向A工厂请教了他们的做法。在B工厂中实施相同的改善后，就达到了与A工厂相同的成本水平。而且在这个过程中，B工厂的负责人除了虚心向A工厂请教以外，也与A工厂的负责人认真交流了各种各样的信息。虽然A工厂的成本控制较好，但总会有一些B工厂做到了，

第5章 基于设计、制造、会计协作的产品经营能力强化

而被 A 工厂忽略的事情，所以在 A、B 两工厂的共同努力下，二者的成本控制能力都得到了进一步提升。

前一个降低库存的事例是一种敦促型的改进案例，而后一个采购成本改善事例是在积极协调的过程中涌现出更多的想法和创意，属于高度化的一个事例。现场意识越高，效果越好，可以说这是一个非常适合日本公司的方法。我想用这两个事例告诉大家，"可视化"是一种观察方式，不仅可以改变人类的行为，也可以加快企业改革的步伐。

专栏⑪

从"可视化"到标准化、高度化

通过以上两个事例，我对"可视化"是一种引发正确行为的方式进行了一个简单说明。"可视化"同时也是诸如标准化、效率提升、改善、改革等公司各种活动的起点和基础。如果不了解改善或改革的目标和状况，特别是不了解构成这些目标和状况的要素，就无法采取正确的措施。哪怕是在制定标准的时候，如果看不到必要的信息，自然也就无法判断该将什么作为标准。

其实，标准化本身就属于"可视化"活动的一种。业务流程的标准化是指制定出一种流程，无论是谁，只要遵循这个流程操作，都能得到相同的最佳结果。标准值是标准化的结果，是指只要按照相同的步骤或流程操作，无论是谁都能达到最佳值。换言之，只要按照前人设定的步

217

骤或流程操作，就能保证任何人都能创造出同样的成果。这就是标准。将该标准可视化后，就可以基于此提升各种经营活动的效率了。

但我在开头也曾说过，为了制定出这个标准，首先需要将相关的活动、计划和实际结果进行可视化，并做出判断。可视化后才能制定标准，制定了标准才能继续促进可视化。标准化和可视化就如同一枚硬币的两面。

改善与修订标准的机制，就是高度化。也可以说这是对前人经验记录的改善活动。本书的高度化是指做法较从前有所增加、提升，从而让产品和业务流程无论是在质量还是在数量上都能得到改进。这是确保竞争力和事业持续发展的必要举措。

实现标准化之后，就能轻松地推进高度化了。以前人的智慧为标准，利用这个标准实现高度化，再将高度化的结果作为新的标准。通过这个循环，制造业可以实现更稳定、更高效的发展。此外，通过标准化提升工作效率并促进进一步高度化的过程，也可以有效促进公司的经营发展。

在推进改善和改革的过程中，高度化机制也能发挥意想不到的作用。一般来说，改善和改革的目的只是单纯地"削减"或"降低"。但是，在削减成本或提升效率中最常见的"削减"或"降低"活动，并不能起到扩大经营

第5章 基于设计、制造、会计协作的产品经营能力强化

范围的效果。更主要的一点在于,这些活动都太无趣、太枯燥了,让人丝毫提不起兴趣。因此,大家一定要将目光转向高度化所代表的"提升"和"增加",将其纳入自己的经营目标。

例如,品质等的测定值、估算和设计的讨论次数、有效削减成本的创意数量等。这些目标不仅可以对成本起到削减的作用,还能提升企业整体的效率,也会让扩大经营规模变得更容易。最重要的是,大概读者们对于"增加"的兴趣要比对"削减"浓厚很多吧。标准并不意味着一味地遵守和忍受,以标准促效率,用自由的创新和努力改进标准——用这一高度化理念促进改善和改革,这才是应有的积极姿态。

此外,《成本计算研究2013 Vol.37》(日本成本计算研究协会)的研究表明,开发设计阶段的成本计划与制造阶段的成本维持、成本改进之间存在相互影响的关系。而且,积累了丰富的成本计划经验和知识的大多数企业一定会通过利用既有产品的成本改善和未来产品的开发成本计划之间的相互促进作用,不断推动成本计划和成本改善工作的高度化。

从成本计划的角度来看,可以说已经实现了"Plan:成本计划"→"Do:实现计划成本的活动=标准化"→"Check:确认计划成本的维持=标准"→"Action:计划

> 成本的进一步改善=高度化（标准改善）"→"Plan：成本计划"的PDCA循环。此外，该研究还指出，不做成本改善的公司，也不会做完善的成本计划。成本计划和成本维持及改善的建立是推动企业前进的两个轮子。如果尚未建立起合理的成本维持和成本改善机制，就应尽快列入待办事项了。

成本信息是一种战略沟通工具

改善或改革无法推进的原因，往往就在于部门之间或经营和现场之间的壁垒，也就是组织的纵向和横向间的合作。在进行以成本计划为主题的研讨会时就能很清楚地看出这一点，从研讨会参加人员咨询的问题来看，大部分人都比较关心诸如"设计部门和制造部门的想法不同，虽然都理解对方的立场，但成本削减等具体活动总是得不到进展""经营者对问题的认识无法在现场工作中得到反映，所以变革得不到有效推动""经营者的想法和指示无法渗入现场"等问题。

由于部门之间、经营与现场之间的立场和观点不同，所以即便每个人都想改善，彼此之间也总是无法顺畅沟通，有力也不能朝着一处使。这种问题在很多公司中都存在。在众多的咨询问题中，也有一些"当务之急是要建立一个设计和制造通用的成本削减理念"之类的比较具体的问题。但无论是哪种问题，

第5章 基于设计、制造、会计协作的产品经营能力强化

"将成本作为通用语言"都是有效的解决方法。成本信息可以成为连接现场与经营以及各个部门的桥梁。

成本信息之所以能成为解决问题的方法，主要是因为成本结果非常易于理解。因为成本只有"上升"或"下降"这两种结果。此外，也可以加入销售额和利润的概念，扩大成本信息的范围。但即便如此，结果是好是坏，也只需要基于利润增减这一个维度就能进行判断。公司需要不断赚钱，这也就意味着公司必须持续提升利润。是涨还是降，是增还是减，这是一个非常简单明确的判断标准，现场与经营以及各个部门之间都可以基于这一标准进行跨部门沟通，确定统一的行动方向。

最重要的是明确影响成本涨降、利润增减的因素，并让所有的相关人员都了解。成本措施应尽可能简单易懂，且能充分反映经营方针。建立起简单易懂且能反映经营方针的成本评价机制后，就可以通过对其进行可视化，自然而然地推进跨部门的成本削减与利润提升。因此，成本信息可以成为一种战略沟通工具。

在现场工作中反映经营方针的成本信息

本书中说的成本信息并非财务会计成本，而是管理会计成本。也有人坚持财管一致，也就是财务会计与管理会计的一致，但其实完全不用拘泥于这一点。财务会计的工作是向股东等利益相关者披露信息，是基于企业会计原则进行的成本会计。典

型的企业会计原则包括"持续性原则"和"一致性原则"。持续性原则要求每年都使用同一个指定的会计方法,这是为了防止各个阶段会计操作的不统一,并保证财务报表具有同期可比性。一致性原则要求同一家公司只能创建一个会计账簿,这是为了防范"两本账"等欺诈会计行为。对外披露的信息,如财务报表等,均须遵守这两个原则。

而作为以内部改善(改革)或公司成果评价为目的的管理会计,成本计算是无须遵守这两个原则的。首先,二者的目的不同。虽然这是一个财管分离的概念,但成本会计作为管理会计中的一种类型,应能反映公司当前的战略、方针以及具有操作指向性的评价标准。最重要的是,应在这一评价标准中合理加入作为管理会计的成本信息,并使其可视化且具备评价性,以此作为全体员工的行动指南。

《成本计算研究 2012 Vol. 36》(日本成本计算研究会)中刊登的丰田内外制判断用成本计算,可以算是一个比较容易理解的例子。在判断内外制的时候,需进行管理会计中的成本计算以评估经济效益。而丰田公司在进行这一评价时会同时使用以下两种计算方式:从内部生产转移到外包生产时的成本计算;从外包生产转移到内部生产时的成本计算。换言之,从内制转为外包的情况和从外包转为内制的情况,在决策时不会使用同等的成本计算评价方法。

具体而言,在考虑从内制转为外包时,显然内制的效益更高,而在考虑从外包转为内制时,显然是外包更有效益。可见,

第5章 基于设计、制造、会计协作的产品经营能力强化

在对外包进行决策的时候应加倍谨慎，因为一旦确定了外包就无法轻易取消，所以应反映在成本计算中以供决策者参考。这一机制与大野耐一所倡导的"1. 不要外包短期性产品；2. 数量稳定者可外包，数量波动者应优先内制；3. 一旦外包，尽量不撤回；4. 尽量不做分包；5. 小零件和半成品应选择内制方式。"采购理念是吻合的。

这种不对等的内外制决策体系，有助于避免频繁切换内外制方式，创造稳定的贸易关系，同时也可以避免过于随意地外包决策，从而提升内部生产能力的有效利用率，促进直接操作费用及设备效率等各种制造成本的改善。

此外，丰田在进行内外制判断时不采用对等的成本计算，还有一个原因是需要考虑设备折旧的计算方法。这是有别于财务会计的丰田专用管理会计标准，同时也是可以实现上述理念的有效工具。丰田的产品开发负责人在成本计划中会对每个零部件的目标成本进行细分，这个时候基本就能决定零部件在哪个工厂生产、应该使用哪个设备，而且他们拥有决策权。这个做法可以从成本计划的计算阶段开始，有意识地提升现有设备的使用率，并尽量避免因新投资而增加固定费用的风险。当然，为了做到这一点，首先要建立一个可以掌握每个工厂的设备状态等信息的可视化机制。

成本发生在制造阶段，但确立于设计阶段

80%的产品成本是在设计阶段确定的，但这些成本实际产

生于生产准备和制造阶段。也就是说，如果不了解制造工程以及制造工程中产生成本的原理，自然也就无法对成本进行分析。为了在开发设计阶段实现成本的有效控制，设计者必须充分了解制造工程和成本产生的原理。而且，即使在设计阶段，也需要依靠可视化的系统来确定最终的产品成本。

因此，很多公司的设计部门会在使用设计标准的同时准备一份估算标准，通过这些机制和工具，可以在面对新增零件的时候也能基于设计参数等信息对成本做出估算。但是，很多企业也同时面临着一个问题，即这个估算标准是否如实反映了制造现场的实际能力，又能否维持精度？重要的是要及时反馈制造实绩，并持续对其进行修正。

近年来，随着 IoT 技术的不断普及，我们已经可以获取到更加详细的制造实绩数据了。可以通过参考实绩数据，修正估算标准中制造节拍时间等估算因素，得到精度更高的估算标准。如此一来，就可以不断提升估算的精度了。

虽然反馈的内容无法精确到每个工程或操作工序的时间，但从估算标准的精度来看，只要能对重点库存中每个项目的实际成本进行比较，就能达到足够的效果。如果计划与实绩基本一致，就说明目前成本计划中使用的估算标准具备足够高的精度，那么经营者就可以充满信心地做出各种决策了。而一旦出现较大的差别，就要考虑采取精度改善措施了。及时掌握和分析现场的状况，就可以逐步改善估算标准、缩小差异，持续提升精度。

如果出现实际成本比估算成本高出非常多的零件或工程，

第5章 基于设计、制造、会计协作的产品经营能力强化

那么很可能是在估算标准中忽略了制造方面的问题。例如，发现某个参数值一旦超过特定值就会导致实际成本大幅增加，通过深入调查后可能会发现，这个参数值一旦超过某个数值，制造工程的成品率就会大幅下降。通过这种分析，许多技术问题就会浮出水面。理论上，制造部门时刻都在努力提升成品率，不过如果改变参数值不会影响产品质量，那么最有效的方法还是设计变更。在设计标准中反映修订结果后，就可以将这一专有技术运用到下一次开发或下一款产品中了。

与此相对，如果出现实际成本低于估算成本的现象，就意味着制造部门对这部分零件的改进能力较高，尤其是在内制的情况下，这些零件就是公司优势的体现。这个时候，首先要做的自然是修改估算标准，让计划成本足以体现公司的真实能力。不过如果能够更进一步，例如在其他产品上也使用这些零件，就可以充分发挥公司的制造优势，为社会提供更多具有成本竞争力的产品。此外，不断扩大使用这些零件的新产品，也可以进一步打磨自身的制造优势，不断扩大、提升这一优势。除了设计部门外，制造部门也处在持续改进的状态。持续利用自身优势，有助于进一步强化这些优势。

成本计划中的可视化要点

成本计划是从开发阶段开始规划成本的活动，但大多数开发阶段的设计者更加关注功能和品质。市场需求不断增加，产

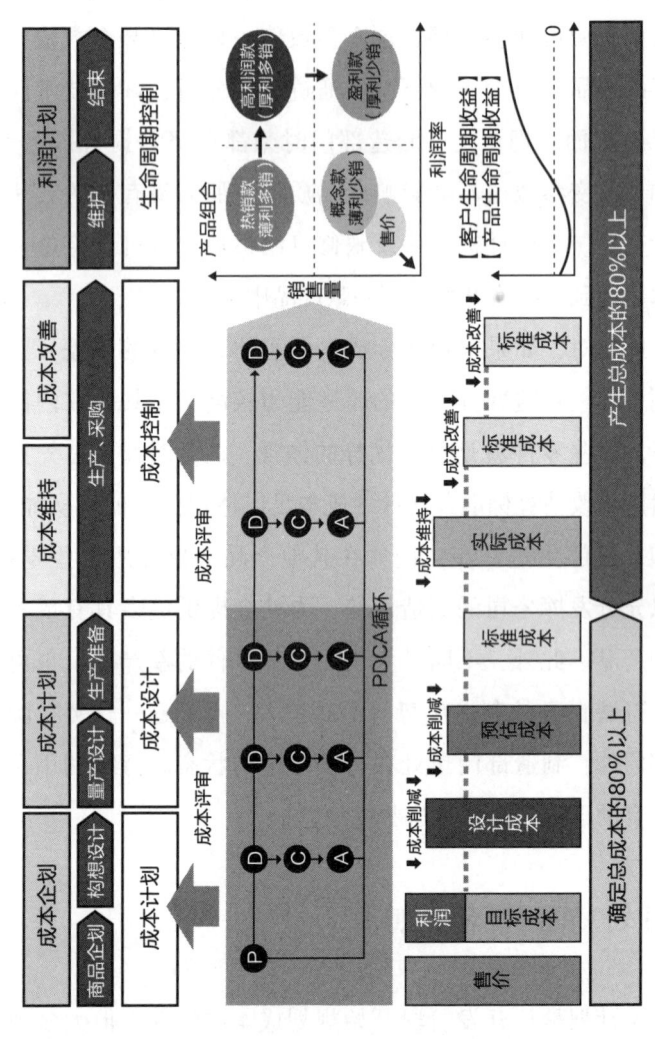

图 5-5 成本控制中的成本 PDCA 循环

第5章 基于设计、制造、会计协作的产品经营能力强化

品种类越发多样，消费者对品质的要求也越来越高。在这种背景下，很难在要求设计者的同时考虑成本因素。

而且，即使在开发设计阶段让设计者评估处于设计流程中的产品成本，他们也做不到，因为他们根本不了解具体的成本情况。然而，80%的产品成本是在设计阶段确定的。为了达到目标功能和品质，设计者在开发过程中一定会经历多次试错，即功能和品质的 PDCA 循环。事实上，这个阶段也应该同时进行成本的 PDCA 循环。功能、品质和成本的 PDCA 循环处于同等重要的地位。

所以企业应创造条件，为设计者在开发阶段便可以同时考虑成本因素并能运行产品成本的 PDCA 循环提供支持。支持成本计划的主要措施包括："（1）促进对成本削减的思考""（2）强化开发人员的成本理解和成本意识""（3）成本设计目标的设定与管理"等。通常情况下，企业只会做到第三项，也就是"成本设计目标的设定与管理"，而且还是在目标没有实现的时候才会执行。

即使设计者们被告知没有达到成本目标，他们也无能为力，因为他们并不知道如何才能降低成本。而且，即使在设计阶段达成了成本目标，上市时发现超出成本目标的情况也比比皆是。想要避免成本计划与实绩的偏差，首先要让设计部门在设计阶段就能准确评估出上市时的成本。此外，设计者在讨论如何降低成本的时候，也必须得到机制上的支持。第一项和第二项，也就是"促进对成本削减的思考"和"强化开发人员的成本理

解和成本意识"就是为此提供的支持。尤其是后者"强化开发人员的成本理解和成本意识",更是重中之重。

为了实现"强化开发人员的成本理解和成本意识",首先要做的就是通过授课等方式培养设计开发人员的成本意识。要让设计者充分了解构成产品的零部件的设计参数与成本之间的关系,以及生产准备和制造过程中包含哪些产生成本的因素。而在此之前,他们还应先对制造现场有所了解。知识和理解固然重要,但最重要的还是应该让开发人员认识到成本设计和功能设计一样,都是他们可以充分施展能力的舞台。

第一项措施"促进对成本削减的思考"将由此产生。集结外部和相关部门的智慧,可以有效地促进设计者们对成本削减的思考,但如果不了解产生成本的因素,就无法知道改善从哪里入手。

虽然前文提到了对设计者的教育及提高设计者意识的重要性,但这还远远不够。设计者每天都要面对堆积如山的任务,例如为了满足市场和客户的需求,他们需要展开各种研究。与此同时,他们还要研究能够满足需求的品质标准以及满足行业和特殊客户的标准,所以很难同时考虑到制约成本的生产性和操作性、工厂和分包商的交货期限制,以及制造品质的标准。所以,企业需要为他们提供支持,让他们明白哪些因素会在开发设计的过程中影响成本,并在设计过程中有意识地予以改进。即应将相关的主要成本因素可视化。

尤其是设计者很难站在制造的角度理解成本因素,而且设

第5章　基于设计、制造、会计协作的产品经营能力强化

计完成，进入制造阶段后，就很难单纯依靠制造部门的改善来大幅降低成本了。如果在设计阶段无法充分审查成本，那么到了生产准备阶段和制造阶段，如果想要改善，就需要进行额外的设备投资、工具开发以及人员培训等，导致投资增加、固定费用上升。因此，成本需要在设计阶段充分得到反映。

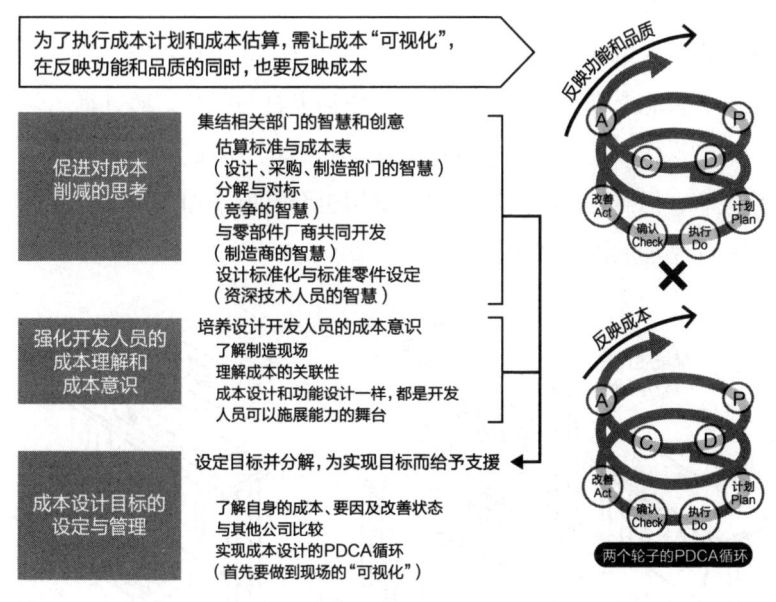

图5-6　成本计划中的"可视化"要点

一颗螺丝导致成本大幅改变——从制造角度看成本因素的事例

接下来我想举一些装配工程中的改善事例，从制造的角度加深大家对成本因素的理解。在装配工程中，我们经常看到制

造现场的工人面前悬挂着多把电动螺丝刀。工人用挂在他们面前的螺丝刀拧紧螺丝、组装产品。如果装配线上的产品使用了多种类型的螺丝,那么这里就会准备相应种类数量的螺丝和螺丝刀。

如果要求缩短这道工序的节拍时间,通常的做法是安装一个固定盖,防止悬挂的螺丝刀晃动,或者在旁边添加一个识别标记,防止操作人员拿错螺丝刀。这样的确可以提高工作效率,但这远远不够。想要进一步改善,就需要添加夹具与工具,通过提示灯来提醒操作人员流入产品所需的螺丝和螺丝刀。这当然能提升工作效率,但需要新的投资,固定费用也会有所增加。为了改善操作性而增加的固定费用投资额,会增加新产品的销售成本。

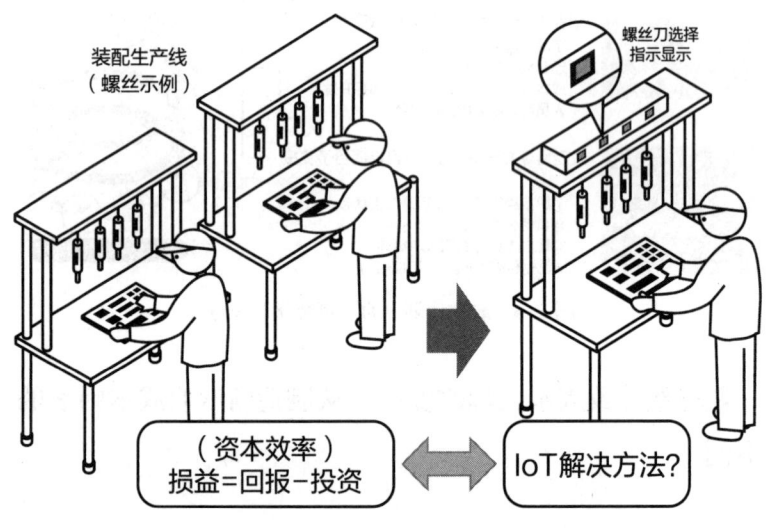

图 5-7　工厂中的制造现场改善提案事例

第5章 基于设计、制造、会计协作的产品经营能力强化

这是一个从设计阶段就着手解决问题的事例。最理想的方法就是让每条装配线都实现彻底的共用化,让多种产品使用同一种螺丝,实现仅在制造现场准备一种螺丝和一种螺丝刀。这样一来,装配工作的速度就能得到有效提升,工厂的产能也会得到扩大。虽然这需要设计者们付出相当多的时间和努力,但做到这一点后,就可以避免在制造现场发生新的投资,实现成本的大幅改善。

那只用一种螺丝不就万事大吉了吗?制造现场可远没有那么简单。即使使用同一种螺丝来固定金属零件和塑料零件,拧紧的扭矩也会因各种零件的特性而异。在制造现场,需要使用具有扭矩控制的螺丝刀来消除因操作人员的不同而产生的差异。用同一把螺丝刀频繁切换扭矩是非常没有效率的做法,所以装配线上会悬挂多把设定了不同扭矩的螺丝刀。不仅如此,制造现场中还存在另一种更加糟糕的案例:在防水密封产品中使用螺丝的情况下,如果在装配工作完成后发现有多出来的螺丝,就要将成品拆开确认哪里忘了锁付,重新组装后,防水测试也要重做一次。

放眼全世界,我们能发现一些已经不使用螺丝的设计。使用在设备上用以显示设备运行状态的多层警示灯就是其中的一种。

从派特莱(PATLITE)LR系列多层警示灯的产品示意图中可以看出,老式的多层警示灯内有中心固定轴,长度取决于警示灯的层数(图5-8)。根据不同层数使用不同长度的螺丝进行

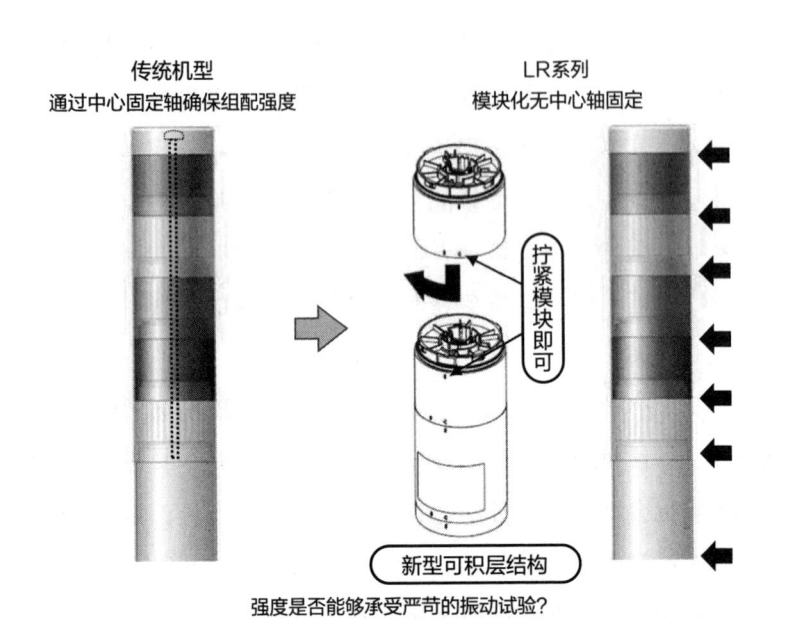

图 5-8　派特莱多层警示灯示例

固定。而新产品摒弃使用固定轴的设计理念，采用无需工具即可完成组装的模块式设计。设计更改后组装变得非常简单，用户可自行轻松改装警示灯的层数和颜色排列。更改设计后，我们可以大致推测出将产生如下效果。看到具体的内容后可能会更容易理解，有一点可以肯定的是，这一更改大大削减了制造阶段的成本。

第 5 章　基于设计、制造、会计协作的产品经营能力强化

- 各机型间的零件通用化：多层警示灯的通用化；减少零件数量。

- 缩减开发周期和开发成本：通用化零件提高开发设计的效率。

- 大幅降低材料成本：通过通用化和减少零件数量以直接降低成本。

- 降低采购管理成本：通过通用化和减少零件数量以间接降低成本。

- 减少库存、降低库存风险：直接和间接性的成本降低。

- 减少制造准备和制造工时：无需对治具工具的投资；减少装配时间。

- 提高销售施策的自由度：用户可自行组装（可以在最终装配前以零件出货）。

削减制造成本

　　如今，已有多家厂商更改了传统设计，开始出售无需螺丝或安装工具即可组装的多层警示灯了。新产品在开发设计阶段就多次进行了诸如抗震试验等严苛的产品测试以确保产品的功能与品质，并达成了多项技术革新。这种在产品开发阶段就将改良作为前提并加以实施的机制，正是该公司的优势所在。正因如此，制造成本的可视化才成为可能，助力优化整体成本。

　　在这里我想说的是，取消螺丝不一定是最完美的解决方法，也不是只要做到成本因素的"可视化"就一劳永逸了。只是说将成本因素"可视化"后，就可以进一步思考如何从产生改善想法到最终实际运用到产品中的这一过程。这一点很重要，希望大家能重视。

　　设计者们可能会抵触设计变更，品质保证方面也存在着诸多困难，这一点不难想象。是否从一开始就明确说明了改善会带来的效果？尝试新做法的时候，内部是否出现了反对者？如

何说服他们同意？如何才能克服这些问题，产出更多的创新想法并及时评估、推进、实现，从而为公司创造更多的利润？我希望能通过上述的例子来拓宽读者朋友们的思路。

成本计划中的成本"可视化"及成本削减思路事例

我们依旧以处于日本领先地位的旋转灯、警示灯制造商派特莱为例进行说明。该公司通过整合设计与制造信息的"制造交流平台"，积极鼓励所有员工提出成本计划方面的新想法，从而大幅提升了产品毛利。图5-8中的创意案例就是其中之一。

过去，设计、制造、采购、销售等部门之间由于沟通不足，总是很难达成共识。因此，该公司基于日本生产的PLM包，导入了结合现有技术信息系统（内部开发的BOM-DB）及生产管理系统的"制造交流平台"系统，作为开发设计阶段的共同操作平台。使用这一系统后，相关人员就可以从开发设计的早期阶段开始随时关注共享数据，并进行跨部门的QCD改善。而各种改善的效果和影响，也可以在这个共同操作平台中得到迅速的验证和评价。

如此一来，不仅提升了新产品的毛利率，还大幅降低了产品开发的工时、缩短了开发周期，从而大大提升了公司的盈利能力。不仅如此，开发设计流程被简化后，开发设计者还可以将更多的时间和精力放在新技术、高性能材料、成本削减方案等处，从而创造出更多的附加价值。零件标准化和通用化得到大力推进

第 5 章 基于设计、制造、会计协作的产品经营能力强化

后，大幅降低了零件的种类数。以往很难实现的新产品开发周期缩短和上市时达成目标成本等要求，也都逐一完成了。

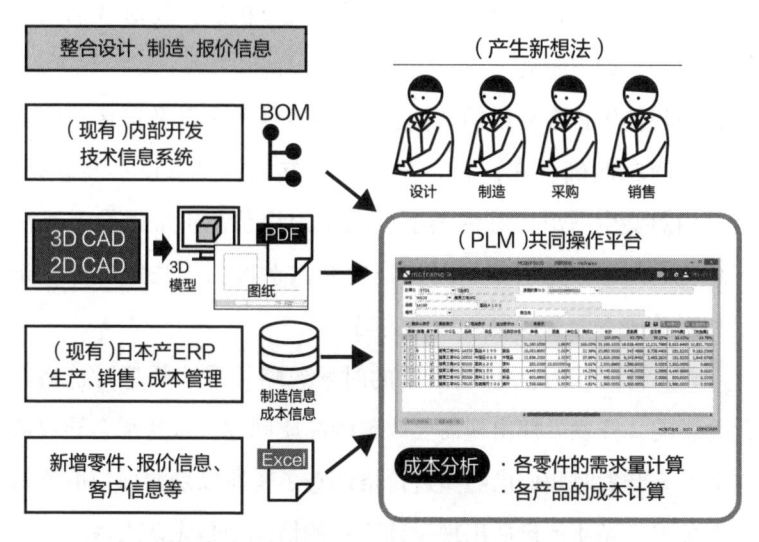

图 5-9 成本计划中的成本"可视化"及成本削减思路的产生机制

通过成本信息"可视化"来拓宽思路

与各部门共享目标，且使用真实的数字作为通用语言，让所有人朝着同一个方向共同努力——对于持续为目标成本与上市成本的大幅差异所困扰的管理层来说，这大概就是导入该系统最主要的目的了。以往，每个部门都会以自我为中心给出了一个最合适的数字。一开始，管理层的想法都是希望通过减少与开发相关的直接或间接的多余工作量来降低开发成本，以及

避免因在开发过程中发生质量问题导致开发周期延长的情况，从而不断地改善开发阶段QCD。但是，仅靠管理方面的改善是无法从根本上解决问题的。对问题深入分析后，我对各部门的情况做出了如下整理。

销售及销售企划部门认为："产品型号太多以及销售预测精度差的问题的确存在，但客户在机型方面的要求也不能忽视，所以当然要生产出足够的类型。至于销售预测不准以及产品成本恶化的问题，难道不是因为开发和制造部门无法解决开发延迟和制造成本上升问题所导致的吗？"

开发部门认为："预估成本的时候忽略了采购数量对价格变化的影响，开发后期出现需要改善的品质问题，这些都会导致成本上升。开发时我们已经做过价格调查了，所以采购部门应该对成本负责。品质评价后出现设计变更的情况则是无奈之举。"

采购部门认为："所有零件是随着开发进展而逐步决定的，而产品设计在品质评价后也会发生变更，确认变更后才能大致确定成本，所有的波动最终都要由采购部门负责吸收。销售计划的制定也是随心所欲，根本不可能把成本控制在目标成本价内。"

可见，采购部门内部一直都是怨声载道，觉得自己完全就是个受害者。部门间的协作无法顺利推进，导致了目标成本与实际成本间的差距越来越大。

于是，公司意识到了问题的实质在于部门间缺乏沟通，所以将改革的重点放在了"沟通协作"上，并着手寻求解决方案。在同时推进产品标准化、通用化改善的过程中，该公司还发现

第5章 基于设计、制造、会计协作的产品经营能力强化

成本计划中的成本估算业务流程中存在问题,于是决定导入"制造交流平台"系统,希望能借此达到一箭双雕的目的。改革的要点之一在于改善部门间的沟通协作,而这首先要让相关部门认识到全员参与成本计划的重要性。所以,该公司决定从每个部门中挑选出若干人员共同参与系统的导入工作。

该公司导入的"制造交流平台"与内部开发的 BOM-DB(E-BOM)以及既有的生产管理与成本管理系统相连接,可以随时获取既有零件和新设计零件的成本信息,从而轻松实现了成本模拟。如此一来,设计信息与报价信息都会与成本信息整合起来,开发部门、采购部门等相关人员也就可以随时轻松获取最新数据了。如此便可以冲破部门墙,共同推动 QCD 的改善了。同时,开发部门、采购部门和销售/销售企业部门也能提出更多的改善建议了。特别是采购部门,其提出了很多跨产品的成本削减提议。最重要的是,该系统能够对所有建议进行即时的验证和评估。

在导入成本计划体系,推动产品标准化、通用化及成本改革的过程中,开发部门、采购部门、销售(销售企划)部门共同参与,共同创建了一个能够反映成本的业务流程。具体而言,从构想设计阶段开始,产品经理就会公布产品开发的设计方针,并建立一个互通想法的规则,在共通系统上发布目标,并使用真实的数值作为通用语言。

通过这项活动,使目标成为每一个参与者都可接受的、愿意共同努力争取实现的数字。这不仅能提升全员对成本计划的

参与意识，也能激发出更多的构想。开发部门、采购部门、销售部门是开发阶段的主要评审者，只要他们能共同朝着各自的数值目标努力，就能很快达成目标成本。部门之间的沟通得到改善后，最大的成果自然是开发工时的削减，但实际上就连管理工时也下降了不少。

速度会产生更多创意

速度是刺激更多创意产生的重要因素。在上述事例中，成本计算的速度提升在创意的产生方面发挥出了重要的作用。过去，该公司在成本计划中是使用 Excel 来进行成本估算的，如果出现影响较大的变更，就需要花费数日的时间进行计算。导入新系统后，相同的计算只需要几分钟便可完成。

成本计算的速度加快后，更多的新构想就会接踵而至，这个效果是显而易见的。产生一个想法后要对效果进行验证：如果有效，就积极尝试更多类似的做法；如果效果甚微，就立即转向别的思路。有想法就可以立即进行成本计算并马上看到结果，这样就可以立即投入到下一个创意的思考中去。该公司由此可以在更短的时间内，依据准确可靠的数字，对更多的成本进行讨论。这是成本计划中成本讨论高度化的一种手法。

花费数日和仅花费几分钟，结果会有巨大的差异。想象一下就能理解了。假设我们想出了一个新的点子，究竟是否有效要在经过好几日的计算之后才能知道结果和只要经过几分钟的

第5章 基于设计、制造、会计协作的产品经营能力强化

计算就能看到结果，哪一种更能激发人的主动思考呢？

大多数人在几天之后就会忘记当时的想法。但如果只要经过几分钟就能得出结论，那么这种思路就不会被打断。所以二者最大的差别在于，得到结果时，大脑是否依旧处于活跃思考的状态下。当大脑依旧处于活跃状态时，评价结果的出现会更好地刺激大脑产生下一个想法。如果这种方案获得成功，另一种方案是不是也能达到同样的效果呢？这个方案效果不佳，那就试试从别的思路切入，随时对新创意进行推敲和调整，从而得到最佳效果。不难想象，如果一个方案的好坏需要到第二天甚至过上好几天之后才能得到验证，那么上述的调整时间就会被大幅拉长，人员的热情也难以为继。速度对创意的促进作用由此可见一斑。

与此同时，该公司也同时推进了产品的标准化和通用化。在重新审查零件结构的过程中，发现了成本计划中的成本计算业务流程存在问题。很多机型都需要进行成本计算，这需要花费大量的时间，而且中途还可能出现零件变更。此外，为了计算出所需的批量，首先要明确需求数量。起初都是开发者使用Excel进行手动计算，需要花费很多的时间，而且中途一旦出现批量化的设计改善，就连计算本身都会变得非常困难。这些问题也自公司导入"制造交流平台"系统后得到了显著改善。

即便出现零件变更，也能在很短的时间内对变更在所有机型上的影响做出评估。迄今为止，在"主题审核"⇒"产品企划"⇒"详细设计"⇒"量产验证"的标准流程中，我们按顺

序进行了类似产品估算、按资深人员的经验和直觉进行估算、图纸估算。实际上，到了开发的后半期才发现无法达成目标成本，于是又回到开发流程中重新修改的例子也比比皆是。导入系统后，从上游的"主题审核"阶段开始，开发部门、采购部门、销售（销售企划）部门就会开始协同工作，提前对成本进行估算。由于成本的估算速度加快，成本计算时间缩短，因此从开发初期阶段就可以全面思考各种削减成本的措施，然后才开始进入"详细设计"和"量产设计"阶段，并由此大幅减少开发后期因未达目标成本而导致的返工。从这个案例中可以看出，速度也实现了高度化。如此一来，就能在产品开发的过程中生出很多新想法，并确保足够的验证周期。

改变设计的制造信息的"可视化"

从"损益＝回报−投资"的观点来看，制造工程信息的集中管理可以带来很多好处。这样我们就可以从开发初期开始，针对各个厂房的夹具和工具设备进行限定。在开发新产品的过程中，尽量使用现有的夹具和工具设备，就能减少初期投资额。尤其是，在符合产品规格的前提下，在设计上应当考虑对目前闲置的制造设备进行调用，这不仅可以加速生产启动，还可以避免额外的资金投入及额外的费用发生。充分利用成熟的制造经验，可以大幅提升生产效率。即便产生额外的制造设备投资，也可以合理管控其在多个产品上的回报计划及进展，并将其反

第5章 基于设计、制造、会计协作的产品经营能力强化

映到未来的计划中。换言之，可以管控到整个产品生命周期中的损益情况。

除了实现产品成本的"可视化"之外，也能对品质信息及采购生产周期进行验证。可以参考各个工厂的制造信息，在设计阶段就充分考虑到制造性和采购性等方面，因此除了能在设计中反映产品功能和产品品质外，也能同时反映产品的成本。在开发阶段的成本计划活动中，可以对各种成本削减措施进行讨论。

例如，在设计阶段为了保险而缩小公差可能导致制造性和采购性的难度加大。而如果能依据目前的生产技术确定没有品质方面的风险，那么适当放松公差就可以大大提升生产效率，达到削减成本和缩短生产周期的效果。设计者了解零件是否易于生产或采购后，就能从设计伊始考虑成本、制造和采购周期等问题。处于制造下游的制造现场很难做出大幅度的改善，即便有所改善，效果也是很有限的。若能从上游的设计阶段就开始考虑到整体的制造过程，那么不仅可以改善整体的生产周期，还能对成本进行彻底改善。

培养和巩固设计者的成本意识，实施成本预算 PDCA 的事例

接下来，请允许我介绍发生在另一个设备制造商身上的事例。这家公司比较重视单个项目，会对每个项目进行预估成本积算，但估算与实际成本之间总有差异，所以无法确保利润。设计

部门会为每个项目创建新图纸，直到移交给制造部门的前一刻才会出图。所有有用的信息都被分散储存，很难搜索图纸、BOM 和成本信息，历史信息无法得到充分的使用，积算成本是否有效也无法得到合理的评价。为此，该公司将"提高成本积算工作效率""提高成本积算精度""充分使用设计资产以降低成本"列为亟待解决的三个问题，并在此基础上实现了 PDCA 的循环。

首先，是实现了成本"可视化"，以提高设计者的成本意识。其次，是让设计者对积算的预估成本与历史成本进行比较，并快速确认预估成本的有效性，从而确保设计阶段的预期利润。此外，该公司还创建了一个可以积极、快速利用历史设计资产的环境，例如对 CAD 上的 3D 设计信息进行统合管理，以利于设计者随时搜索历史资产，从而获取设计削减历史、比对历史资产，为成本讨论提供支持。

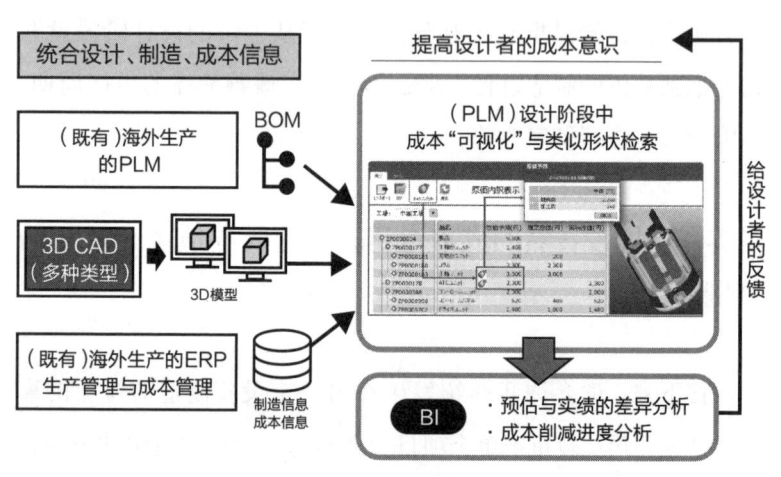

图 5-10　培养和巩固设计者的成本意识，实施成本预算 PDCA

第5章 基于设计、制造、会计协作的产品经营能力强化

出图前的成本"可视化"

该公司全面推进了培养设计者成本意识的活动。首先，为了提高设计者的成本意识，培养他们从设计阶段开始养成在意识到成本的前提下创建 BOM 的好习惯。该公司创造了一个可以在设计过程中即时评估预估成本的环境。具体来说，就是导入了一个用于成本估算的新 PLM 系统，将既有的设计用 PLM 系统中的设计 BOM 信息和既有的 ERP 系统中的成本信息全部汇总到这个新系统中。设计部门在积算预估成本时，可以同时看到实际成本。

针对既有零件的估算与实际成本之间的差异，在此时会变得明朗化，设计者也就不会做乐观的预估成本积算，而是会根据实际情况来进行估算。此外，如果预估成本与实际成本间的差异太大，就可以及时查找原因并考虑改善设计，尽量避免在制造阶段增加成本。针对以往的类似产品，也可以在产品层面上进行预估成本和实际成本的比较，这不仅可以提高成本积算的效率，也有助于提升预估成本的精度。设计阶段的成本"可视化"，会改变设计者的行为。

设计成果的共享和使用

此外，一些公司对单个项目比较看重，所以很多设计者专注于订单设计。想要借助设计资产削减成本，还应当让设计者

243

们相互交流，共享设计成果。因此，在预估成本评价环境的 PLM 中，可以通过在 CAD 上建立的 3D 数据来搜索具有类似形状的历史设计资产。选择新的成本估算 PLM 系统时，类似形状检索功能也是考核的重要指标之一。

在汇集了 BOM 及成本等相关信息的环境中对类似形状进行检索，可以从各个方面对类似的历史设计资产进行比较，并直观地看出变化点。通过对历史设计资产，尤其是其他设计者创建的设计资产的有效运用，不仅可以最大限度地减少全新设计的比例，还可以基于实绩信息对设计进行讨论。不仅如此，这种做法还可以增进设计者之间的交流和理解。除了可以提升 BOM 创建及成本积算的速度外，还可以促进品质改进和削减成本活动的高度化。

BOM 创建及成本积算的提速，对下一个工程中的成本削减活动也能起到促进作用。材料部门有了更多的时间来仔细审查供应商的报价，并能通过对历史类似零件的分析，对价格的合理性进行更为准确的评估，从而达到削减成本的目的。此外，零件标准化（命名）活动也可以通过批量采购来有效降低材料成本。即使零件不完全相同，但只要能使用相同的材料及相同的设备来加工，原则上就可以与供应商携手，共同降低成本。从查看设计信息到获得最终报价之间只要能够留出足够的时间，材料部门就可以想出更多能够压缩成本的订购方法。将来就可以充分利用这段时间，与供应商通力合作，共同优化成本。

第 5 章 基于设计、制造、会计协作的产品经营能力强化

改善预估成本，实现 PDCA 循环

该公司的第二项举措是评价预估成本的精度，并将其作为用于改善的武器。除了对估算时的积算成本与实际成本之间的差异变化情况进行实时检测外，还对差异情况进行深入分析，并将差异的产生原因及时反馈到预估成本积算工作中。此外，也会对产品成本削减活动的效果进行评估。虽然每个项目的产品规格各不相同，但该公司会根据差异的影响来分析成本削减活动的整体进展状况，在确保每个项目都能产出合理利润的同时，努力获得更高的竞争力。

评估和分析工作使用的是 BI（商业智能）系统。将 PLM 系统中用于成本估算的相关成本信息链接汇总到 BI 系统中，创建评估分析环境，根据每个产品组的计划值和实绩值的比较结果修正收支计划，同时在经营信息中反馈这一结果。

停产计划及损益模拟的事例

接下来，我想介绍一个设备制造商在整合产品阵容，特别是运用模块化设计整合产品种类时，进行损益模拟的事例。这家公司在制订销售计划时改变了产品组合，而在对工厂及整体经营进行损益评估时，如果仅依靠单纯的成本积算，可能无法得到高精度的损益评估。因为销售的产品组合一旦发生变化，

销售计划就需要做出相应的大幅修改，那么在计算制造成本时使用的各种费率和分摊费率也会随之发生变化。

改变销售计划，推进产品模块化后，制造资源的使用情况也会发生变化，就会出现"虽然销售量和销售额下降，但整体利润反而上升"的情况。当然，也有可能出现完全相反的情况。为了对这种情况进行事先评估和确认，配合使用成本管理系统和PLM系统来执行模拟是非常有效的方法。

新产品投放或既有产品停产前，可以将成本管理系统中基于销售计划进行成本计算的预算成本模拟功能与PLM系统的成本积算功能进行结合，对工厂及整体经营的损益、投资回报和停产计划等做出模拟。这是依据新产品组合的销售计划进行预算成本模拟的方法，可以基于工厂设备等制造资源的稼动率算出费率。在PLM系统中，可以利用这一费率实现产品成本的"可视化"。这样就可以在销售计划变动时，直观地看到整个工厂的利润情况。

此外，从系统化的角度来看，这个做法虽然精简了系统间的数据链接，但大部分还是依靠人工操作。如果能实现两个系统间的自动链接，就能节省更多的人力。但一般只有在产品组合改变等情况下才需要执行这种计算，而改变产品组合等情况又甚少发生，那么投入一大笔费用来开发自动化就显得没有太大必要了。虽然人工链接数据要花费较长的时间和精力，但毕竟顺利达到了目的，也算是一种无负担的好方法了。

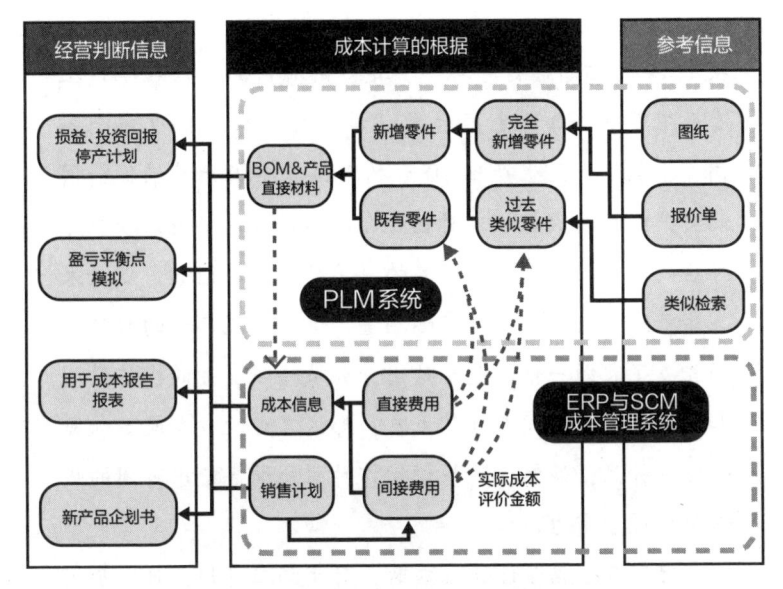

第 5 章 基于设计、制造、会计协作的产品经营能力强化

图 5-11 损益、投资回报与停产计划的模拟机制

专栏⑫

分摊计算才是成本计算的经营工具

成本以产品为单位进行计算,但加工费用一般会采用分摊方式计算。我们很难统计出哪个产品花了多少生产时间,哪个产品使用了多少工具、夹具设备。于是,分摊计算华丽登场。

从某个机械零件制造商的事例看来,人工费用和设备折旧费用都是按照生产台数进行分摊计算的。例如,有两个生产实绩分别为 10 台和 90 台的产品,那么总费用就会

247

按1:9的比例进行分摊。但是，两种产品不仅在单价上有天壤之别，每批生产台数（单次生产台数）也完全不同。很显然，只生产出10台的产品，单批产量较低，因此生产线切换次数和工时数都会高出许多。单纯比较被分摊后的金额，那么每台产品的费用是大致相同的。但如果在生产线上用秒表进行实际测量，就会发现二者的制造时间相差了大约一倍。也就是说，如果按照实际的操作时间和设备的使用时间来计算成本，那么二者的成本就会相差一倍。并且，显然这种基于操作时间和设备使用时间的成本更接近于实力值。

大部分企业在计算成本时，对于加工费用、日常费用等部分项目，不会采用实测值，而会利用分摊计算来统计。分摊计算是依据某种标准，将成本分摊到多个产品中的做法，但是有些标准会忽略产品或工程的实际情况，导致计划成本与实际成本产生偏差。所以，分摊计算也应符合成本管理的目的。但在很多情况下，我们或是无法预测未来、或是难以获得实绩，所以只能暂时用某个可以得到实绩数据的标准来进行分摊计算。然而，标准一旦确立，数字就开始脱离人的掌控了。而且，这些数字通常会在成本计算中被取整，于是真正的成本就逐渐从我们的视线中消失了。虽然分摊计算是由分摊标准决定的，但一旦采用这种计算方式，就意味着我们已经放弃了对费用项目的控制。

第5章　基于设计、制造、会计协作的产品经营能力强化

分摊计算是将共有成本分摊到产品或客户等单独的管理单位中，这就难免出现管理部门间互相推诿成本责任的现象。换言之，分摊计算的本质在于如何调整内部的利益。尤其是让各个部门分别计算成本时，每个部门都会编写一个对自己有利的数字，相加后的总数可能与工厂或公司整体的成本相去甚远。所以，至少要建立一个可以使用数字进行讨论的平台。

此外，分摊计算的规则也会影响人的行为，所以在制定分摊计算的规则时，需要考虑到可能采用的激励机制，并预测负责人会在这个规则范围内采用哪些工作方法。可以说，这个分摊计算规则应当积极反映出经营战略思想。

那么，从本书阐述的产品经营力评价角度来看，应该如何进行分摊计算呢？从每个产品组的投资回报来看，首先要明确设备投资是针对哪个产品进行的。无论实绩如何，这部分资金都应当被全数分摊到对应的产品中去。在这种情况下，我们无须进行分摊计算，也无须进行设备折旧计算，只要直接将这部分采购成本计入相关产品中即可。

为多个产品投资设备时，需要进行分摊计算，但也可以将核准采购时的计划值作为分摊标准。从产品经营实力评价的角度来看，投资回报能否或可能在多年内，而非一

年内获得，是一个重要的目的和评价观点。如此一来，就会出现"负责人尽量避免使用折旧成本高的高性能设备，从而使自己负责的产品成本看起来更低一些"的情况。从更高角度来看，这种做法也有利于成本的改善。此外，对计划与实绩进行比较的做法，会让员工基于事实展开反思，无论结果是好是坏，都会让下一个计划变得更好。

不做分摊，直接反映在产品中的做法固然更好，若是需要分摊，则分摊计算应与基础管理会计成本计算的目的一致，并与部门间的利益调整及成本削减活动相关联。成本信息是一种战略沟通工具，应将经营方针积极融入其中。

强化制造业利润的本质

我在第 3 章中说过，制造业利润的本质是"固定费用管理"，制造业是一种在一段特定的时间内慢慢赚回前期投资成本（固定费用）的"固定费用回报模式"。不过在这一章中，我想从经营方面和成本结构的角度再次对这个强化要点进行分析。制造企业可以自行控制的零件，是改善自由度最高，同时也是改善空间最大的领域。而且，如果可自行控制的部分占比很大，还会催生出新的改善空间。

所以，企业首先应从经营的角度整理出各个经营领域的可

第5章 基于设计、制造、会计协作的产品经营能力强化

控项目和可控级别。可控级别因经营类型和公司的具体情况而异,我在下文中举了一个比较常见的事例。大家可能会有一种"虽然不完全对,但也差得不远"的感觉。在大多数制造企业中,能够自行控制的领域想必就是制造业务了。只要努力,就有很高的自由度和很大的改善空间。继制造业务之后,就是在成本计划中可以自由掌控制造业务的开发设计业务了。

- 产品企划:△虽然需要得到市场的认可,但是做什么产品是可以由自己决定的。
- 开发设计:○虽然有品质成本的制约,但可以自由决定产品的规格。
- 采购业务:×采购价格不受本公司控制,会受到市场的影响。
- 制造业务:◎虽然受设备投资的制约,但增值部分可以由公司决定。
- 销售业务:×销售价格由市场竞争决定,且需要被顾客接受。

此外,还要从成本结构的角度,对公司可自行控制的部分进行分析。在公司的成本结构中,新创造的价值,即附加价值的部分是可以由公司自行控制的。附加价值是销售额减去外部采购费用后得到的数值,利润就来自这里。利润则是附加价值减去销售和管理等费用后的数值。

换言之,想要提升利润率,就只有两种方法:或是提升总

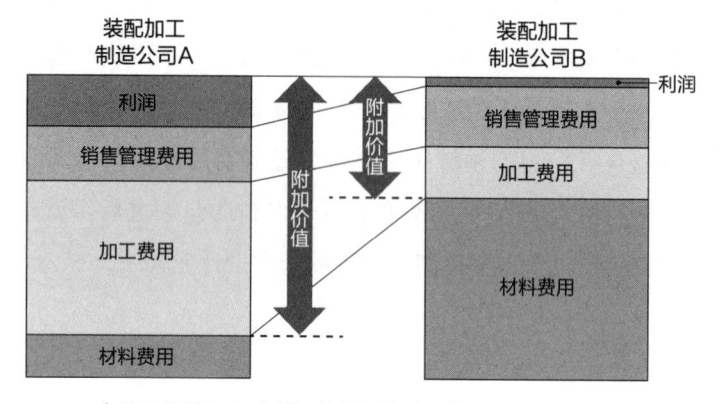

```
         装配加工                      装配加工
         制造公司A                     制造公司B
     ┌─────────────┐                                        ──利润
     │    利润     │ ↕  ┌附┐  ┌─────────────┐
     ├─────────────┤ 附 │加│  │  销售管理费用 │
     │  销售管理费用 │ 加 │价│  ├─────────────┤
     ├─────────────┤ 价 │值│  │   加工费用   │
     │             │ 值 └─┘  ├─────────────┤
     │   加工费用   │ ↕       │             │
     │             │         │             │
     ├─────────────┤         │   材料费用   │
     │   材料费用   │         │             │
     └─────────────┘         └─────────────┘
```

（附加价值*=销售额−外部采购费用）
（利润=附加价值*−销售管理等费用）

*附加价值=成本计划可自行控制的空间

图 5-12　公司整体的成本结构示例

附加价值，或是降低销售和管理等成本。而提升附加价值也有两种方法：或是提升销售额，或是降低外部采购成本。如果身处能够提升销售额的环境之中，那么附加价值也会随着销售额的提升而增加。但如果身处竞争激烈的环境中，尤其是近年来客户需求越发多样化的环境中，附加价值就很难得到提升了。此外，从成本竞争力和盈利能力的角度来看，一个产品是否畅销，不是仅靠内部努力就能控制的。

想要在不依靠销售金额的前提下增加附加价值，就要想办法不断降低外部采购成本。说到采购成本，想必所有人最先想到的就是降低采购价格吧。但前文中我们也提到过，采购价格是不受企业控制的。其实，还有另一种降低外部采购成本的方

第5章 基于设计、制造、会计协作的产品经营能力强化

法,即"外包转内制"。将一直以来都是外包生产的零件转为内制模式后,就可以降低采购费用,提升附加价值。也就是将供应商的附加价值转变为公司的附加价值。

通过减少采购零件数量、增加内制零件数量,不仅可以将供应商的利润转化为自身利润,还能看清一直处于黑匣子内的那一部分成本结构。看清成本结构后,就能通过改善结构达到进一步降低成本的目的。

扩大附加价值的意义有两点:一是扩大公司可自行控制零件的范围,二是提升成本削减的空间。换言之,附加价值部分同时也是在成本计划中调整空间最大的那个部分,也符合前文中提到的理念:从经营角度来看,制造业务是公司最可控的领域。而确立制造业务成本潜力范围的,则是另一个可自行控制的领域——开发设计业务。

从提升附加价值的角度来看,内制并非只限定于在公司内部生产,在公司可控的其他生产地进行内部生产的情况下,也可以得到相同的效果。如果需要外包给其他公司生产,那么最好的做法是亲自深入制造工程,看清成本结构,实现设计与制造的协同改善(削减成本)。当然,这基本上很难实现。苹果公司的做法是将规定的机床等设备提供给供应商,并了解其制造工程。所以虽然采用的是外包形式,但实际上已经无限接近内制模式了,同时也可以大大提升附加价值。此外,也有通过并购、合资等方式引入自身不具备的技术和生产能力的事例。

即便无法做到对供应商的工程了如指掌,但只要能有一定

程度的了解，就可以通过改变发包方式来实现成本削减，也能为价格谈判提供帮助。如果能对供应商的工程及设备状况等进行确认，那就再好不过了。特别要抓住交货出现问题的时机，这是进入供应商厂内视察确认的最佳时间。如果遇到这种机会，一定要趁机多了解供应商厂内的工程、设备和制造条件。如果在议价的时候对方不肯降价，也不能无条件地取消要求，要借此机会多打听一些供应商厂内的信息。如果能与供应商建立起信任的合作关系，就可以更进一步共同讨论削减成本的方案。实际上，有些公司也会与供应商一起分析工程信息，讨论成本改善。

　　将附加价值转移到公司内部后，曾经的变动费用就成了将来的固定费用。变动费用减少，固定费用增加，若盈亏平衡点不变，则销售额相同的情况下，利润会有所增加。但是，若销售额下降，且低于盈亏平衡点，则赤字的幅度也会更大。现在，许多公司喜欢用变动费用来替代固定费用，这的确有助于降低风险，但这种做法不仅会降低盈利能力，还会失去作为竞争力来源的专业知识。因此，企业必须在管控风险的同时提高自身的盈利能力。

　　尤其是在劳动力更加短缺的将来，我们面临的是依靠 IoT 和 AI 实现更高度自动化的社会。未来，可能还能借助定型化、IoT 和 AI 等技术的力量，持续推进生产管理等制造间接业务的生产周期短缩、库存降低，以及物流仓库等各种管理费用的削减。通过扩大产品在公司内部的附加价值，可以将成本结构转变为高利润型结构，这是一种符合未来趋势的做法。但这也就引申

第 5 章　基于设计、制造、会计协作的产品经营能力强化

出了另一个问题，即如何做好固定费用管理，也就是投资回报管理。

通过产品损益管理，强化产品经营力

作为财务会计披露的成本信息，是基于企业会计原则，正确反映会计期间（年度）损益的数据。但是，必须通过销售活动回报的不只有财务会计中会计期间内产生的制造成本，还包括开发、设计、生产准备等前期投资在内的全生命周期成本，且这些成本的发生与会计期间毫无关联。

正如我在前文中提到的"固定费用回报模式"，制造业在计划、开发设计和生产准备的设备投资阶段是只有投入没有盈利的，只有到了最后的生产和出货阶段，才开始通过销售产出利润。从销售金额中扣除制造过程中产生的材料费用和装配费用，再慢慢赚回前期投入的成本，这就是制造业的商业模式。以业务部门为单位来看，即便出现某些中途停止开发，最终未能生产的产品，也需要通过在售产品来赚回已经产生的费用。特别是近年来，制造行业的商业模式发生了很大的变化，产品本身的利润已经低到可以忽略不计了，企业盈利主要是依靠后续的售后服务来支撑。想要看清投入的费用何时可以赚回、是否能够赚回、如何才能赚回等问题，就需要掌握足够的基本信息。所以，信息的可视化也就变得越来越重要了。

此外，在评估是否需要购买设备的时候，一定会说明用途、

使用时间及使用效果。但大部分公司不会在事后对这些设备的使用状况是否与计划相符，或者是否确实能提升生产效率等问题进行回顾。除非我们能明确这些设备究竟是为了哪个产品而投资的、是否确实能在这个产品上赚回、何时可以完全赚回来等问题，否则购买前制订的计划就是画在纸上的大饼。如果无法在原定计划的产品上实现全额赚回，就要考虑将其用于其他产品或新产品的生产，或是修订计划，将未赚回的部分成本分摊到其他的产品或设备上。当然，出售也是一种选择。

一旦出现投资，就必须将计划与实绩进行比较并反思。只有不断反思，才能提升下一次投资计划的精度，从而提高投资效率。这就是投资的 PDCA 循环。产品业务的投资与回报、每个产品的投资与回报、每个设备的投资与回报，都属于产品生命周期中的投资回报 PDCA 循环。

激活 PDCA 循环，就可以明确自己何时能赚回投资，那么在制定销售方针时就更能大展拳脚了。可以从（1）降低售价以抢夺竞争对手的市场份额；（2）更新设备以提升效率；（3）基于"长尾理论"[①] 创造利润；（4）停产部分产品，将资源转移到其他产品上；（5）重新组合产品组合等选项中做出合理选择。因此，投资与回报的可视化和产品经营力的可视化是重要的管理工具。尤其是随着制造业日趋服务化，可视化也就变得越来越重要了。

---

① 长尾理论：只要产品的存储和流通渠道足够大，需求不旺或销量不佳的产品所共同占据的市场份额可以和那些少数热销产品所占据的市场份额相匹敌甚至更大，即众多小市场汇聚成可产生与主流相匹敌的市场能量。（译注）

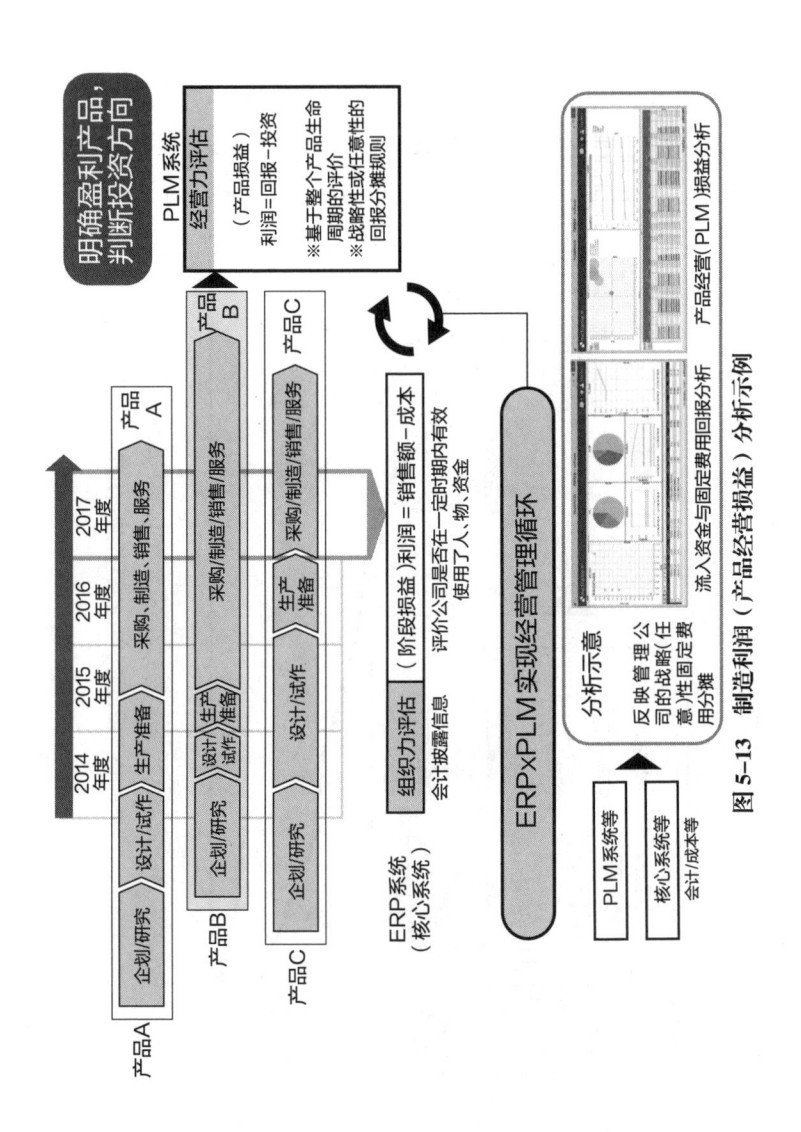

第5章 基于设计、制造、会计协作的产品经营能力强化

图5-13 制造利润（产品经营损益）分析示例

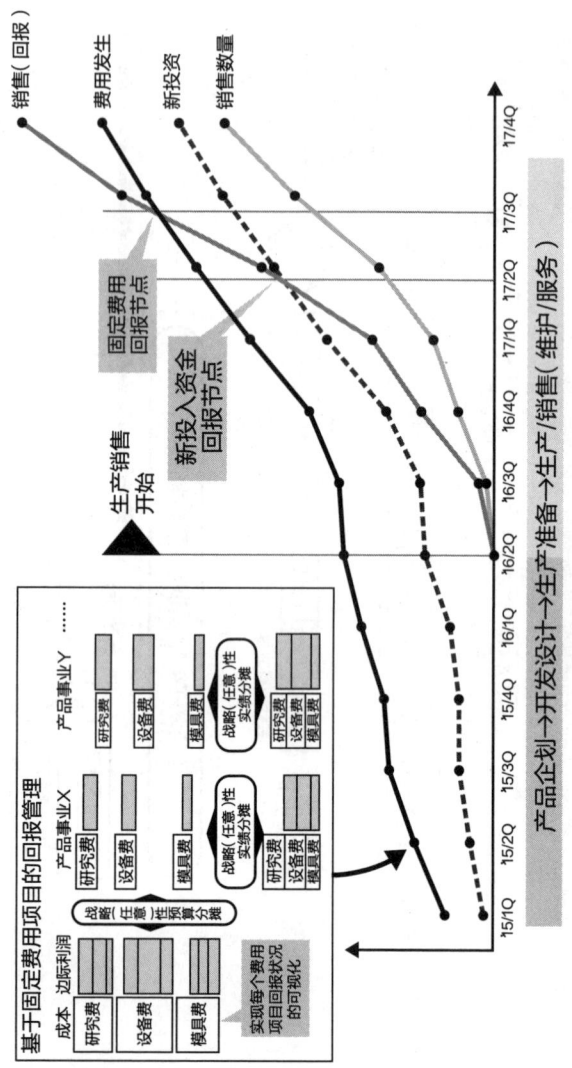

图 5-14 新投资、固定费用回报节点的可视化

第 5 章 基于设计、制造、会计协作的产品经营能力强化

为维持并持续加强盈利能力而进行的产品经营力可视化

虽然我在本书中一直强调设计与制造协作的重要性，但设计与制造注定是要分开的。从制造型公司的组织来看，规模较大的公司一般都会将设计和制造部门分开。久而久之，每个部门都会找到自己最舒适的工作方式，于是二者之间就会筑起一道无形的墙。而且，设计部门和制造部门的负责人也大都并非同一人，所以只有社长有权对两个部门之间的利益做出调整。此外，近年来出现了很多设计和制造身处两地的公司，国际化和分工化也日益完善。设计和制造正在不断远离。

现场的统合能力，也就是自下而上型的协调，是日本企业的传统优势。但随着制造行业形势的日益复杂化，这一优势正在逐渐衰退。产品的生命周期越来越短，留给现场的协调时间也越来越短。生产技术不断多样化、复杂化，有机电和硬件知识就万事足矣的年代已经过去了。如今，软件知识已经成了必不可少的基础技能。毫不夸张地说，如今大多数产品在生产过程中都离不开软件的支持，所以协调的难度一下子升高了。

放眼全球，跨领域合作、新兴国家企业崛起等引发的竞争多样化及国际化，让产品的阵容、售价以及成本结构也逐渐变得多样化。随着新兴国家市场的兴起及现有市场需求的持续细分化，顾客也变得越发多元化、国际化。尤其是能源领域的技术水平，可谓是日新月异。新技术的导入，是在市场竞争中处

于不败之地的重要武器，所以制造企业必须持续获得稳定的利润，并用这些利润换取新技术、新业务和新产品。这里的利润指的并非财务会计中的会计年度内损益表观，而是获得投资回报后，真正留在手里的资金。这个累积利润才是制造企业盈利能力的真正体现。

为了维持这种盈利能力，公司还必须不断进行新的投资。投资的前提是不断提升盈利能力，为此，企业需要具备快速、合理做出经营决策的能力。所以我们需要将投资和回报可视化，准确把握产品的经营力，提升盈利能力，在投资方面具备准确的判断力和积极的执行力，进而及时、迅速地应对现代的全球市场需求，不断获取新的竞争力。

专栏⑬
利用 IoT 的制造信息提高成本计划的精度

在成本计划中，通常会通过详细的估算来提升精度。特别是，制造成本是使用每道工序的工作时间和设备的节拍时间来进行积算的。而制造实绩信息是无区分地统计了包含多道工序的工程单位时间、安排时间和配料时间的累积实绩时间，设备时间也并非每个产品的使用时间，而是按照生产台数分摊并取整后的时间。还有一点也需要注意，产品设计和工程设计中的操作和工程单位都是基于技术角度来设定的，而实绩的收集主要是基于生产管理中的产量和财务角度的成本计算来进行的。将粗糙的制造实绩

第5章 基于设计、制造、会计协作的产品经营能力强化

信息与成本计划中使用的细致信息进行比较，很难大幅提升成本计划的估算标准精度，因为二者的精度差别太大了。

我们也不是不能使用秒表等工具来精密测量制造实绩，只是这么做实在太费时间了，难以长期进行，所以从现实性的角度来看是行不通的。如果想用成本计划精度来准确获取实绩，现场的工作量就会增加，会遭到现场的抵制，而且也需要增加人手来应对。如果什么也不做，一定得不到想要的数据。

从企业IT系统的结构来看，SCM系统（或ERP核心系统）可以与会计系统协作，共同进行生产计划和库存管理。生产现场还有一个用于控制各个设备机械的PLC（设备控制系统）。连接二者的是用于控制生产线的MES（制造执行系统）。大部分公司的IT系统都分为这三个部分，当然，可以在PLC上获取设备的详细运行时间。但是，这三个系统又分别归属三个部门管辖。SCM（或ERP）归属管理部门，MES归属制造部门，PLC归属生产技术部门。系统是分开的情况下，归属部门自然也是分开的。

然而，随着IoT的普及，详细的数据已经越来越容易获取了。对SCM（或ERP）、MES和PLC数据进行整理后，只要将设备的稼动状态连接到SCM（或ERP）系统，使用各种传感器，就能获取更为详细的实绩信息了。除了

设备外，即使是人工操作的站点中，也可以通过分析每个动作来自动获取每道工序的具体操作时间。结合成本计划与实绩信息的精度，激活PDCA循环以不断更新估算标准，这在技术上已经可以实现了。

基于IoT数据的制造信息的设计反馈机制，可以不断推动产品成本和品质改善的高度化。通过对品质数据的计划值和实测值进行比较，可以检查设计标准是否存在浪费或过度设计的问题，并不断进行优化。此外，还可以根据工作实绩情况、缺陷及故障维护实绩，不断在设计标准中加入估算标准和制造限制条件来进行完善。具体来说，就是分析设计值和实测值，以提高设计标准、各种设计计算的逻辑性与系数的精度。出现数据量庞大的情况时，需要有大量的人手来开展分析工作。作为促进PDCA循环高速运转的一项技术，AI的应用正随着技术发展而不断完善。

正如我在前文中提到的"成本发生于制造阶段，却确立于设计阶段"，即使粒度已经足够高，但只要能持续对预估和实绩进行比较，就一定还有完善的空间。如果无法对预估和实绩进行比较，那么就应该先忽略粒度的大小，以可以尽快实现的粒度大小为基准来创建一个可以进行比较的机制，尽量提升这一粒度范围内的精度水平。建立起能够比较的环境后，才能进一步精细化。

第5章　基于设计、制造、会计协作的产品经营能力强化

设计制造信息协作的各种事例

　　设计和制造之间的信息协作，就好比是在设计和制造间进行通话。沟通的基础是双方说同一种语言，所以首先要整理项目代码和 BOM，保证双方都能用同样的语言描述同样的事物。其次，要保证 BOM 信息能够快速从 CAD（或 PLM）系统导入 SCM（或 MES）系统中。设计部门煞费苦心地为下游工程准备了 BOM，可这些数据却无法成为 SCM 或 MES 系统中的主数据，这种情况时有发生。好不容易将其导入了 IT 系统，从设计到制造的信息流却因这一原因而被迫中断。

　　来自设计的 BOM 数据无法直接在 SCM（或 MES）系统内通行的最大原因在于，SCM（或 MES）系统内的主数据中所需的大部分设定项目，设计部门都无权决定，所以需要对主数据进行全新设定，且数量十分庞大。但是，大部分需要在 SCM（或 MES）系统中新设的主数据项目值都是与件号关联的，即使设计了一个新的零件或总成（中间产品，单元），需要在 SCM（或 MES）系统中新设定的主数据项目值，在大多数情况下也与现有的类似项目几乎相同。

　　举个通俗易懂的例子。参考旧零件设计出一个新的可替代零件时，新设定的主数据项目值和原有的项目值是几乎相同的。即便不是可替代的零件，可用工程、分包商、生产周期等也不会有太大的变化。特别是那些考虑了制造工程的产品设计更是

263

如此。考虑到这一点，就要想办法让 BOM 信息能够从 CAD（或 PLM）系统毫无阻碍地快速流入 SCM（或 MES）系统中。如果能使用标准化的工程信息作为标准 BOP 模板来生成 SCM（或 MES）系统的主数据，就可以实现绝大部分数据的自动化通信。

这不仅对量产型产品有效，对个别定制型的产品也有效。如此便可以大大提高从开发设计到制造阶段的工作效率，理论上也能大幅缩短生产周期。这在部分制造企业中已经成为现实。某些企业甚至可以做到在设计信息发布当晚自动生成 SCM 系统的主数据并执行 MRP（物料需求计算），并于第二天一早发出安排指令。希望那些尚未建立协作机制，依旧依靠人工操作的公司能尽快予以改进。

如果能做到设计与制造之间的双向协作，即双向通信，那么效果就会比从设计单向流入制造的情况更好。在前面几章中，我已经介绍过聚焦于成本计划和成本信息的设计与制造的双向协作。接下来，我将举例说明与成本信息无关的设计与制造信息协作的优秀案例。成本以外的信息可视化，也可以改变员工的行为。在介绍完设计和制造间信息协作的例子后，我也想举一个设计和销售间信息协作的例子。

从设计审查阶段开始的设计与制造间信息协作

生产技术的现场员工表示，他们在设计完成后才会开始生产准备。很多公司在设计完成前不会进入生产准备，因为担心

第5章 基于设计、制造、会计协作的产品经营能力强化

后续会出现变更的情况。在生产管理领域中有一个"同理心生产"的概念，这个概念如果能应用到设计部门和制造部门的协同工作中一定能产生很好的效果。

同理心生产的概念如下：前工程（供应方）只要看到后工程（需求方）的计划，就能准确判断后工程需要自己成果物的时间，因此可以结合这个时间主动调整工作，并按照实际需求时间交付成果，这样就可以减轻后工程的工作压力了。与此同时，后工程要将自己的计划和进度告知前工程，并确认前工程的工作计划。相反，如果前工程是瓶颈所在，后工程也可以参考前工程的计划和进度，了解自己需要的东西什么时候可以得到，从而结合这个时间安排生产。

借用这种主动型同期生产方式，即"同理心生产"的概念，我们可以将设计部门视为前工程，将制造部门视为后工程，实现前工程CAD（或PLM）系统和后工程SCM系统中的计划和进度的信息共享，从而提升从设计到制造的效率。这种方式不仅能提升新产品的开发效率，在接收订单后需要展开设计的定制生产中，更能发挥出显著的效果。

即使在未对零件进行编号的设计探讨阶段，也可以通过PLM，用BOM的方式来管理产品结构。未编号的零件是无法被识别的，但使用BOM信息作为临时信息后，就可以连接到SCM系统上，让制造部门使用SCM系统制订初步计划。设计部门可以参考生产计划信息，判断每个零件大致的设计完成时间，并结合后工程的需求来进行调整。此外，如果设计部门的进度可

能影响到生产计划，系统还会及时做出提醒。

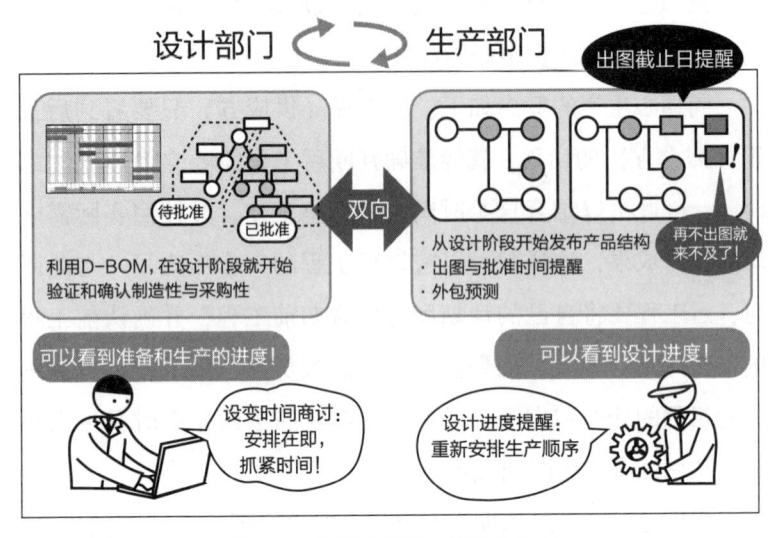

图 5-15 同理心设计、同理心生产

即使是尚未编号的新零件，SCM 系统也可以基于历史类似项目或零件类别的标准项目信息，掌握大致的计划和需要准备的材料。特别是对于版本升级等新增零件，除了名称外，SCM 系统上的所需信息基本都是相同的。即使不是版本升级的零件，在这个时间点也能够轻松生成调整大致生产计划所需的所有数据。特别是，许多制造机械的制造商已经开始利用这些信息来提高从 PLM 系统到 SCM 系统的信息自动化，完成高效连接了。

第 5 章　基于设计、制造、会计协作的产品经营能力强化

对 VE 成本削减的思考和对设计的生产警示

　　设计部门中对制造信息的可视化，在设计变更的时候也能有所帮助。许多事例显示，即使不是成本信息，只要将生产计划信息进行可视化，就能发挥作用。在 PLM 系统上对某个因品质问题而不得不进行设计变更的零件进行确认时，系统会提示该零件或使用了该零件的组件即将开始生产。如此一来，首先要做的就不是设计变更了，而是中止生产。因为在设计变更完成前，继续生产缺陷产品才是最大的浪费。而且如果在生产完成后发布设计变更，就需要返工或重新生产，那么生产周期就会远比一开始就停止生产更长。

　　生产开始后，为了通过 VE（Value Engineering，价值工程）削减成本而进行设计变更时也是如此。如果在 PLM 系统上确认对象零件时可以看到该零件在未来生产计划中的使用量，就能达到更好的削减效果。即使我们要进行一个预期单件成本削减额为 1 万日元的设计变更，若是未来没有对该零件或该单元的使用计划，那么能节省的也就只有与设计变更相关的间接费用了。而若是未来的计划使用量为 100 万个，那么即使单件成本只降低 100 日元，也能实现 1 亿日元的累积效果。所以不能简单地通过累计单个产品的成本来评估成本削减效果。

　　另一种 VE 设计变更是在库存用尽后开始。SCM 软件包中准备了两套标准，既可以等库存用完后再进行设计变更，也可以

图 5-16 考虑生产计划量的 VE 思路和设计变更警示

选择自然切换，看起来只要让 SCM 软件包决定切换时间（日程）就可以了。但实际上，很多设计变更都会导致需要同时改变多个项目。基本上没有 SCM 软件包可以通过标准功能实现自动切换，所以大部分情况下，还是需要结合订单数据来查看库存推移并进行人为判断。特别是需要同时切换两个零件的时候，可能在查看库存平衡后，需要在设计变更前先增购某个零件。而当目标零件同时用于多个产品或产品系列时，就更难做出判

第5章 基于设计、制造、会计协作的产品经营能力强化

断了。但如果能在 ECO（设计变更指令）开始前就全面掌握相关零件的库存推移信息，就可以轻松、合理地做出判断。

在销售中结合设计制造信息以提高订单量

在定制选项较多的定制型生产形态中，越来越多的企业已经能通过与 CAD（或 PLM）的配置功能联动，在 SCM 系统估算或接受订单时，与客户直观地确认产品信息，确定规格。尤其是那些需要进行订单设计的产品，过去每次与客户确认规格时，都需要让设计负责人对是否可行以及预估价格进行答复。通过使用过去的设计规格信息，在 SCM 系统中写入估算后，销售人员就可以通过配置器计算出初步报价，然后只要针对新规格产品进行报价，提出设计请求即可。

由于无须对已经设计好的规格组合进行设计确认，因此可以降低设计失败率，增加接单数量。此外，如果出现设计失败的情况，因为在报价或接单的时候已经掌握到了结构和制造工程信息，所以销售在回复交货日期的时候，就可以充分考虑到生产瓶颈工程和关键零件的具体情况。

此外，设计与销售对既有设计的产品规格信息和推荐的产品规格信息进行共享后，销售部门就能事先掌握哪些规格的成本较低，且生产周期较短。因此，销售人员就会有意识地向客户推荐这些规格，从而提升销售利润。特别是在半预测半订单生产的情况下，如果生产的半成品一直没有等到订单，销售掌

握到这一点后，就可以向客户积极推荐使用该半成品的产品。这有助于提高库存周转率。

这是一个通过将设计制造信息共享给销售部门，借助设计的高效率来提升订单接受能力，并让库存信息成为销售建议依据的案例。

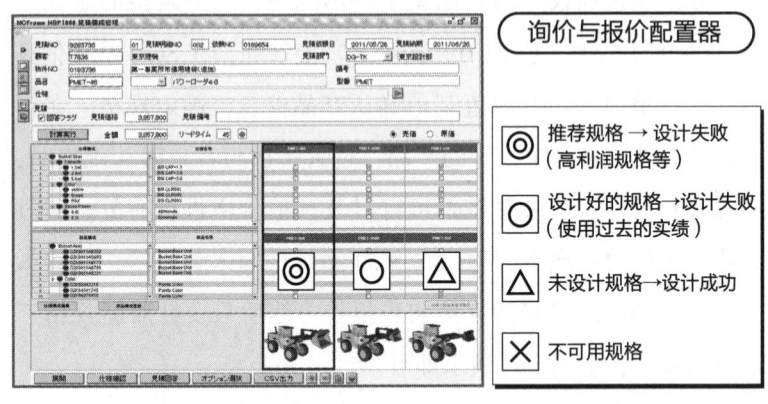

图 5-17 销售可以借助设计信息，提升订单接受能力

3D 设计信息在制造上的使用

为了降低劳动力成本、深入销售市场，许多公司在国外设置了生产基地。即使是在日本国内生产，随着人口出生率越来越低，已经不可能再像过去那样做到全员都能看懂图纸，或看懂用日语写成的详细手册。因为即使在日本，很多工厂也已经以非日本人为主要劳动力了。国外工厂更是如此，做不到全员

第5章 基于设计、制造、会计协作的产品经营能力强化

通用一种语言。3D数据的优势，在于它可以作为一种适用于所有人的交流工具。即使是在大部分工人无法阅读图纸和工作流程手册的现场，也能快速、低成本地生产出满足性能和品质要求的产品，所以这已是势在必行了。

尤其是使用工程动画等数字化数据，还可以在零件上突出显示上一工程与当前工程的区别，引起操作员的注意，这些都可以通过IT系统轻松实现。这在混流生产、单品种生产等生产形态中尤其有效。也有很多企业会将其用户手册、维修手册的插图及维修零件列表进行关联。将3D数据等设计信息与手册进行关联后，设计变更的内容就会自动反映在手册中。就算无法全部反映，只能做到部分反映，也是一个很大的进步。可以有效防止因疏于反映而导致的事故。

除了在设计部门和生产技术部门的模拟中使用3D设计资产外，也能将其用于直接制造现场，如此一来，制造现场的改善就会变得更加灵活、有弹性。未来，设计的数字化数据在设计和生产技术以外的其他部门能够得到多大程度的有效利用，直接决定了企业的生产力和竞争力差异。

可用于所有部门的设计制造信息

人们常说，日本制造业的优势在于优秀的技术能力和现场能力，而连接二者的，是生产技术。制造现场是制造产品的直接部门，但制造什么产品却是由开发设计部门决定的。而如何制造，

由生产技术部门决定。生产技术部门会为开发设计部门提供制造的限制条件和成本因素等信息，以促进前端装载，同时为制造现场确定工程流程、制定操作标准。所以，生产技术部门是设计与制造之间的协调者。有些公司已经将曾经用于促进外包的生产技术部门整个外包了出去，也有一些公司因为经济不景气，而将生产技术部门作为裁员的对象。后来，这些公司中的大部分都因为失去对后工程制造的控制而导致经营混乱。

尽管生产技术部门如此重要，但时至今日依旧有很多公司没有推进生产技术部门的IT化和数字化。当然，所有员工都已经使用PC（个人电脑）办公了，但大部分重要信息还是依靠Excel或Word等电子表格或文档软件进行管理。不仅是设备和治具等信息，就连工程流程、QC工程图、标准操作手册、检查手册，也还是使用Excel和Word进行管理。如此一来，信息管理就只能依靠某一位员工来执行，无法实现共享，如有需要，也只能询问那一位员工。而且，即使是单人管理，该员工也会出现不知道文件中哪个才是最新文件，或找不到必要信息的情况。除此之外，设计变更后需要进行修改的地方可能会被遗漏，制造现场使用的也可能依旧是旧版本的操作手册。

想要解决这些问题，就需要让BOP信息实现集中管理和系统化。BOP信息指的是QC工程表、标准操作手册和检验手册等制造现场中必要信息集中反映在前文中提到的工程流程信息中。这种情况下，最重要的是将包括E-BOM在内的各种设计成果物与M-BOM以及BOP信息相结合。如果能同时收集、管理和反

第5章 基于设计、制造、会计协作的产品经营能力强化

馈制造信息的制造实绩信息和实际成本信息,那就更理想了。

借助这些信息,就可以将制造限制条件和成本因素信息告知设计部门,将 QC 工程表和操作手册告知制造现场,及时、正确地向所有人提供最新信息。设计变更的情况下也是如此。以往在变更时需要在不同位置寻找变更对象,然后对内容进行确认以判断是否需要修改。但实现信息整合后,不仅能将 E-BOM 的变更内容直接体现在 M-BOM 中,还可以掌握这一变更对相关制造信息会产生多大的影响,并能做到及时、准确地修改制造表单。

所以,设计、制造协作的本质就是实现制造所需要的各种信息的集中管理,以便所有参与制造的部门都可以及时、准确地掌握这些信息。而资产信息更是重中之重。需要列出设备、夹具、工具等信息,并将加工条件的上下限转化为数据,以便随时参考。做到这一点后,设计部门才能掌握制造限制条件、成本信息和设计成本因素。将包含资产信息的 BOP 信息、E-BOM 信息、M-BOM 信息连接起来,同时实现 SCM(或 ERP)系统、MES 系统、IoT 信息的联动,再进行集中管理,就可以在制造各部门中达到图 5-18 中列出的各种效果。

此外,结合了采购估算的规格信息、估算条件、历史故障信息、客诉信息、作为 IoT 数据的设计预估单位后的 BOP 工程及操作单位的操作实绩、设备稼动实绩、维护实绩信息等,也是制造方面的必需信息,所以也应进行整合与集中管理。能在探索、缩小、改善和改革要点,以及确定成本因素的阶段掌握

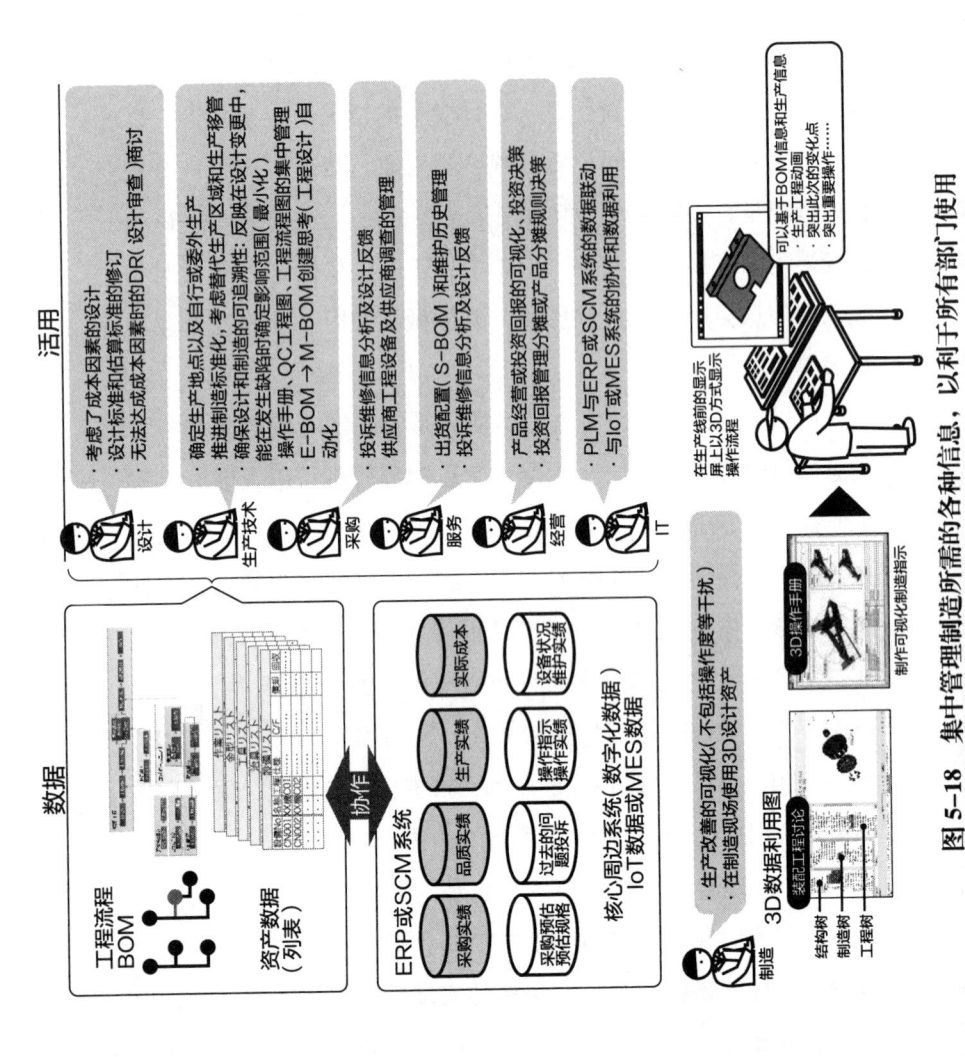

图 5-18 集中管理制造所需的各种信息，以利于所有部门使用

第5章 基于设计、制造、会计协作的产品经营能力强化

大量的信息，那当然是最理想的状态。若想讨论具体的改善方案及成本要素，就要先掌握相应的具体信息。

但需要注意的是，这些信息往往不会包含在 ERP 或 SCM 的核心系统包中，所以仅通过导入核心系统是无法进行数据整合的。只有将这些核心的周边工作也进行数字化，并且与核心系统和 PLM 系统的设计制造信息进行关联，才可以成为改善操作和成本时可随时查阅的前提信息。

第 6 章

实现流程创新的改革方法

技术铺就业务变革之路

第 6 章 实现流程创新的改革方法

第 1 章到第 5 章，我们从经营改革、设计改革、成本改革等多个角度进行了叙述。第 1 章到第 3 章讨论了"应该做什么"。针对存在何种根本性问题，应以何种状态为目标进行了解说。虽然目标的达成不是一蹴而就的，但我们需要明确方向。然后，在第 4 章和第 5 章中，通过举例子，谈论了"能做什么"和"正在做什么"。

领先企业正在积极利用各种技术，来改变自己的工作和员工的意识。希望大家在制定和实施改革路线的过程中，时刻把"应该做什么"和"能做什么"放在心上。本书内容并非放之四海而皆准，但只要大家能从中找到一点可取之处，就能使自己的工作有所改善。因此，本章将在第 1 章到第 5 章内容的基础之上，从实践出发，针对改革的方式进行说明。

改革事例应该如何参考？

在推进改革的过程中，信念、工作方式、制度形态、数据形态都至关重要。除上述因素之外，了解具体的改革事例也必不可少。本书在第 1 章到第 3 章介绍了思维方式后，在第 4 章和第 5 章中介绍了具体事例及能够应用于实践的技术。所用事例均为真实发生的事件，所以非常容易理解。那么，对于这些事例，大家应该如何解读呢？

首先，只有少数人对改革本身持积极态度，而大多数人持反对态度。普通人大多希望维持现状，他们期待改革带来的

"可以预想到的巨大优势",但更畏惧"改变现状带来的弊端"。因此,当"改革"仍停留在大方向阶段时,他们表示支持,但在具体化的过程中,会提出各种反对意见。换句话说,会出现"总论赞成,各论反对"的现象。

改革推行者应该明白,公司中有许多对变革深感不安的人存在。而且既然自己是一个可以"改变"现状的"人",那么不如干脆把自己当成一个"怪人"。改革推行者,包括我在内,确实都是怪人。如此想来,在面对那些反对改革的人时,就不会因为"为什么他们不多为公司考虑考虑""他们真的觉得维持现状就好吗"等这些想法而怒火中烧。既然自己才是怪人,就理应一遍一遍地解释,耐心地说服他们。

事例也是同理,改革反对派大多不愿意接受其他公司的成功事例。例如,即使用丰田之类的大公司的事例来解释,他们也会反对说:"那是因为丰田那种大公司不缺人才,也不缺资金。"再用另一家公司的事例来解释,他们同样也会反对说:"那是因为那种公司规模比较小,组织比较简单,所以才能做到。"总而言之,无论拿出多么优秀的事例来展示,反对派总是坚持认为,自己和事例不同,自己情况特殊。没有任何一支魔杖,可以点化反对派顽固的心灵。所以只能一遍一遍地向他们解释眼前的危机和目标,尝试说服他们。这看似理所当然,也实属无奈之举。

但是,在说服的过程中,该如何将案例应用于自家公司呢?接下来,我将介绍大家关注的几个要点。如图6-1所示,所谓

第 6 章 实现流程创新的改革方法

事例，其实就是改革的结果（Output），属于可见的部分，同时具有定量效果，所以很容易理解。但实际上，企业规模、问题、预算、优先顺序、改革历史、失败历史、员工对于改革的积极性等诸多前提条件（Input）千差万别，改革的信念、所采用的技术等改革手段（Process）也有所差异。

这部分较为隐蔽，却是改革中最本质的部分。因为属于隐藏部分，所以相对棘手，大家可以把关注点放在前提条件和改革手段上。这样就能够明确可用于自家公司的部分以及不可用的部分，并据此制定改革路线。

在推进改革时，事例（Output）固然重要，但令人头疼的是，究竟如何将其应用于自家公司。事例背后的改革手段（Process）和前提条件（Input）十分重要

前提条件（Input）
- 产品特性
- 公司规模
- 问题
- 时间
- 优先顺序
- 推进部门
- 预算
- 失败历史

改革手段（Process）
- 改革信念
- 改革机制
- 技术

事例（Output）
- 成果
- 新业务
- 效果
- 新体系

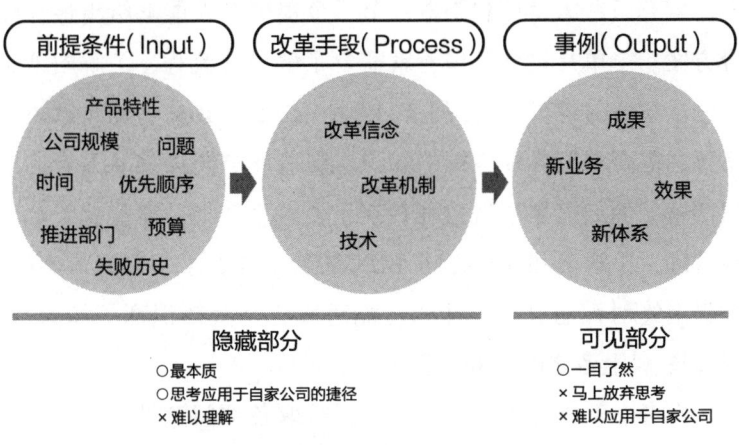

隐藏部分
- ○最本质
- ○思考应用于自家公司的捷径
- ×难以理解

可见部分
- ○一目了然
- ×马上放弃思考
- ×难以应用于自家公司

图 6-1　案例应用过程中的重要因素

改革中不存在"上帝之眼"

改革过程中，在思考今后的目标和理想状态的时候，大家会"考虑如何进行整体优化""制定改革方案，尽量少返工"、"先进行整体统筹，再进行改革"，这些都是经常出现的关键词。确实，局部优化不可取，只解决眼前的问题也非明智之举。但是面对如此复杂的流程和问题，能否制定出一个总揽全局的改革计划呢？我认为这是不可能的。这样的"上帝之眼"并不存在。

没有人能统筹整个设计、制造、销售价值链+成本、会计形态。就算只考虑设计和制造环节，也很少有人能够给出最佳配合方案。单单是设计环节，就需要了解设计流程，了解图纸制作，了解最优逻辑结构，了解 PDM、CAD、BOM 一体化解决方案等，需要掌握各种各样的知识。制造环节同样需要大量的知识储备，例如需要了解过程控制，了解生产指示工作，了解库存管理，了解 E-BOM 或 M-BOM 转换工作，了解制造成本等。世界上绝对没有任何一个人，能对所有这些知识都了如指掌。要知道，"上帝之眼"并不存在。

在考虑整体优化时，通过广泛听取各部门意见，或是举办研讨会，经常可以发掘出很多问题。有些人的方法是将问题写在便利贴上，按照 KJ 法①进行分类，按照体系、逻辑对问题进行整理，进而根据问题的多寡、引入效果、执行难易度等，确定优先顺序，制定改革路线。

因为问题是从众多部门中抽取出来的，并且已经按照逻辑进行了整理，所以看起来具有一致性，似乎可以制定出一个整体优化方案。但是，这种方法有一个本质性的大错误。它的前提是每个部门提出的问题都是正确的。但是，各个部门提出的问题真的都是正确的吗？大家应该对此持怀疑态度。

有很多人根本无法找出究竟什么才是需要解决的问题。他们提出的都是一些显而易见的、身边的问题。此外，从未接触过新技术的人，也无法以正确的目标为导向提出问题。当大家把成百上千的问题收集起来并列出清单时，就会产生一种"改革感"。当大家对问题清单进行分类，制作出一张清晰的表格时，也会产生一种"我正在进行改革工作"的感觉。然而，单纯地积累问题并不能帮助大家找到正确的目标。

此外，这种听取意见的方式也会导致责任归属不明确的问题。简单来说，就是听取众人的意见，从问题比较集中的部分入手，可以称之为"少数服从多数的合议制"。在合议制中，责任由全体成员承担，也就相当于没有责任人。即使问题设置出现错误，人们也会认为"反正是大家提出来的"，很难将问题归

---

① KJ 法：又称 A 型图解法、亲和图法，是新的 QC 七大手法之一，是将未知问题，曾接触过领域问题的相关事实，意见或想法之类的语言文字资料收集起来，并利用其内在的相互关系作成合并图，以便从复杂的现象中整理出路，抓住实质，找出解决问题的途径的一种方法。(译注)

结到自己身上，导致互相推诿，没有人为错误买单。

一味抱怨也无济于事，那么该怎么办呢？要点有三个。

1. 从上游开始改革

在加强经营力和产品力方面，最重要的是从上游，即从开发和设计阶段进行改革。尤其是，对于计划量产型企业而言，需要从计划阶段和构想设计阶段进行改革，对于定制型企业而言，则需要从报价设计阶段进行改革。如果上游数据清晰，那么制造等后续工序自然也会变得更加容易。制造中出现的一些问题，我们很难明确地界定出究竟是因为设计方提供的信息有问题，还是制造本身有问题。所以，需要从上游进行改革。但在现实中，由于交货时间和工时问题，设计阶段无法将全部信息厘清，因此应采取"从更上游开始，逐步推进改革"的方法。

2. 改革要以产品信息的数据化为中心

如第 2 章所述，以图片或文字形式呈现的产品信息（图纸、规格书等）是导致效率低下和工作断层的原因。人如果不亲眼见到这些图片和文字，就无法开展工作。没有人的参与，工作就无法衔接。如果产品信息能够转化为数据，工作会变得更加流畅，部门之间的协作也会更加顺利。

这是一种较为极端的说明方式，之后我会为大家介绍各环节的梳理方法。这是因为，对于设计和开发环节来说，不存在最优方案。每个项目的前提条件（新颖度、难易度）都不尽相同，因此配备的技术资源（是由新手负责，还是由中坚力量负责，抑或由资深人士负责）也有所差异。在这种情况下，没有

第6章　实现流程创新的改革方法

办法制定出最佳的推进方式。标准工时和对标准过程周期的定义也各不相同。因此，开发环节中需要保留一些灰色地带，由负责人自行决定。而主要的日程时间点，则一定要满足。即便有一些小波动也无妨，最重要的是能达到收支平衡，这才是"开发力"的本质。

制定详细的流程、进行细致的工作管理、所有工作必有委托书、严格遵守部门间的工作流程，基于这种体系的经营，在ISO方面无疑是完美无缺的，但这真的适合日本公司吗？在开发流程中留下灰色地带，才能在快速变化的市场中不断试错以推进经营改革。如第2章所述，人类在精确和稳定方面向来表现不佳，所以才要留下灰色地带，流程无须严谨，但需要对设计理念和设计数据进行系统化、逻辑化管理。因为数据比过程更有价值。希望各位在创建设计流程时，能够考虑到这一点。

3. 少数人的独裁改革

在前文中我曾说过，基于大多数人同意而做出决定是一种毫无责任感的行事方式。正因如此，那些愿意为公司发展献策献力的少数成员，才应该独断、独裁地发动改革，并成为改革的中坚力量。独断和独裁要以卓越的能力为基础。为了说服周围的人，为了让其他人充分理解改革后的新局面，需要不断思索最合理的方法。这是一个需要花费极大精力的过程。只有绞尽脑汁、反复思考，才能提升思维的粒度、敏感性和分辨率。

世界上从来不存在满分的改革方案，所以哪怕现状只有10分，而有人提出了一个可以达到70分的改革建议，也会有许多反对改革的人（现状维持派）会将火力集中到-30分的部分。他们会不断攻击"这个方案完全没有考虑到××的情况""如果这么做，××的工作就需要花费更多工时了"等-30分的部分，而完全无视增加的那60分。在极尽抱怨后，终于得出了"那就再重新考虑看看"的结果，于是心安理得地维持住10分的现状。他们错过了提升到70分的机会，这就是现状维持派的思维。大部分人在与现状相比之后，都无法做出理性的决定。何必为了不足的30分而舍弃即将得到的60分呢？而且，独裁的情况下，需要肩负所有的说明责任。如果没有一定的觉悟和决心，就不可能大刀阔斧地掀起改革的浪潮。为了避免大多数人选择墨守成规、让改革停滞不前的问题，应该让积极、热心的那部分人来推动改革。

"明确的需求定义"已经落后了。建议建立起自我成长型系统

正如第1章所说，只有技术才能实现流程改革。技术的发展速度可谓日新月异，也出现了各种各样的系统可供使用。所以我们需要重新思考一下系统开发的方式。传统的系统开发首先会进入"需求定义阶段"，这个阶段会对系统的具体内容进行确定，例如数据模型、处理内容、操作画面、表单等。可以选择开发一个全新的系统，也可以使用软件包或原型系统展开Fit & Gap（匹配和分歧），方法可谓多样，但最重要的是需要在某

第6章 实现流程创新的改革方法

个日期之前确定需求。需求明确后,就会进入开发流程,交付用户并通过验收后,即视为开发结束。

这对于以业务自动化为中心的系统开发工作而言,仍然是有效的做法。这种方法适用于对现有工作系统的改善,用户自己对系统的需求和要求也十分明确,所以这个做法是有效的。但我们现在要做的是流程改革,是通过彻底改变思想来颠覆既有的业务流程。如果要导入这样的系统,就不能再使用过去的系统开发方法了,因为就连用户自己也没有明确的要求。

既然是改变思想,那么即使询问用户想要什么样的系统,他们其实也是一头雾水。无论展示多少案例、原型系统和美观的 PowerPoint 资料,用户也依旧想象不出新系统的模样。相反,能想象出来的东西,都不具备创新性。

所以,要通过讨论大致得出一个形象,然后开发出一个初步的系统,让用户能够直观感受并理解。如此一来,就可以将经营与系统连接起来,一步一步地得到详细需求。不断重复"需求→初步开发→使用"→"需求→初步开发→使用"→……的步骤,让系统的成熟度实现螺旋上升,这一点十分重要。只有接触到运行中的系统,用户才能逐渐了解并提出新的需求。这种在使用系统的同时促进思维改革和经营改革的方法,就是创新型的系统导入方式。请允许我再次强调,只有技术才能实现流程改革。

但这种做法也并非百益而无一害。首先就是范围管理变难的问题。我已经经历过多次这种开发方式了,范围管理之难给我留下了很深刻的印象。前文中也提过，应由少数改革者独断决定系统的范围。在螺旋式展开需求定义和开发时，可大致分为三个阶段。

第一阶段：定义数据模型。确定作为系统核心的数据持有单位、运行单位、关系等。忽略页面和操作性，只决定应该管理哪些数据。

第二阶段：定义运行流程。确定了数据模型后，就可以在此基础上确定大致的运行流程。也可以基于交货期管理和成本管理的角度确定管理单位等。

第三阶段：定义运行。最后确定可操作性、页面舒适度、表单定义、管理属性等。基于数据迁移，以及与现有系统之间的关系来决定运行。

在此过程中需要注意以下三点。

一、页面设计和表单设计不在这个阶段考虑。

页面和表单的要求千人千样，这取决于每个人的品味。A 认为很好的页面，在 B 看来可能是很难使用的。对页面和表单进行设计的工作，听起来也是一种系统开发工作，但这种没什么 IT 附加价值的讨论，其实是对时间和金钱的浪费。页面和表单的设计，充其量只是一种近似开发的工作。花时间讨论这样一个完全取决于喜好的工作毫无意义，我们更该关注 IT 附加价值高的数据模型和关系。数据就是生命。

二、系统应支持用户自己设置个性化的页面和表单。我将这种系统称为"自我成长型系统"。

近年来，越来越多的系统允许用户自由添加表格属性定义和修改页面布局。而且，自由设置错误通知，以及自由设置与 Excel 或 Word 或 CAD 之间的联动，对于系统落地而言也是十分重要的。选择这样的软件包，保证用户可以自定义自己的喜好，这部分工作应放在系统开发的最后阶段展开讨论。

三、坚持现物主义。也就是不要创建太多资料。

在系统开发的过程中，我们通常会创建各种各样的资料，例如流程关联图、系统化工作流程（按级别分层）、数据流程图和表格定义等。如此一来，在系统投入运行后，要维护的资料就会堆积如山了。当然，创建资料总比不做要好。资料可以消除认识差异，也可以保证工作的准确、稳定推进。但是，如山的资料意味着要花更多的工时和生产周期来对应，而且一旦中途出现变化，就要修订所有的相关资料。长此以往，供应商就会努力"不做改变"。这种心理是最大的问题。人们都不愿意做出改变，并以需要花费时间和金钱为由不断拖延。于是，系统就与用户的真正需求渐行渐远了。所以，这种系统不会成为足以彻底改变经营的系统。

鉴于以上原因，一开始只要创建运行后能够维护的资料就足够了。做到这一点后，在与用户确认需求后，只要使用 PowerPoint 制作需求确认文件（业务手册或操作手册等的原始资料），再使用 Excel 制作功能列表即可。之后，就是基于现物主义推进了。与其创建大量资料，不如多创建几个程序，让用户看到实际程序并确认是否需要修改。即使需要修改，改的也只是程序而非资料。程序员不擅长写资料，但写程序对他们而言就是小菜一碟。所以我们希望他们只专注于开发更好的程序。

在将开发委托给费用更低的三级、四级供应商时，需要创建大量的资料，因为有了资料，开发人员和用户就无须对话了。但是，螺旋式提升法要求开发人员与用户直接对话。

在系统品质方面，也需要改变传统的思维方式。一直以来，我们对"高品质"的定义都是运行后失误（Bug）少，且稳定性高。但是，这个定义从此以后就要改变了。将来的"高品质"，应该是指运用速度快、可以改变用户的想法，继而改变人们的工作方式。在满足这一点的前提下，即使出现一些 Bug 也是可以接受的，只要能够快速改进就可以了。当系统的品质达到一定程度且能稳定运营后，就可以将运行转移到外部了。这种时候无法使用程序的现物主义，所以只要后续对其进行逆向工程和文档化就足够了。

我希望大家都能通过这种方式，建立起一个全面思考的自我成长型系统。对于那些始终觉得应该进行准确、严谨的瀑布型开发的人来说，这样的系统开发方式是无法接受的，后续会带来很多麻烦。那我就想问一句："始于 20 世纪 80 年代的昭和式系统开发，你还打算用到什么时候呢？"尽管他们也在呼吁导入系统时就应该进行改革，不改革就无法继续生存，但自己却依旧延续着昭和时代的工作方式，不做任何改变。

第6章　实现流程创新的改革方法

例如，有一家名为 SFA，以销售管理系统为主要产品的公司，总是告诫其他公司"想要赢得市场，就不能再用 Excel 进行销售管理了"，但自己公司内部的销售管理还是使用 Excel 来做的。这种矛盾的事例并不罕见。从我做起，积极改变工作方式，也是非常重要的一点。我认为，无论是用户还是厂商，都必须放弃昭和式的工作方式，尽量采用新的系统开发方式。

专栏⑭

科技×工作方式改革

工作方式改革，是现在许多企业面临的一个主要问题。要认识到工作方式的多样性，采用减少加班、远程办公等方式来做出改变。不少企业非常重视"效率"指标。就设计而言，"高效化"包括了降低设计工时、缩短设计生产周期、减少新图纸数量、减少设计变更次数等。高效化固然重要，但高效化能带来的改变其实非常有限。很多人为了追求高效率，会选择"什么都不做，什么都不想，不做任何挑战"。因为按照指示做最低限度的工作，是一种所有人都能看懂的高效率。

"多做多错"的文化是最糟糕的

例如，为了消除部门之间的认知差异，可以从多个图纸中提取出重要的信息，建立一个重要项目清单。这不是正式文件，只是一个为了方便工作而自愿建立的文件。虽然是为了方便工作做出改善，但只要做出改变，就一定需要花费额外的工时和生产周期。这时，如果领导说："该出图了。如果图纸已经画完了就提交审核吧。"负责人就会回复："图纸已经完成了，但我平时工作中总有一些疑惑和错误，所以我想做一个重要项目清单。距离出图时间还有几天，来得及的。等那个清单完成后，我就马上提交审核。"

如果领导表扬他"没有交代的工作也能积极去做，这很好"，那自然很好。但令人惊讶的是，大部分情况下，领导都会大声责骂："做那个干吗？现在你该做的是尽快出图提交审核。要是这个月加班时间再增加，就要违反36协议了。还不给我快点儿下班。"

此时，负责人会感到很委屈：自己这么做都是为了公司着想，为了他人着想，费尽心思做一份对所有人都有好处的资料，结果反而还要挨骂。这就是"多做多错"。倒不如机械性地做完领导安排的工作后早点儿回家好了。积极工作反而遭受指责，得过且过反而成为表扬的对象。如果你只关心工作效率和加班时数，就会很容易陷入这样的局面，所有人都会丧失进步的动力。

降低加班时间固然重要，但我们也要避免因此而产生"多做多错"的文化。因此，除了要提高工作效率外，也要关注与高度化相关的指标。

第 6 章 实现流程创新的改革方法

> **千里马还需伯乐**
>
> 我想用批判的思想来阐述这个问题。我觉得现在的工作方式改革，简直就是为了那些没有上进心的人而生。可以说，现在的社会形势就是"千里马难遇伯乐"。倒不是我怀念过去的日子。不过几十年前，我会在白天忙工作，下班后把项目笔记和技术笔记等都带回家，到了晚上继续阅读笔记提升自我。但是现在，晚上已经不能留在公司学习了，公司的资料被禁止带出，回家后甚至连电脑也不能使用，因为电脑的工作时间会直接被换算成出勤率。这是一个想学习却无法学习的时代。

40 多岁、30 多岁和 20 多岁的人应该挑战一下自己无法想象的东西

在本书中，我对思考方式、正确的数据化形态以及技术采用等多个方面进行了简单的介绍：必须将设计和会计结合起来说明，才能说服经营者接纳 PLM；我们要创建一个前所未有的会计系统，也就是产品损益；图片和文字是没有用的，必须做到能从 CAD 中自动提取尺寸等数据；必须使用统计或 AI 来创建成本表，这一定会带来很好的效果——很多人都明白这些道理，但又忍不住怀疑自己："我真的能做到吗？"有些人会觉得这听起来云里雾里的，难以捉摸。有些人可能会感叹自己公司的领导对这些事情

完全不感兴趣。有些人可能抱怨全公司都是只会发牢骚，不想做事的人，根本就没有办法推动改革。有些人可能会认为专注于解决手头的问题，比这种不切实际的改进更有作用。

但是，我希望 40 多岁、30 多岁和 20 多岁的人都能认真思考一下上述内容。即便没有直观感觉，即便听起来云里雾里，即便旁人无法理解……越是困难的工作，对我们的帮助就越大，克服了这些难题后，工作方式就会得到一次飞跃性的提升。我们要用勇于挑战自己，让自己能在更高的舞台上展示自己。

如今，40 多岁的人，还要工作 20—30 年才能退休。20 年后，这个世界会变成什么样子？20 年是一段很漫长的时光，足以让这个世界翻天覆地。如果不创造一个足以承受 20 年变化的系统，又如何在未来的社会生存下去呢？

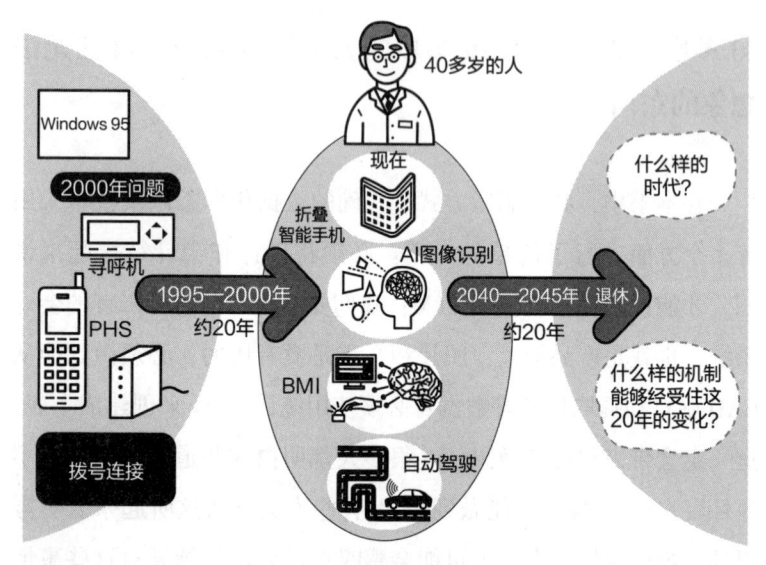

图 6-2　20 年来的时代变迁

第 6 章　实现流程创新的改革方法

回想一下 1995—2000 年的那段时间，千年虫危机（又叫"计算机 2000 年问题"）搞得人心惶惶，生怕飞机从头顶掉下来，在手里的小灵通信号不好的时候，还会拉长天线，使劲摇晃几下。寻呼机还是大众的宠儿，每天早上都会有人用公用电话写几句问候发出去。Windows 95 发布后，终于进入了使用 Excel 的年代。那个年代的互联网还是 128kb 的拨号上网，而且还有一个神秘的规则：邮件的附件不能大于 1MB。现在回想起来，那个年代的落后设备其实丝毫没有耽误过我们的工作。

20 多年过去后，人们已经对自动驾驶见怪不怪了，AI 在图像识别方面的精确度已经超越了人眼，手机也出现了曲面屏。这是一个可以通过 BMI（Brain Machine Interface，脑机接口）读取和操纵脑电波的时代。短短 20 多年，这个世界居然出现了如此大的变化。

那么，20 多年后，等待我们的又将是怎样的世界呢？难以想象。但是，如果如今 40 多岁的这一代人无法未雨绸缪地考虑前瞻性的工作方式，不对系统及公司机制进行彻底的改革，可能在他们退休前，公司就已经倒闭了。那可就不是"我不太懂统计或 AI……""我不擅长 3D……"那么简单了。现在必须抓紧制定措施，应对无法预期的未来变化。

不能将改革的重任一味地压在精通经营、手握权力的五六十岁那代人身上。只要没有突发状况，一般来说，公司是不会出现突然倒闭的情况的。换个更直接一点的说法就是：五六十岁的这批员工，即使继续维持昭和时代的工作方式，也能赶在公司倒闭前退休。所以他们即使不做出大的改变，即使延续自己熟悉的"昭和方式"，继续给他人灌输"失败是成功之母"之类的鸡汤，也能顺利躲过社会巨变的危机。

但是，40岁以下的人群就危险了。如果不认真思考以下问题，可能就很难在这个变幻莫测的社会中生存下去了。我也是40多岁的人，作为生于昭和年代，觉得加班是理所当然之事的一代人，我认为，时刻做好准备迎接下一个时代是我们最后的责任。我希望正处于40多岁的人群，一定要认真思考这个决定自己未来命运的问题。

而比我们这代人更辛苦的，是现在20多岁的那批人，因为他们距离退休还有漫长的40年道路要走。40多年前，也就是1975年到1980年的那段时期，许多家庭还在使用转盘式电话，路上飞驰的汽车还是丰田 Mark Ⅱ 而非 Mark X，汽车无线电话刚刚问世。那个年代的大学毕业生还拿着10万日元的工资，微波炉普及率只有10%左右。东京和博多之间的新干线刚刚开通。不知道当时欣喜于汽车、无线电话面世的人，看到如今的自动驾驶作何感想？不知道当时使用转盘式电话的人，看到如今的曲面屏手机会是什么感觉？如果当时的人们看到现在我们与 AI 聊天机器人交谈，或看到全息影像，可能会认为这是一部科幻电影吧。这种巨大的变化，是如今20多岁的人群必须适应并超越的。

如此一想，还会担心转换数据困难，不太擅长 IT，不会操作 3D CAD，用新系统后须按两次才能开始绘图，很不方便等微

第 6 章 实现流程创新的改革方法

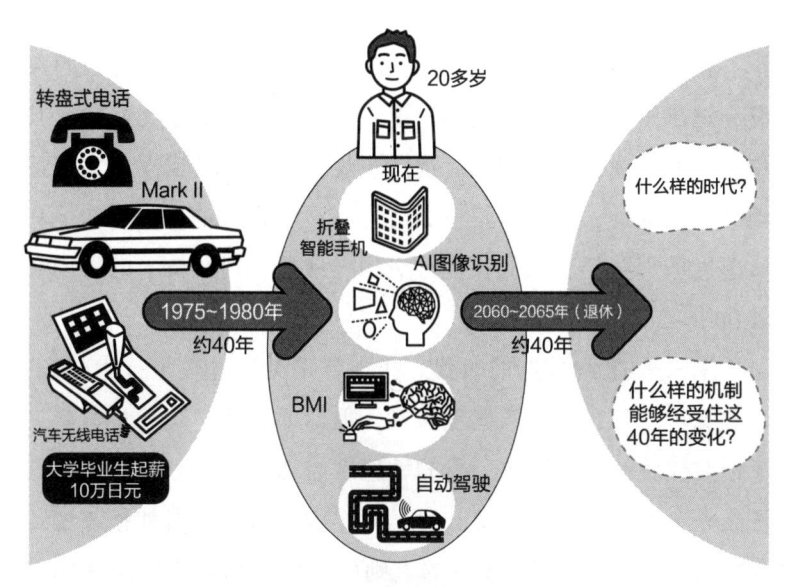

图 6-3 40 多年来的时代变迁

不足道的小问题吗？如今正处于 20—49 岁的人，不应将目光放在如此短浅的问题上，而应为了将来的 40 年或 20 年，立刻开始着手探索那些未知的问题。

这可不是一两年内就能实现的，需要很长时间。或许是 10 年，或许是 20 年。不过，在开始之前，一定要找准探索的方向，保证自己的改革工作符合时代发展的趋势。要积极将这种危机感分享给其他人，一遍又一遍地阐述目标。人类在反复倾听同一件事后，一定会被洗脑。改革的推动者要以"洗脑"为目标，不厌其烦地向自己的同僚说明改革的重要性。

请允许我再次强调，能实现流程改革的只有技术。走在世界前列的公司，正在积极借助技术的力量改变自己，试错、修正、摸索是不变的主题。如果沿用过去那个庞大、精密的系统，追求整体的统一性和不做返工，那么新技术是无法融入其中的。所以要在短时间内，通过小规模的尝试和错误来实现逐渐导入。为此，我希望正值20多岁，且具备丰富的IT知识和敏感度的那些年轻人们，能够更积极地参与到新技术的采用和评价中。

未来是IT和数据的时代。我也算是见识过很多技术的人，也感觉自己对技术的敏感度较高，但即便如此，充其量也就是个旧时代后备力量罢了。我的敏感度与20多岁的年轻人相比，还是完全不在一个水平线上的。40多岁的人要思考如何改变工作方式，20多岁和30多岁的人则应该思考如何使用最新的技术。一旦出现不实用的IT，经营者就应该当机立断地舍弃掉。对IT投资项目是否成功的评价标准，要从对单个项目的回收成果评估，转变为在一定年限内对多个项目的总回收成果进行评估。否则，就不会有积极的、愿意试错的IT投资文化。这么想来，新产品的开发不也是一样吗？无法容忍失败，就不会诞生出新产品。IT也是如此。这是只要改变经营者的投资决策意识就能实现的内容。

总之，我希望从今天起，所有的读者都能踏出勇敢的一步，不断靠近此刻尚且朦胧不可见的未来。这将成为支持未来20年，甚至未来40年创新的基石。

北山一真

·株式会社 Prebecte　董事长

曾担任 IT 行业咨询公司和制造行业咨询公司的董事，后创立株式会社 Prebecte。为了开发具有竞争力、能够盈利的产品，从设计与成本融合的角度持续推动企业改革。从业务改革的规划、执行到 IT 导入，为企业转型的全流程提供支援服务。同时，也为专业设计、设计高度化、设计知识管理、产品开发管理、成本规划、成本估算、开发采购、生命周期成本计算、决策管理会计、BOM、PDM、PLM 等提供咨询服务。著有《如果我停止使用亏损的产品，赤字就会增加！(创造盈利产品的成本管理)》(日刊工业新闻社)、《盈利设计 iPhone 赚钱的真正原因》(日经 BP 社) 等多部书籍。

尾关将

·株式会社图研 PreSight　董事长

1994 年加入株式会社图研，主要负责面向电机制造行业开发的 CAD 和 PDM 的软件的销售。2010 年，公司成立新事业部门后，被任命为 PLM 销售总监。除了电机领域外，也为运输设备、工业机械、医疗设备、住宅设备等多个制造领域的产品提供设计、制造改革方案。多年来，持续致力于支援日本国内制造业的经营力提升，以及促进工程链的进一步扩大和完善。2015 年，图研与经营技术株式会社共同出资创建 DiverSync 后，于该新公司中担任董事。2016 年，图研 PreSight 成立后，任现职。

伊与田克宏

·Business Engineering Corporation［经营技术株式会社（B-EN-G）］新产品开发本部、产品企划2部部长

1997年入职大型工程公司。2000年起，在经营技术株式会社面向电机、机械、重工等制造领域的客户负责包括设计生产一体化在内的经营改革构想、信息化企划、ERP系统导入等多个项目。后从事制造业ERP软件包"mcframe"的开发和系统导入工作，现主持拥有200多家制造业公司会员的mcframe用户会（MCUG），帮助会员公司解决经营问题。并致力于设计、制造、成本一体化解决方案的规划和研发。

"精益制造"专家委员会

齐二石　天津大学教授（首席专家）

郑　力　清华大学教授（首席专家）

李从东　暨南大学教授（首席专家）

江志斌　上海交通大学教授（首席专家）

关田铁洪（日本）　原日本能率协会技术部部长（首席专家）

蒋维豪（中国台湾）　益友会专家委员会首席专家（首席专家）

李兆华（中国台湾）　知名丰田生产方式专家

鲁建厦　浙江工业大学教授

张顺堂　山东工商大学教授

许映秋　东南大学教授

张新敏　沈阳工业大学教授

蒋国璋　武汉科技大学教授

张绪柱　山东大学教授

李新凯　中国机械工程学会工业工程专业委员会委员

屈　挺　暨南大学教授

肖　燕　重庆理工大学副教授

郭洪飞　暨南大学副教授

毛少华　广汽丰田汽车有限公司部长

金　光　广州汽车集团商贸有限公司高级主任
姜顺龙　中国商用飞机责任有限公司高级工程师
张文进　益友会上海分会会长、奥托立夫精益学院院长
邓红星　工场物流与供应链专家
高金华　益友会湖北分会首席专家、企网联合创始人
葛仙红　益友会宁波分会副会长、博格华纳精益学院院长
赵　勇　益友会胶东分会副会长、派克汉尼芬价值流经理
金　鸣　益友会副会长、上海大众动力总成有限公司高级经理
唐雪萍　益友会苏州分会会长、宜家工业精益专家
康　晓　施耐德电气精益智能制造专家
缪　武　益友会上海分会副会长、益友会/质友会会长

东方出版社

广州标杆精益企业管理有限公司

东方出版社助力中国制造业升级

书 名	ISBN	定价
精益制造001：5S推进法	978-7-5207-2104-2	52元
精益制造002：生产计划	978-7-5207-2105-9	58元
精益制造003：不良品防止对策	978-7-5060-4204-8	32元
精益制造004：生产管理	978-7-5207-2106-6	58元
精益制造005：生产现场最优分析法	978-7-5060-4260-4	32元
精益制造006：标准时间管理	978-7-5060-4286-4	32元
精益制造007：现场改善	978-7-5060-4267-3	30元
精益制造008：丰田现场的人才培育	978-7-5060-4985-6	30元
精益制造009：库存管理	978-7-5207-2107-3	58元
精益制造010：采购管理	978-7-5060-5277-1	28元
精益制造011：TPM推进法	978-7-5060-5967-1	28元
精益制造012：BOM物料管理	978-7-5060-6013-4	36元
精益制造013：成本管理	978-7-5060-6029-5	30元
精益制造014：物流管理	978-7-5060-6028-8	32元
精益制造015：新工程管理	978-7-5060-6165-0	32元
精益制造016：工厂管理机制	978-7-5060-6289-3	32元
精益制造017：知识设计企业	978-7-5060-6347-0	38元
精益制造018：本田的造型设计哲学	978-7-5060-6520-7	26元
精益制造019：佳能单元式生产系统	978-7-5060-6669-3	36元
精益制造020：丰田可视化管理方式	978-7-5060-6670-9	26元
精益制造021：丰田现场管理方式	978-7-5060-6671-6	32元
精益制造022：零浪费丰田生产方式	978-7-5060-6672-3	36元
精益制造023：畅销品包装设计	978-7-5060-6795-9	36元
精益制造024：丰田细胞式生产	978-7-5060-7537-4	36元
精益制造025：经营者色彩基础	978-7-5060-7658-6	38元
精益制造026：TOC工厂管理	978-7-5060-7851-1	28元

书 名	ISBN	定价
精益制造027：工厂心理管理	978-7-5060-7907-5	38元
精益制造028：工匠精神	978-7-5060-8257-0	36元
精益制造029：现场管理	978-7-5060-8666-0	38元
精益制造030：第四次工业革命	978-7-5060-8472-7	36元
精益制造031：TQM全面品质管理	978-7-5060-8932-6	36元
精益制造032：丰田现场完全手册	978-7-5060-8951-7	46元
精益制造033：工厂经营	978-7-5060-8962-3	38元
精益制造034：现场安全管理	978-7-5060-8986-9	42元
精益制造035：工业4.0之3D打印	978-7-5060-8995-1	49.8元
精益制造036：SCM供应链管理系统	978-7-5060-9159-6	38元
精益制造037：成本减半	978-7-5060-9165-7	38元
精益制造038：工业4.0之机器人与智能生产	978-7-5060-9220-3	38元
精益制造039：生产管理系统构建	978-7-5060-9496-2	45元
精益制造040：工厂长的生产现场改革	978-7-5060-9533-4	52元
精益制造041：工厂改善的101个要点	978-7-5060-9534-1	42元
精益制造042：PDCA精进法	978-7-5060-6122-3	42元
精益制造043：PLM产品生命周期管理	978-7-5060-9601-0	48元
精益制造044：读故事洞悉丰田生产方式	978-7-5060-9791-8	58元
精益制造045：零件减半	978-7-5060-9792-5	48元
精益制造046：成为最强工厂	978-7-5060-9793-2	58元
精益制造047：经营的原点	978-7-5060-8504-5	58元
精益制造048：供应链经营入门	978-7-5060-8675-2	42元
精益制造049：工业4.0之数字化车间	978-7-5060-9958-5	58元
精益制造050：流的传承	978-7-5207-0055-9	58元
精益制造051：丰田失败学	978-7-5207-0019-1	58元
精益制造052：微改善	978-7-5207-0050-4	58元
精益制造053：工业4.0之智能工厂	978-7-5207-0263-8	58元
精益制造054：精益现场深速思考法	978-7-5207-0328-4	58元
精益制造055：丰田生产方式的逆袭	978-7-5207-0473-1	58元

书 名	ISBN	定 价
精益制造056：库存管理实践	978-7-5207-0893-7	68元
精益制造057：物流全解	978-7-5207-0892-0	68元
精益制造058：现场改善秒懂秘籍：流动化	978-7-5207-1059-6	68元
精益制造059：现场改善秒懂秘籍：IE七大工具	978-7-5207-1058-9	68元
精益制造060：现场改善秒懂秘籍：准备作业改善	978-7-5207-1082-4	68元
精益制造061：丰田生产方式导入与实践诀窍	978-7-5207-1164-7	68元
精益制造062：智能工厂体系	978-7-5207-1165-4	68元
精益制造063：丰田成本管理	978-7-5207-1507-2	58元
精益制造064：打造最强工厂的48个秘诀	978-7-5207-1544-7	88元
精益制造065、066：丰田生产方式的进化——精益管理的本源（上、下）	978-7-5207-1762-5	136元
精益制造067：智能材料与性能材料	978-7-5207-1872-1	68元
精益制造068：丰田式5W1H思考法	978-7-5207-2082-3	58元
精益制造069：丰田动线管理	978-7-5207-2132-5	58元
精益制造070：模块化设计	978-7-5207-2150-9	58元
精益制造071：提质降本产品开发	978-7-5207-2195-0	58元
精益制造072：这样开发设计世界顶级产品	978-7-5207-2196-7	78元
精益制造073：只做一件也能赚钱的工厂	978-7-5207-2336-7	58元
精益制造074：中小型工厂数字化改造	978-7-5207-2337-4	58元
精益制造075：制造业经营管理对标：过程管理（上）	978-7-5207-2516-3	58元
精益制造076：制造业经营管理对标：过程管理（下）	978-7-5207-2556-9	58元
精益制造077：制造业经营管理对标：职能管理（上）	978-7-5207-2557-6	58元
精益制造078：制造业经营管理对标：职能管理（下）	978-7-5207-2558-3	58元
精益制造079：工业爆品设计与研发	978-7-5207-2434-0	58元
精益制造080：挤进高利润医疗器械制造业	978-7-5207-2560-6	58元
精益制造081：用户价值感知力	978-7-5207-2561-3	58元
精益制造082：丰田日常管理板：用一张看板激发团队士气	978-7-5207-2688-7	68元
精益制造083：聚焦用户立场的改善：丰田式改善推进法	978-7-5207-2689-4	58元

书　名	ISBN	定　价
精益制造084：改善4.0：用户主导时代的大规模定制方式	978-7-5207-2725-9	59元
精益制造085：艺术思维：让人心里一动的产品设计	978-7-5207-2562-0	58元
精益制造086：交付设计	978-7-5207-2986-4	59.8元
精益制造087：用BOM整合供应链生态	978-7-5207-2968-0	59.8元

图字：01-2022-5444 号

MOUKARU MONOZUKURINOTAMENO PLM TO GENKAKIKAKU by Kazuma Kitayama,
Sho Ozeki, Katsuhiro Iyoda
Copyright © 2019 Kazuma Kitayama, Sho Ozeki, Katsuhiro Iyoda All rights reserved.
Original Japanese edition published by TOYO KEIZAI INC.

Simplified Chinese translation copyright © 2022 by Oriental Press,
This Simplified Chinese edition published by arrangement with TOYO KEIZAI INC.,
Tokyo, through Hanhe International(HK) Co., Ltd.

图书在版编目（CIP）数据

PLM 上游成本管理／（日）北山一真，（日）尾关将，（日）伊与田克宏 著；潘郁灵 译.
—北京：东方出版社，2023.6
（精益制造；88）
ISBN 978-7-5207-3396-0

Ⅰ.①P… Ⅱ.①北… ②尾… ③伊… ④潘… Ⅲ.①企业管理—成本管理 Ⅳ.①F275.3

中国国家版本馆 CIP 数据核字（2023）第 051438 号

精益制造 088：PLM 上游成本管理
（JINGYI ZHIZAO 088：PLM SHANGYOU CHENGBEN GUANLI）

作　　者：	[日] 北山一真　[日] 尾关将　[日] 伊与田克宏
译　　者：	潘郁灵
责任编辑：	吕媛媛
责任审校：	蔡晓颖　金学勇
出　　版：	东方出版社
发　　行：	人民东方出版传媒有限公司
地　　址：	北京市东城区朝阳门内大街 166 号
邮　　编：	100010
印　　刷：	北京联兴盛业印刷股份有限公司
版　　次：	2023 年 6 月第 1 版
印　　次：	2023 年 6 月第 1 次印刷
开　　本：	880 毫米×1230 毫米　1/32
印　　张：	10.25
字　　数：	204 千字
书　　号：	ISBN 978-7-5207-3396-0
定　　价：	59.80 元

发行电话：（010）85924663　85924644　85924641

版权所有，违者必究
如有印装质量问题，我社负责调换，请拨打电话：（010）85924602　85924603